特殊儿童的问题行为干预

——实例与解析

昝飞　张琴◎著

中国轻工业出版社

图书在版编目（CIP）数据

特殊儿童的问题行为干预：实例与解析/昝飞，张琴著. —北京：中国轻工业出版社，2014.2（2025.10重印）

ISBN 978-7-5019-9530-1

Ⅰ.①特… Ⅱ.①昝… ②张… Ⅲ.①儿童教育-特殊教育 Ⅳ.①G76

中国版本图书馆CIP数据核字（2013）第269603号

责任编辑：孙蔚雯　　责任终审：杜文勇
策划编辑：孙蔚雯　　责任校对：刘志颖　　责任监印：吴维斌

出版发行：中国轻工业出版社（北京鲁谷东街5号，邮编：100040）
印　　刷：三河市双升印务有限公司
经　　销：各地新华书店
版　　次：2025年10月第1版第11次印刷
开　　本：740×1050　1/16　印张：14
字　　数：175千字
书　　号：ISBN 978-7-5019-9530-1　定价：32.00元
读者热线：010-65181109
发行电话：010-85119832　010-85119912
网　　址：http://www.chlip.com.cn　http://www.wqedu.com
电子信箱：1012305542@qq.com

如发现图书残缺请拨打读者热线联系调换
251660Y2C111ZBW

序　言

在我们的世界中，最脆弱的是儿童，不管他们愿意不愿意，他们都要承受来自外部世界的压力。健康儿童的发展过程大多是我们常常见到的那种，在大多数儿童会走路的时候走路，在能说话的年龄开始学会说话，然后逐渐地学会跟人交往等各种技能。但这一过程在一些儿童身上并不能够顺利地发生。一些父母常常在满怀期望地养育孩子的过程中，忽然发现自己的孩子跟其他孩子有很大的不同，他们不会讲话或者只会说一点点话；或者会讲话但不愿意讲；或者有很多普通孩子所没有的特异行为，比如，走路时走着走着就摔倒在地上，莫名其妙地怪叫，等等。这些行为让父母们感到焦虑、不安，也让他们的养育变得非常困难，他们觉得自己没有能力养好孩子，不知道孩子怎么了。此时，孩子所出现的行为会被我们称为问题行为，这些儿童有时需要专业方面的支持，才能使得他们在学习之路中遇到的阻碍减少一些，发展也可以顺利一些，与普通儿童的差距也不会越来越遥远。

从我作为一名特殊儿童临床工作者的角度来说，一个儿童若被认为有问题行为，那么这个儿童的发展与其他儿童相比就出现了偏差，这种偏差使得这个儿童在发展中会比其他儿童遇到更多的问题；或者说使得他在学习新的知识、技能时会比其他儿童遇到更多的阻碍，也可能是其他孩子根本不会遇到的阻碍。若家长、教师没有能够从他们的行为中认识到他们有这方面的困难，没有帮助他们解决这个阻碍，孩子自己也没能通过年龄的增长、生理的发育来获得足够的能力解决这一阻碍，那么就会出现真正的发展落后。对于儿童来说，问题行为的出现也是他们在第一时间向家长和教师表明他们遇到了发展危机的信号。关注这一信号，理解这一信号，才能切合实际地帮助儿童解决问题，这也是家长和老师们需要承担的责任。

本书将从10种常见的问题行为入手，对特殊儿童在这10种问题行为上的各种具体表现、问题常见原因以及可行的教育策略进行了介绍。这10种问题行为分别是：注意力分散行为、课堂扰乱行为、发脾气行为、不顺从行为、冲动行为、自我伤害行为、重复刻板行为、攻击行为、与进食有关的问题行为以及青春期问题行为。

本书的出版得到了中国轻工业出版社“万千心理”的大力支持，谨此表示真诚的谢意。在本书编写过程中，孙蔚雯编辑给予了很多支持和协助，并提供了良好的建议，在此也表示衷心的感谢。本书全书框架由昝飞总体设计，同时撰写了本书案例前的理论部分。在本书的案例中，除有特殊标注作者的案例之外，其他案例均由张琴提供；所有案例都由昝飞进行了梳理和统稿。

由于作者水平、经验、资料以及时间等因素的限制，书中可能存在不当或者疏漏之处，敬请读者批评指正，以便今后进一步修订和不断完善。

昝飞

2013年9月

于华东师范大学

目　录

第一章

注意力分散行为

在针对儿童临床工作中，注意力分散是最常被家长和教师报告的一类儿童问题行为。但通常报告的年龄是儿童进入小学以后的学龄期。小学老师会很容易发现儿童在学习过程中出现的注意力分散行为，继而告知父母称他们的孩子的注意力存在一些问题，严重的甚至会要求父母去医院对孩子进行注意力品质方面的评估。但是，为什么大多数儿童的注意力分散行为到了小学才被父母或者教师关注到，才开始想办法进行干预，而没能在年龄更幼小的时候便发现问题？难道在学前阶段，这些儿童没有类似的注意力分散方面的不良行为表现吗？如果追溯这些孩子在学龄前的行为表现，我们还是可以看到其行为表现在较早的时间里就与其他孩子存在一定的差别了。

“注意力分散”这个词语是相对于“注意稳定性”而言的。**注意稳定性**是心理学研究中描述个体注意品质的一个指标，也是我们衡量注意质量的一个重要指标，它指的是个体在同一对象或者同一活动上注意所能持续的时间。对儿童来说，能专注地从事一项活动对于其学习和能力发展是非常重要的，如果没有注意的稳定性，儿童的学习和能力发展将受到严重的负面影响。这一负面影响在求学阶段会表现得特别明显，而父母或者教师则认为注意力存在问题的孩子往往都是在完成学习任务的过程中出现了不应该出现的行为，并导致他们学业成绩落后。因此，在很多父母和教师眼里，注意力分散是与儿童的学业失败画等号的。

但是，注意的稳定性也是随着儿童年龄的增长而逐渐发展的，在学龄前，注意力分散行为之所以较容易被老师和父母所忽视，也跟这一年龄段的儿童在一项任务上集中注意的时间都很短有关系。也就是说，学龄前儿童的注意力不集中现象是比较常见的，多动、喜欢玩闹、在活动中感兴趣的事物变来变去等常常是学龄前年幼儿童的特征。即使孩子已经出现异于其他儿童的注意力分散行为，父母和教师也很容易做出错误判断，认为孩子仅仅是年幼而非出现了其他问题，直到孩子进入小学后表现出异于其他儿童的行为，成人才会重视。

注意力分散行为的常见表现

对于儿童来说，做事时注意力集中是需要时间逐渐养成的良好行为。如果我们能够尽可能早地发现儿童在注意力集中方面的问题，我们就有可能及早采取措施加以改善。那么，儿童的哪些具体行为可以显示儿童的注意力存在问题，需要引起我们的关注呢？

当我们说某个儿童存在注意力问题或者注意力很分散的时候，我们并不能从这一说法本身就知晓儿童到底出现了什么样的行为。注意力分散这一说法，实际上是周围人根据儿童表现的行为与其需完成的任务所要求的行为之间的距离，做出的对儿童注意力状况的一种推测。如果儿童表现出的行为与其要完成的任务所要求的行为很不一致，或者干扰到儿童完成任务，那么人们就会判断这个儿童出现了注意力不集中的情况。因此，注意力分散的说法反映的是儿童的行为相对于任务的一种状态，而非儿童行为的具体表现形式。这一点是教师和父母需要注意的。当我们判断孩子是否存在这一方面的问题时，我们需要反思，孩子的行为是否导致其任务无法完成，或者难以在规定时间完成任务，等等。

在日常生活中，并不是儿童所做的任何事情都会成为注意是否分散的判断依据。事实上，很多爸爸妈妈会说他们的孩子在做一些事情时非常专注，比如，在看电视、玩游戏（如电脑游戏、手机游戏等）时，他们通常会报告儿童的注意力非常集中。注意力分散的问题主要出现在儿童完成学习任务的过程中，或是带有要求、需要努力与克服困难的任务中。因此，我们在分析儿童的注意力分散行为时，要注意并反思，儿童的注意力分散行为并不是表现在任何活动中，可能仅仅表现在父母或者教师要求的学业或者其他学习任务中。父母或者教师最常报告的出现注意力分散行为的情境有两类：一类是在儿童完成作业的过程中；另一类是在课堂教学的过程中，尤其是语文、数学之类对学生来说有难度的学业类课程。

作业分心行为

儿童在完成作业的过程中所表现出的注意力分散行为可称作**作业分心行为**，这类行为是儿童注意力分散最常出现的一种表现形式，其主要的特点是儿童的注意力难以持久地停留在所要完成的某个任务或者作业上，做作业时出现与作业无关的行为，导致作业完成质量不高或者效率下降。

不同儿童表现出来的作业分心行为也会有所不同。比如，小强的父母告诉咨询师，小强在做作业的过程中注意力非常不集中，写了几个字之后总是要东摸摸、西摸摸。如果父母不在旁边提醒，小强的作业总是要做很久的时间，明明1小时可以做完的作业需要3小时甚至更多的时间才能完成，而且完成质量差，总是看错题或者写错内容。如果父母不对他的作业进行检查、订正就会出现很多的错误，所以父母只好每天晚上陪读，监督其做作业。小强在做作业的过程中出现的这些行为是我们常常可以看到的。

儿童的作业分心行为也可以表现为发呆或者做白日梦。有时，从表面上看，正在发呆或者做白日梦的儿童可能没有明显的外部动作，也不会发出声音。因此，父母或者老师有时会错误地认为儿童正在思考问题。但事实上，儿童此时并没有在思考作业或者与作业相关的内容，而是沉浸于其他无关内容的思绪中。儿童是否进入发呆或者白日梦状态，周围人还是可以从儿童的面部表情、身体姿势等方面的表现进行推测的。如果儿童的面部表情较长时间没有变化，眼神迷茫、没有焦距，身体姿势也较长时间地保持一种状态，那么大多可以推断儿童的注意力已经不在所要完成的作业任务上了。

如果儿童做作业时旁边还有其他人在，那么他们表现出的注意力分散行为可能是与这些人相关的行为，如与其他人讲与作业无关的内容，拉扯同伴，与他们玩耍，等等。在家里，儿童可能做了一会儿作业，就与父母说自己想吃东西、想玩玩具或是想要上厕所（事实上，儿童才上厕所没多久）等与作业无关的话题，或者就是像前面的小强一样拿桌子上与作业无关的东西玩。

作业分心行为会给儿童作业完成的质量和效率带来负面影响。一些儿童在抄写、阅读时会出现跳字、跳行或者抄写题目错误等，这些问题可能与他们的作业分心行为有密切的关系。作业分心行为会使得儿童完成作业的时间远远超过他们能力所及的最短完成时间。明明只要做2个小时就可以完成的家庭作业，他们可能要做四五个小时，有时甚至要拖到晚上11点，严重影响到他们的睡眠时间。家长也不得不花费大量时间来陪伴、督促孩子完成作业。如果儿童做的是课堂作业，则往往是不能像其他儿童一样在教师规定的时间内完成作业的，影响其学习质量。

课堂分心行为

儿童比较常见的另一类注意力分散行为是课堂分心行为。在课堂教学过程中，尤其是在语文、数学等对儿童来说有难度的学业类课程中，儿童常常会出现分心行为。常见的**课堂分心行为**有玩弄自己的衣物、学具（如衣服、笔、橡皮等物品），与同伴讲跟课堂内容无关的话，敲击物品发出噪音等；一些儿童可能会无故站起来，在教室里随意走动，甚至离开教室；也有不少儿童会表现出发呆、做白日梦的行为。

儿童表现出的上述行为有时只是影响到他们自身的学习，比如，玩弄自己的衣角这样的分心行为，会使得儿童难以顺利地参与到教师所组织的学习活动中。但由于没有发出影响他人的噪音，他们的分心行为仅仅只是影响到其自身的学习。有时，儿童的分心行为还会干扰到教师正常的课堂教学秩序以及其他同学的学习。比如，如果儿童在课堂上做出突然无故站起来、走动、发出噪音之类的行为，一方面说明他们的注意力已经离开教师组织的学习活动了，课堂学习的有效性受到了影响；另一方面，当儿童出现这类行为之后，教师往往需要停止正常的教学，来提醒其回到学习活动中来，因此很容易打乱教师正常的教学节奏，继而影响其他学生的学习。另外，此类行为也很容易吸引其他学生的注意力，影响他们的学习。

如果儿童的这一类行为在每堂课上都处于高发状态，也会影响到教师和其他学生对他们的接纳态度。近几年来，在新闻媒体所报导的普通学校教师和普通学生家长拒绝接纳自闭症儿童的例子中，都有这一因素存在。自闭症儿童在课堂上很容易出现注意力分散行为，这些行为常常也是一种严重的课堂扰乱行为，不仅影响到他们本人学习的有效性，同时也干扰到其他学生的学习，因而常常引发普通学生家长以及教师对普通学生学业成绩的严重焦虑，导致他们拒绝接纳自闭症儿童进入课堂。

出现注意力分散行为的常见原因

儿童出现注意力分散行为的原因有多种，处理这类行为时，要对其可能原因进行仔细分析。仔细地观察儿童注意力分散行为出现的具体情境，分析儿童正在从事的作业任务的特点以及儿童本身的能力发展水平、生理的特殊性等，类似的因素有助于我们比较好地理解儿童的行为。

儿童特殊的生理特点或者障碍

儿童出现注意力分散行为，尤其是严重的注意力分散行为，有可能预示着他们存在一些特殊的生理特点或者障碍。一些特殊儿童相比其他儿童更容易出现注意力不集中的行为，比如被诊断为脑功能轻微紊乱的注意力缺陷多动障碍儿童、自闭症儿童、智力落后儿童等。由于大脑神经发育方面的原因，这些孩子在将注意力较久地集中在某项作业任务方面存在一定的困难。以有注意力缺陷多动障碍的儿童为例，由于中枢神经系统的兴奋程度不足，他们往往缺乏足够的自控能力，很容易受外界无关刺激的干扰，难以将注意力按照要求集中在所要完成的任务上。也正是因为如此，当父母或者教师发现儿童存在注意力分散问题的时候，首先会怀疑他们是否存在注意力缺陷多动障碍方面的问题，继而让儿童到专门的医院进行注意力缺陷方面的诊断。

自闭症儿童也是如此，由于对外部环境缺乏恰当的反应，有这类障碍的儿童在课堂教学过程中很容易沉浸在自己的世界中。即使他们在刚布置作业时会尝试去完成作业，但注意力往往只能集中很短的时间。

与普通儿童相比，智力落后儿童在进行学业学习时更容易出现疲劳。由于所学的内容对他们来说具有较高的难度，他们需要付出更多的精力来应付，很容易使他们的神经处于紧张状态，也更容易出现疲劳。对于就读于普通学校的轻度智力落后儿童来说，普通学校的课程内容远远超过他们的能力范围，如果学校和教师没有有效的支持他们学习的手段，他们在课堂学习的过程中就需要花费更多的时间去集中注意力，因此更容易疲劳。因此，有这一类障碍的儿童出现注意力分散行为的可能性也很高。

另外，也有一些儿童可能在接收视觉、听觉等信息的感知觉加工过程存在一些特殊性。比如，有的儿童不擅长通过听进行学习，如果教师总是要求他们通过听讲来学习而非采用其他活动形式，那么他们就很容易出现注意力不集中的情况，这在男生身上更为常见。一般来说，男生更倾向于通过动手操作进行学习，如果不让他们动手，而是要求他们安静地听讲、读写，那么他们在学习过程中就比较容易出现注意力不集中现象。

引发儿童注意力不集中的外部环境因素

从儿童所处环境来说，某些环境条件需要儿童做出更多的努力才能维持较高的注意力品质水平，比如，缺乏对学生足够关注的集体课堂教学环境、高噪音背景的学习环境、房间内有与学习无关但吸引学生的外部刺激物，等等。

在课堂教学过程中，不管是教师讲课还是小组讨论或是其他学习活动，学生都需要全神贯注地集中于这些内容，这样的环境很容易让学生出现疲劳。如果教师的教学目标太高，教学内容过于困难、枯燥，教学活动形式乏味使学生缺乏兴趣，那么儿童就需要耗费更多的精力来专注于教师所教的内容，相比适合其能力水平的内容及有趣的教学活动，其注意力集中的时间则更短。做作业时也是如此，如果儿童所要完成的作业难度较高，需要儿童非常认真地动脑筋才能完成，儿童产生神经疲劳的可能性就会更高。在日常教学中，教师也常常发现，如果在一节课中过长时间地采用一种形式的教学活动，那么学生出现注意力分散行为的可能性就会更高。

一个班级中往往有一些儿童相比其他儿童能力更弱或者更强，教师如果只为全班大多数同学设计了适合他们学习的教学内容，而没有为这些个体进行特殊考虑，那么这部分儿童在上课时可能更容易出现注意力分散。对于能力较弱的儿童来说，他们之所以出现注意力不集中的行为，可能是因为他们听不懂教师在讲什么。有的儿童由于能力远远落后于班级同龄儿童，教师需要单独为其设计教学目标，寻找合适的学习任务。如果教师没有考虑到这些特殊因素，就很难对儿童参与学习活动的特殊性有充分的把握——在课堂教学过程中，这些儿童很容易因为难以参与学习活动而处于无所事事状态，因而出现注意力分散行为。而能力很强的儿童则会觉得老师所讲的内容太容易、重复、没有新颖性，因而觉得无聊、无趣，也会出现注意力不集中的情况。

对课堂分心行为进行分析，我们常常发现，课堂教学的无聊、呆板是非常容易导致儿童出现分心行为的一个因素。如果教师所选择的教学内容、教学活动组织形式等呆板、无趣，或者长时间采用单一形式的教学活动，学生所学内容缺乏变化，教师的声音或语调单调，授课缺乏情感色彩和抑扬顿挫，都很容易让儿童出现分心现象。一名优秀的教师，不管其教什么，首先要有全身心的投入，只有教师自己兴致盎然，才有可能让教学过程活泼有趣、不呆板，学生的专注程度也会相应提高。

不管是课堂学习，还是完成作业、任务，如果儿童本身并没有对所做事情具有很大的兴趣，那么此时教室或者房间内若有更吸引人的刺激物，比如突然的声音、有趣的事情、玩具、食物等，都很有可能使儿童的注意力从所要完成的事情上移开。比如，妈妈会发现，书桌上的东西越多，尤其是书桌上放有玩具或者孩子感兴趣的其他物品，孩子做作业时的分心情况就会越严重。对于年幼儿童来说，如果在他们面前放很多玩具，那么他们就比较容易玩一会儿某个玩具之后马上转向另一玩具；或者手里玩着一个，眼睛里看着另一个。父母看到这种情况通常会认为孩子玩玩具不够专心，但儿童之所以出现这种情况，与父母一段时间内提供过多玩具也有很密切的关系。对于儿童来说，所处环境中的外部刺激物过多，或者物品放置缺乏结构性、杂乱无章，也很容易导致儿童出现注意力不集中的情况。

来自外部的情绪刺激也会影响到儿童的注意力。如果儿童总是生活在不安全、无规律的环境中，比如，父母每天都会发脾气，甚至会动手打孩子；或者生活处于贫困状态，父母总是要为工作及家庭收入担心；那么这些儿童就很容易焦虑，学习时也就很容易不专心。心理学界用“情绪水库”这一名词解释了这一类儿童出现不专心行为的原因。任何一个人在生活中都会遇到引发负面情绪的事件，如果我们将个体承受、容纳这些负面情绪的“容器”称为“情绪水库”，那么，个体承受负面情绪的能力就有如“情绪水库”的水位线。当个体承受的负面情绪超过安全的水位线时，个体就会自然地做出调节行为，就如水库的自然泄洪，如果这个水位线总是高于安全的水位线，那么这个“水库”就会处于危险之中。个体每天要付出很大的努力对自己的情绪进行调节，这样花在所要完成的任务上的精力就会很少；或者做事情时也常常体验到焦虑、抑郁等情绪，很容易受与负面情绪有关的事情的影响，会显得很不专心。

不良的注意行为习惯

对于儿童来说，注意力集中的行为习惯是需要时间慢慢养成的。如果父母在养育过程中忽视培养这种良好的集中注意力的行为习惯，其不良的注意行为习惯就会形成。

对于当前的很多儿童来说，他们的家庭成长环境已经与过去发生了很大的变化，很多儿童都是独生子女，缺乏与兄弟姐妹共同成长的环境。除了在幼儿园有与小伙伴一起活动的机会，他们在家里较少与小伙伴游戏、玩闹，伴随他们成长的主要是电视机、电脑或者手机游戏等。如果儿童的视觉、听觉等器官适应了电视节目、游戏中快速变化的刺激，再想让他们安安静静地坐下来看书或者做事情，是非常有难度的，他们在看书或者完成某些作业任务时出现注意力分散的行为也是很自然的事情。儿童在成长过程中几乎每日都要接触到大量快速变化的刺激，这很容易促使儿童的视觉、听觉通道处于较高的兴奋水平，而安静的阅读活动或者其他作业任务则很容易降低他们的兴奋水平，因而儿童在阅读或者完成其他作业任务的过程中都比较容易出现注意力不集中的行为。这也是一些偏好高刺激活动的孩子很容易在学习过程中出现注意力分散行为的原因之一。

又如，一些儿童常常喜欢一边吃东西、听音乐，一边做作业。对于年幼的孩子来说，由于他们还未养成对学习任务保持专注的习惯，反而会因这一学习习惯而使注意力集中受到负面影响，以致出现分心行为。

另外，也有一些父母可能出于监督或者指导的目的，在儿童做作业或者完成某些任务的过程中，过多地给予儿童提醒、指导并与儿童对话，比如父母会问："你现在在做什么，在看书吗？""你要认真点。"虽然父母的用意是好的，但是这样的做法反而会使儿童将注意力分散到与父母的交流中，久而久之，儿童的注意力品质也会受到很多影响。

总之，儿童出现注意力分散的原因可以从不同角度分析，有儿童自身的生理因素，也有外部环境的不利因素。不过，即使存在儿童自身生理方面的原因，比如，儿童有自闭症或者注意力缺陷多动障碍等问题，我们也仍旧需要对儿童出现注意力分散行为的具体环境进行检查。儿童之所以会在做作业或者上课时出现这样的分心行为，与当时周围环境中的不良因素有着更加密切和直接的关系。只有从这些因素入手，才有可能找到促使儿童注意力品质提高的具有针对性的策略和方法。

处理注意力分散行为的常见措施

导致儿童出现注意力分散行为的原因虽然有多种，但是不管是什么原因，这一类问题行为的出现都最终表明，儿童当前的注意力发展水平与其需要完成的作业任务（或者其他所要从事的事情）所要求的注意力水平之间存在一定的差距。当儿童进入小学之后，我们可以看到，儿童每日在小学里的学习和生活与幼儿园阶段相比有着明显的不同，每节课的上课时间变为40分钟（有的特殊学校每节课为35分钟），教师的授课内容、教学组织形式等也发生了很大的变化。小学阶段的老师更容易倾向于认为，读小学的孩子应该能够集中注意力听课。但事实上，一些儿童并没在此方面做好准备，他们的注意力发展水平很难满足学龄阶段学习任务对他们提出的要求。对于一个注意力集中时间仅仅只有5分钟的孩子，如果不采取一定的特殊措施，要求他跟其他孩子一样注意力集中地听讲、完成作业将是非常难以完成的任务。

对于很容易受外界刺激干扰而出现分心的儿童来说，其分心行为也表明儿童难以控制自己不受外界刺激影响，他们专注于所要完成的任务的能力与环境对其控制注意力的要求存在差距。如果没有一个支持的环境（如外界干扰刺激较少的环境），他们就很容易出现分心行为。因此，处理儿童的注意力分散行为，一方面需要调整外部不利的环境，尽可能消除会分散注意力的不良的环境刺激或者减少此类刺激对儿童的影响，另一方面则应着眼于儿童良好的注意行为习惯的培养，开展注意力训练。

消除外部环境中的不良刺激或减少这些刺激的负面影响

依据之前的分析，儿童在参与某项活动时出现注意力分散行为与所处环境中的不良刺激有很大的关系，这些不良刺激可能包括：

(1) 活动或者任务的难度过高或者过低；

(2) 活动或者任务单一、缺乏变化；

(3) 活动或者任务呆板、缺乏趣味性；

(4) 相同活动或者相同形式活动持续时间过长；

(5) 在完成活动或者任务的过程中有无关刺激存在，如噪音、玩具、食物、过多无关对话；

(6) 引发个体不良情绪的负面生活刺激。

那么相应地，在制订干预措施时，要思考这些不良刺激是否可以撤销，若无法撤销，则需考虑如何减少这些刺激对儿童的负面影响。在这一方面，采取的措施可以包括：

1. 调整活动或者任务的难度

适当的活动或者任务难度可以让儿童更能坚持，并且更容易在这一过程中获得成就感。如前面所述，超过儿童学习能力水平的难度较高的任务更容易让学生疲劳，注意力集中的时间较短；而难度过低则不容易让儿童兴奋。如果想让儿童维持较长时间的注意力集中状态，调整活动或者任务的难度水平就是必要的手段。

2. 设计更加丰富的活动或者任务

活动或者任务的多样性能够很好地吸引学生的注意力，让他们对所要做的事情始终保持兴趣。同一主题、不同形式的活动或者任务可以让儿童对所学知识有更多的记忆线索，更容易掌握、巩固所学内容。如果教师发现，学生在课堂学习的过程中容易出现分心行为，可以检讨自己所组织的教学活动形式是否不够丰富、缺乏变化、乏味。

3. 设计具有趣味性的活动或者任务

具有趣味性的活动或者任务更容易保持儿童的注意力。活动、任务的趣味性可以来源于内容本身，基于儿童的经验、兴趣、爱好而设计的活动或者任务对儿童来说更具趣味性。趣味性也来自于活动或者任务的组织，由问题出发、可引发儿童思考的探究型活动或者任务一般更能引人入胜，儿童在其中也更能显示自己的主动性；不断地解决问题、找到答案的探索过程也可以很好地激发儿童对学习的兴趣。儿童对学习内容的兴趣是真正让儿童不出现注意力分散行为的根本原因。

4. 调整同一形式活动的持续时间

在儿童对某一形式的活动还保持一定兴趣的情况下变化活动形式更能吸引其注意力，避免儿童产生无聊情绪。而且，每个儿童在学习中都有最佳的神经活动兴奋水平，当一种形式的活动持续时间过长，就很难让儿童的神经活动兴奋水平保持在最佳兴奋水平。一般来说，兴奋型的孩子更容易在学习过程中出现分心行为。对于这一类孩子，高刺激型活动或者任务容易让其处于最佳的神经活动兴奋水平。但长时间从事同一个活动，即使是高刺激型活动，也会导致儿童的神经活动兴奋水平下降，难以维持在最佳水平，或者让儿童出现疲劳，因而出现注意力分散。

因此，缩短同一形式活动的时间，在孩子注意力分散之前让其短暂休息或者变换其他活动，是有助于儿童更好地集中注意力的一种方法。

5. 尽可能减少或撤除无关刺激

对于喜欢边做作业边玩玩具或者其他物品的孩子，父母可以在孩子做作业之前将玩具之类的物品放置到孩子看不到的地方，避免引发孩子分心。

如果孩子做作业时有边听音乐、吃零食边做作业的行为习惯且影响到其注意力集中，也可以在其做作业之前关闭音乐，拿开食物。

另外，父母也要反思并减少自己的行为对孩子注意力的负面影响。比如，儿童做作业时，父母尽量减少不必要的提醒、指导以及无关对话，采取其他不干扰儿童学习的监督方式也是一种可采取的措施。

6. 尽可能消除负面情绪事件，若无法消除，则降低这些事件的影响

如果儿童生活的环境动荡、缺乏生活规律，或者日常生活中总是有令他们感到愤怒、焦虑、伤心的事件发生，那么儿童就很容易出现分心行为。对于有此种原因存在的儿童，要尽可能找到引发他们负面情绪的事件，分析消除这些事件的可能性；若无法消除，则需要想办法尽可能降低这些事件对他们的负面影响。比如，对于父母感情破裂之类的负面事件，父母和教师需要与孩子开展一定的对话，让孩子对父母的婚姻以及他们对孩子的爱有正确的认识，尽可能减少父母情感破裂或离婚事件对孩子的伤害，也减少由此产生的学习分心。

培养儿童良好的注意品质

儿童良好的注意品质的形成并不是一蹴而就的。父母或者教师需要考虑在日常生活和教学中，有哪些措施和方法可以帮助儿童提高他们的注意力品质。在此方面，常见的措施和方法有：

1. 活动或任务的持续时间与儿童注意力集中的时间相适应

对于注意力很容易分散的儿童，任务或者活动的持续时间应适合其注意力集中的特点，可以按照维果斯基“最近发展区”的观点，持续时间可以稍长于儿童注意力集中的时间。比如，如果孩子当前的注意力集中时间只有5分钟，5分钟之后孩子就会分心，那么可以让孩子完成需要注意力集中6分钟的学习任务，鼓励5分钟之后再坚持1分钟，儿童就可能逐渐地做到在6分钟的任务中不会出现分心行为。当儿童能够很好地在规定时间内完成任务并且集中注意力时，可以逐渐地延长这一规定时间，从而促使学生集中注意力的时间逐渐地增加。比如，当孩子能够坚持6分钟不分心时，可以将任务的完成时间延长至7分钟或者8分钟，并鼓励孩子尽可能注意力集中地完成这一任务。一般来说，如果学生能够坚持10 ~ 15分钟注意力集中的话，那么他们就有可能在课堂教学中不出现分心的行为，因为一般在一节课中，教师最常组织的学习活动为3 ~ 4个。

2. 在活动之前明确对儿童的注意力集中行为的要求

在开始一项活动之前，父母或者教师清楚地向孩子说明在活动过程中要求注意力集中，并采取一定的措施对之进行监督和奖惩，这将会对学生的行为有很好的约束作用。对于有作业分心行为的儿童，可以根据其能力和作业量对作业的完成时间提出要求。比如，规定儿童在半个小时内完成某项作业；如果做到，则肯定其在半个小时内注意力集中的行为，并对其进行奖励。

3. 在活动过程中关注儿童注意力集中的行为，并进行鼓励

对于某些能在活动过程中表现出注意力集中行为、只是注意力集中时间要短于其他儿童的孩子，教师和父母可以在他们注意力集中的时候给予关注，并对其进行鼓励和表扬，促使他们继续努力，不出现分心行为。比如做作业时，教师可以走到该同学旁边，说：“嗯，你做得很认真，继续努力。”讲课时，可以对其提问，并告诉其他同学，“××× 刚才听得很认真。”

4. 当儿童出现注意力分散的苗头时，引导其回到原先的活动或者任务中

对于易分心的儿童，教师和父母在他们刚刚出现分心行为的时候就能发现他们的问题，并可采取有效的措施引导他们重新将注意力放回到活动中，这是一种非常有效的措施。引导儿童继续参与活动，而不是对儿童的分心行为进行批评，对于儿童更有效地参与学习任务是非常重要的；对分心行为进行批评有时可能适得其反。在日常生活中，对于儿童的分心行为，教师和父母比较喜欢说"×××，你又开始开小差了"，这样的说法对于某些儿童来说，无助于他们回到该完成的任务或者活动中，反而更容易让他们注意到自己正在做的分心行为。若教师和父母反复批评儿童"注意力不集中"，也会让他们越来越认为自己就是一个"注意力不集中"的孩子，"注意力不集中"才是他们正常的表现，这样的批评故而难以培养儿童良好的注意力品质。相反，当孩子做作业分心时，提醒他"刚才你都在很认真地做功课，接下来也要保持"，则是一种更加恰当的做法。

5. 活动或者任务结束后，对儿童注意力集中及努力的行为进行表扬

在现实生活中，父母或者教师大多是根据儿童完成任务的质量进行奖励的，而很少对儿童在活动过程中的注意力集中行为进行奖励。对于很容易分心的儿童，教师和父母可以在任务完成之后，回顾儿童注意力集中的良好表现，并对之进行奖励，而不仅仅根据其任务完成的质量好坏来奖惩。强调并奖励儿童在注意力控制方面付出的努力以及所取得的进步，可以让儿童有意识地关注自己的注意力集中状况，并继续努力，让他们对自己的控制能力越来越有信心。

6. 引导儿童对注意力集中的状况进行自我监控、记录以及自我激励

分心行为也表明儿童在监控自己的注意力状况方面还存在能力上的不足。教师和父母可以与儿童一起或者帮助儿童制作注意力方面的行为监控表（见表1.1），让儿童学习在参与活动或者完成任务的过程中，对自己的注意力集中行为（也可以是分心行为）进行记录，让他们更加主动地意识到自己在活动或者任务完成过程中的注意力集中状况。

一般认为，当儿童能够意识到自己处于分心状态时，就有可能对自己的分心行为进行调整；而知道自己当前的注意力很集中时，又能增加他对自己的注意力进行控制的自信。父母和教师也可以根据这一行为监控记录表对儿童进行奖励，

或者引导他们进行自我激励。

表 1.1 ______年____月____日 ××× 的行为记录表

作业内容	时间（从几点到几点）	注意力集中情况（1，非常集中；2，基本集中；3，不太集中）	分心次数	自我评价（1，很好；2，进步很大；3，基本做到，有进步；4，需努力）	星星数
语文					
英语					
数学					

注：若能在半个小时内集中注意力做作业，没有出现分心行为，则奖励一颗星星。集满5颗星星可以在周末换半个小时的电脑游戏时间。

案例一　静下心，慢慢来！

三年级时，班级来了一位转校生：小菲。翻开小菲的档案：智商分数为48，曾被之前的特殊学校评选为“行为规范示范生”、“校三好学生”，而且一直担任班长职务。这让所在班级的老师一下对小菲充满期待，因为此时三（1）班彩虹中队共有13名学生（9名男生，4名女生），其中自闭症儿童5人、脑瘫儿童3人；在剩下的5人中，有3人的语言理解和表达能力非常有限。整体来说，班级中认知能力较好、活动灵活、能主动与人交往的只有佳佳1人，也只有佳佳1人能较好地发挥班干部的作用，但有时佳佳难免孤单。三（1）班需要能力强的学生与佳佳进行交流，并带动全班学生互动，提高班级凝聚力。

小菲的到来的确给班级注入了活力。小菲热情开朗，语言表达能力强，很爱帮助其他同学，担任班干部也是一把好手。

“辰辰，你真棒！我很喜欢你！”这是小菲在鼓励缺乏自信的辰辰。

“小亮，你的练习册还没交！快点交上来！”这是小菲在履行班干部的职责。

“老师，不是小亮做的，我看见是小骏把鼠标扔到地上的。”这是小菲在把班级里发生的事情如实告诉老师。

“佳佳，我们一起带大家搭个大房子吧！”这是小菲在与佳佳互动，带领大家做游戏。

“老师，我知道！”这是课堂上的小菲在与老师互动。

有了小菲的课堂，气氛更加活跃。语文老师说：“这个小朋友可以说出自己的看法，还会与别人互相讨论，我看着他们就感觉很有成就感。”这里面自然有小菲的功劳。有了小菲的班级，学生之间互动更多，老师又多了一名小助手，她每天早晨会非常尽责地提醒大家交作业、拿杯子、挂毛巾；每天放学时，再提醒大家把这些东西带回家。老师在组织各项班级活动时，她都会积极参与，使得活动更容易开展。

但是老师们很快就发现了问题：小菲太爱管闲事了。上课时，坐在第一排的小菲总爱回头看同学，然后像个小监工似的监督同学们：“老师，你快看，小康把文具盒拿出来了！”老师没理她，小菲就自己管起同学了：“快把文具盒放回去，快一点！”小康也不理她，她就离开座位帮助小康把文具盒放回去。类似的事情几乎每节课都会出现。

小菲就像是个雷达，一直扫描着周围的人，一有风吹草动就拉响警报，呜拉呜拉叫。但是这样做的后果就是，她自己并没有将注意力集中在应该完成的事情上。这个小雷达最不擅长的事情就是静下心来完成一件事情。上课时，她喜欢随意讲话，拉扯同伴；做作业时，教室里只要有一点声音，或者其他同学发出一点声音，她就很容易受到干扰，马上就会停止做作业，去看是哪里发出的声音，并向老师报告。下课时，同学们在教室或者走廊里玩游戏，她虽然也玩玩具或者玩其他游戏，但是她只关注玩玩具或者游戏的其他人，只要其他同学有一点点错，她马上就会叫对方的名字或者批评对方，但对自己玩的玩具或者游戏本身却没什么兴趣，难以把注意力集中在玩具或者游戏上。总之，小菲的注意力很不集中，不能专注地做事情。

为此，老师询问了小菲的妈妈，她妈妈说小菲一向如此，他们也很烦恼。在家时，小菲总是一件事情还没做完就又跑去做另外一件事情，每件事情都是做得半吊子。现在家里两岁的弟弟都比她有定性，弟弟都能做到安静地听妈妈讲故事，能在妈妈忙时自己安静地看一集动画片，而小菲仍旧做不到，总是看不了两三分钟就乱跑，找妈妈。

为什么会这样？虽然小菲的注意力不集中有一定的生理原因，比如，她是一个整日都非常兴奋的孩子，总是对很多事情感兴趣，这显示她的大脑神经兴奋水平可能要比别人高。一般来说，高兴奋的孩子容易出现注意力分散。但是除此之外，老师也发现，小菲几乎没有任何控制自身行为的意识。她几乎不对自己的行为进行控制，正是她出现分心行为最主要的主观原因。不管在什么时候、做什么事情，小菲都没有想到过应该克制自己的行为，认真去做老师或者父母规定要做的事情，而是想做什么就做什么。

但是，除了小菲主观上没有控制自己行为的意识，也没有形成此方面的自我控制能力之外，小菲的注意力分散行为跟周围环境有什么关系吗？小菲真的是做什么事都不能专心么？为此，老师经过了将近2周的观察，结果发现，事实并非如此。小菲在一些事情上表现出了非常专心的一面。比如，有一次，美术老师教学生画人物，大家都在认真画，小菲开始叫："老师，我不会画，你快来帮我。"老师就过去指导她如何画人。最终，小菲在老师的帮助下完成了那幅画。过了几天，为了给友谊班的小伙伴送礼物，老师让学生再画一幅同样的画，要求："不管画得好不好看，一定要自己画！画完我们来评比。"结果，小菲画得很不错，而且她在画画的过程中也没有出现注意力不集中的行为。在近2周的观察时间里，类似的情况在小菲身上经常发生。虽然在大多数情况下，小菲对活动不感兴趣，即使勉强参加也容易分心；但是在一些情况下，小菲的注意力分散行为出现得非常少，几乎能在规定时间内将所要完成的任务完成。分析小菲能够完成任务、没有出现分心行为的这些例子，老师发现，在这些情况中，教师在布置任务时都非常明确地提出了任务完成的要求以及由此可以获得的奖励，并且也都有提到让小朋友互相比一比，看谁完成得最好。小菲是一个非常在意同伴和老师评价的学生，老师们和她的父母都证实了这一点。他们一致认为，小菲为了得到表扬，可以努力克制自己，然后把事情完成。

因此，我们决定利用同伴和老师的积极评价来提高小菲的注意力水平，引导小菲对自己的分心行为进行控制。而且班级里有注意力分散问题的学生很多，因此，在制订干预计划时，老师选择了集体干预的方式。经过对班级现状的分析，老师最终决定利用每周两节的休闲课以及每天的午休时间来系统开展注意力训练，并且将注意力训练与班级班规和班级"彩虹评比榜"结合起来。具体采取的措施包括：

❖ 措施一：班规统一意见，用"彩虹评比榜"约束行为

三（1）班的墙壁上一直贴着根据全班学生的实际需要而制订的班规，其中第二条班规是"保持安静"，这条班规是针对学生上课爱随意讲话、下课讲话声音过于吵闹而制订的。这条班规非常适用于小菲，因为小菲上课时的分心行为就是随意讲话。虽然教师之前也对同学们提出过要遵守班规，但是没有建立相应的奖惩措施。因此，老师在班会课上对这一条班规再次进行了强调，并要求同学们相互监督，比比谁做得最好。经过同学们讨论一致决定：违反班规的学生要站在班级反省区三分钟（班级后面有一个跳房子游戏的方框，里面标注1的方框就是班级反省区）。

非常在意同学评价的小菲自此开始努力克制自己，上课时不再随意说话，因为她一说与

上课无关的话，坐在她后面的班长佳佳就会提醒她："保持安静"。老师还把这一班规的评比纳入到彩虹榜的每日评比中，即在一个月时间里，每天对同学们"保持安静"的行为进行评比。一个月下来，小菲得到了14颗星。这样的结果对于小菲来说已经相当不容易了；最重要的是，这一个月的评比把"保持安静"这粒种子埋在了小菲的心中，也埋在了同样爱说话的小骏、小亮等其他学生心中。他们开始能够有意识地克制自己上课随意说话的行为，注意力水平相应地也有所提高。

❖ 措施二：用静态游戏提高其注意力水平

拼图是儿童喜欢玩的一个传统娱乐项目。班级里的同学们在二年级时就开始玩拼图了。刚刚开始玩的时候，不少孩子几乎难以静下心玩，但在教师一步步的引导下，经过一年的练习，很多孩子已经能够独立拼二十几块的拼图了。从孩子们的表现可以发现，玩拼图这个活动对学生的注意力提高有明显的效果。因此，老师决定让小菲通过这一游戏来提高注意力水平。但是其他同学此时已经非常熟悉那些拼图玩具了，对拼图游戏也失去了新鲜感。因此，开始的时候，老师将玩拼图游戏作为家庭作业布置给小菲，并让小菲将教室里的拼图带回家，让小菲与弟弟在家一起玩。开始时，妈妈反馈说小菲完全没有兴趣，不知道如何指导小菲玩。于是，老师又利用早晨锻炼的时间，一对一地指导小菲玩拼图，辅导她玩拼图的方法，并规定她必须在早晨锻炼的时间完成两个简单的拼图。小菲很喜欢老师的关注，如果有老师指导，她就愿意玩。几次之后，小菲开始找到玩拼图的窍门，此时她也开始愿意在家里练习玩拼图了。一学期后，小菲终于能静下心拼出九块拼图了。

除了玩拼图的游戏，为了训练学生的注意力，老师在班级里推出了一种名叫"瞬间记忆板"的新游戏。这个游戏有多种玩法，可以根据学生能力水平的高低对游戏内容做调整。注意力水平最低的学生可以玩看图片拼图，而能力强的学生则要凭记忆拼出刚才看到的图片。每个学生都从与自己能力相适应的任务开始，完成后则可以获得QQ糖之类的奖励物。刚刚开始推出这个游戏时，老师规定，每个学生完成一个图案奖励一粒QQ糖；而随着学生能力的提高，则逐渐增加奖励物的发放难度，规定学生必须完成三个图案才能奖励一粒QQ糖。除此之外，老师也通过增加图案的难度以及延长游戏时间来提高训练的要求。通过这样的游戏活动，学生的注意力集中时间也慢慢变长了。小菲也从开始时的爱看别人拼，发展到可专注于自己的拼图了。

❖ 措施三：每天听5分钟故事，让学生学会专注地倾听

在提高学生专注"做"事情的能力的同时，老师认为还要提高学生专注"听"的能力。为此，老师决定，通过每天给学生讲一个5分钟的短故事来培养学生“听”的专注力。从三年级开始，老师规定午饭后的时间就是阅读时间，要求全班学生各自拿一本书看。虽然设置这一活动的初衷是为了避免先吃完饭的学生因无事可做而出现捣乱的行为。但渐渐地，老师发现午饭后阅读已经成为学生的一个良好习惯，虽然很多学生只是拿着一本书，并没有用心看，或者由于能力的关系没有看懂，但是拿书看已经成为他们午饭后自觉的行为。因此，老师决定利用这一段时间来开展听故事的活动，一方面用来发展学生的注意力，另一方面也是采取措施引导学生真正养成“阅读”的习惯。

于是，每天中午只要有时间，全班同学就会听老师读一个故事。在选择故事时，老师一般也选择语言简单但情节有趣的故事，避免学生因听不懂而将听故事看作一种负担，力图让他们觉得听故事是一件非常有趣的事情。刚刚开始实施时，佳佳、政政、小亮、韦韦等孩子最先听懂了，但能力同他们差不多的小菲却无法做到专注听，她只是在老师讲故事时看到同学们乐，然后她也跟着乐。之后，连障碍程度更重的小康、小骏、小小都开始听，并选故事要老师讲了。此时，小菲才终于融入进来。现在，小菲已经能够比较专注地听故事了，当她听到有趣的情节时，就会哈哈大笑。听故事的活动让小菲养成了专注听的习惯。

❖ 措施四：下课尽情玩，上课才能专注听

为了让学生劳逸结合，在上课时能保持注意力，老师还采取了一项措施。这项措施实际上非常简单，就是教师有目的地在课间休息时间组织学生开展各项活动，让学生可以很好地玩耍、休息，这样上课时他们就能更好地集中注意力了。老师将这一措施纳入到了班主任工作计划中，并根据班级学生的特点每月推进一个活动项目，比如，3月，打新式三毛球；4月，老鹰捉小鸡；5月，轮流骑小车；6月，桌面游戏。当然，学生如果不喜欢这些活动项目，他们也可以选择自己喜欢的活动。这样实施的结果是，课间时，小菲所在的班级成为全校最活跃的班级，而上课时则是秩序最井然的班级。这样的安排也让小菲在课间能够充分活动，间接促进了她上课时的注意力集中。

除了上述活动，各位学科老师也根据小菲以及班级里其他同学的能力情况，对教学内容和教学方式进行了调整，使他们能够更高效地参与到学习活动中。

采取这些措施之后，老师们反映孩子们变得越来越专注，能够静下心来学习的孩子越来越多，而小菲也从一个上课不断开小差的学生转变为能关注学习内容的学生。

案例二　脑筋动起来，嘴巴停下来

七（二）班真是一个很有挑战性的班级。全班10名学生中，有5人为自闭症儿童，其中智商分数最高的是一名智商为40的自闭症儿童，其余学生的智商分数都在40以下。根据其他老师的介绍，班级里大多数学生的言语表达能力都非常有限，他们对老师的提问很少有反应，上课能回答老师问题的只有两人。即使是这名智商分数最高、按理应该表现最好的学生，在上课时也是基本属于光听不说的类型，整个班级氛围比较沉闷。而且，这个班级的大多数同学上课时非常容易出现注意力分散的问题，上课时发呆、走出座位或者拉扯同伴等行为很常见。我作为他们的科普课老师，备感压力。

在这种沉闷的气氛下，小曼无疑是其中的一个另类，她很喜欢提问，但这并不是一件让人欣喜的事情，因为小曼的问题源源不断，而且与上课内容无关，让我感到很头疼。让我们来听听小曼在上课时都会说些什么吧：

小曼：老师，你今天的裙子蛮好看的嘛，在哪里买的？

小曼：老师，你怎么不说啊？到底在哪里买的？

小曼：哦，上课不可以说与上课内容无关的话，我知道了。

小曼：老师，你看，XXX 又去拉 XXX 了，你快去批评她啊！

小曼：你怎么不批评她啊！XXX，快去坐好！上课哪能随便乱走？老师，我说没用的，她不听我的，你要批评的呀。

小曼：哦，管好自己就可以了。老师，你课上得老好了，我最喜欢上科普课，我们今天做什么实验？

小曼：哦，待会儿就知道了，我现在就想知道啊，老师，你说啊！

小曼：老师，你说啊……

小曼：老师，你说啊……

……

这样的情况每节课都会发生，如果没有发生，大概是因为小曼睡着了，因为小曼体重严重超标，导致心脏负荷很重，如果教学内容没有吸引力，小曼就很容易疲劳嗜睡。小曼除了上课常常出现随意说话等注意力分散行为，在其他方面的表现都很好，她的社会适应能力被认为是全班同学中最好的，生活常识也比较丰富。她喜欢参与我们科普课的实验，还能带领班级同学一起做实验，能回答出老师提出的问题，主动发表自己对实验的看法，是课堂中最活跃的学生。而且她的发言还能带动班级中的其他同学，让他们也能一起发言。因此，小曼在科普课堂中的作用是显而易见的。但是这仍旧掩盖不了小曼同学在课堂上注意力分散行为过多的事实，而这一行为也影响了小曼课堂学习的效率。

针对小曼的情况，我在科普课上采取了一些措施：

❖ 措施一：采取措施制止小曼随意说话的行为

当小曼上课时出现随意说话的行为时，我就竖起食指并将手指放在嘴边，以此动作示意小曼停止说话。在做这个动作时，我什么话也不说，眼睛看着小曼，直到她停止说话。这一策略在刚开始实施时很有用，我虽然一直不说话，只是看着她并等着她停下来，但小曼往往感觉很有压力，因此通常会停止随意说话。但是经过一段时间后，我发现这一策略只能让小曼在很短的时间内不再随意说话，由于她常常难以管住自己，因此很快地就会再次出现随意说话的行为。

❖ 措施二：通过外界辅助让小曼对随意讲话行为进行自我约束

小曼可在教师给予提示的情况下停止自己随意说话的行为，但是怎么能够发展她的自控能力呢？

我给她单独制作了一张小纸条，纸条上写“不说与上课无关的话”，粘贴在她的桌面右上方。这样做的目的就是当她看到纸条的时候，能够根据纸条上的文字对自己随意讲话的行为进行约束、控制。如果我在上课时发现小曼出现随意说话的行为，也会通过敲击小曼的桌子或者指点纸条来提醒她注意纸条上的文字。由于小曼在班级里是一个认知发展水平相对较好的学生，她能判断自己行为的对错，也能预知自己行为的后果，而且非常希望得到老师的表扬和肯定评价。因此，通过提供小纸条的方式让小曼对自己随意讲话的行为进行约束是可行的。这一策略实施之后，小曼上课随意说话的情况有所改善。

❖ 措施三：调整教学内容，让学生能更有效地参与课堂活动

在针对小曼随意讲话的行为采取措施的同时，我也开始反省自己的教学内容和教学方法的问题。为什么班级中有那么多学生都会有注意力分散的问题？他们出现的这一类问题行为，包括小曼的随意说话行为，是否与我上课时课堂比较沉闷有关系？还是所教的内容太难？教学的组织过程不够有趣，难以让他们感兴趣？由此，我对这门课的教学内容进行了认真地梳理，发现学生在每节课中的表现并不是一样的，他们在某些课上的注意力更加集中，与教师的互动也更好。我分析了这些课的特点，发现如果将教学内容同学生的实际生活更加紧密地联系在一起，他们对教学内容也就会更加投入与关注；反之，如果所讲的知识点过于理论化，离学生生活很遥远，学生学习起来难度就会很大，听起来也很枯燥，在上课过程中出现注意力分散问题的可能性就会明显提高。

在此基础上，我对学生在科普课上要学习的内容进行了分析，并对之进行了调整，减少了离学生实际生活较远的理论化内容，增加了学生动手操作的机会，以使得教学内容更加贴近他们的认知能力和特点，更好地激发他们学习的兴趣，上课时能更长时间地专注于教学内容和教学过程。

例如，原先科普课上有一个教学内容是“植物各部分的作用”，要求学生了解并记住植物根、茎、叶、花、果实、种子的作用。虽然一部分学生能够记住植物各部分的名称，但是“植物各部分的作用”这一内容相应于学生认知能力水平来说难度太高，也很抽象；尤其是在学生对植物各部分的指认也存在困难的情况下，此部分内容的学习难度就会更大。如果要讲这一部分的内容，往往需要进行大量讲解，而根据学生一直以来的情况，他们常常对这样的讲解缺乏兴趣，注意力分散也就很容易出现，教学效果也因此很容易受到影响。但是，什么内容既跟这一主题有关，又能吸引他们兴趣呢？我仔细分析了这个班级现有的一些资源情况。这个班级跟其他班级一样，每个学生每年都会从学校领到一些种子，回家与家长一起种植花花草草。学生在这一过程中对植物以及植物的生长也有了真实的生活体验。将他们的这一生活经验与课堂教学结合起来应该是一个有益的尝试。于是，我将这一板块的内容调整为几个小内容，比如“种子在哪里”。上课时，我带来各种植物的果实，让学生自己在不同的果实中找出种子，再通过欣赏他们自己养花种草的照片，了解种子的作用是什么。经过这样的调整，学生非常积极地参与到了教师组织的教学活动中。在动手寻找种子、欣赏自己劳动以及劳动果实的照片中，学生更容易理解所学的知识点，注意力集中水平也明显得到了提高。小曼也是如此，她非常投入地参与到这一过程中，能够根据教师的要求在果实中寻找种子，再把种子归类放好，并能够提出与所学内容有关的问题，比如：“老师，这个南瓜这么大，怎么切开啊？”“老师，南瓜种子怎么湿嗒嗒的，跟我平时见的不一样？”相应地，随意讲与教学无关内容的行为也就越来越少了。

❖ 措施四：合理设定教学目标，及时给予积极评价

在特殊学校，根据学生的能力水平合理设定教学目标，并及时对他们的良好表现进行积极评价是非常重要的。为此，我在科普课上也做了一些调整。

首先，根据所教内容结合学生的特点设定合理的分层目标。以“种子在哪里”这一课为例，由于小曼的理解能力在班级里是最好的，属于A层学生，因此为其设定的教学目标是“知道种子在植物的果实里”；而C层学生的目标则是参与找种子的活动，并将混在一起的种子按品种分开，感知不同的种子是不一样的。由此，不同能力水平的学生都能够在各自水平上学习所要求的内容，并能参与到教师组织的学习活动中。不仅是小曼，其他学生的注意力也比以前更集中了。

其次，在教学过程中及时给予学生行为上的积极评价以及相应的奖励。虽然按照常规的做法，中高年级的学生更多偏向于代币奖励（如五角星）或者口头表扬，但是由于这个班级中大多数学生的能力水平都比较低，对他们来说，食物等实物类的奖励更具有吸引力。因此，我根据学生在此方面的特点，为他们制作了一个评价表，评价表中以图片示例了“坐姿端正”、“安静听讲”、“参与活动”，每一张图片下有一个方框，可让学生粘贴五角星。如果学生能够在上课时做到评价表中所列的这三件事，就能在一节课中得到三颗星，那么就可以在下课时从老师那里得到一粒QQ糖。上课时，教师会对学生这三个方面的行为表现及时给予评价和引导，并在课后兑现食物的奖励。这一评价措施实施之后，班级里包括小曼在内的所有学生在上课时的行为都有了更大的改变。即使是以前一直在课堂上乱晃的自闭症儿童也能安坐一节课，虽然有时他们会忍不住出来乱走，但只要用评价单提醒他们，他们就能很快改正自己的行为，重新安静地坐回位置。小小的评价单确实提高了学生们的课堂参与度，注意力分散的情况也大大减少了。这个评价表对小曼的实施效果也很好，因为如果她说了太多与上课无关的话，就得不到“安静听讲”的五角星。因此，小曼能够更自觉地控制自己上课随意说话的行为。

注意力分散是在特殊儿童中发生率最高的一类问题行为，而想提高学生的注意力水平，除了学生的努力之外，我越来越深切地感受到：教师也必须调整自己的教学内容和教学方法。目前，小曼不仅能够在科普课中积极开动脑筋，而且与课堂教学内容无关的“废话”也越来越少了。七（二）班的学生在科普课上的表现比以前进步了很多，我觉得很有成就感。

第二章

课堂扰乱行为

些孩子在上课时出现的注意力分散行为会干扰到老师的正常教学。前面第一章中所提到的小曼在课堂上随意讲话的行为就是一种会干扰教师正常上课的注意力分散行为。我们也可以称这一类行为为课堂扰乱行为。对于学龄期的儿童来说，课堂扰乱行为是教师非常关注的一类问题行为，这一类行为不管其表现形式如何，其后果都是打乱了正常的课堂教学秩序。因此，不仅会影响到儿童自身的学习，也会影响到班级其他同学的学习。当学生在课堂上出现这一类行为时，教师常常需要将注意力从原先的教学内容转移到儿童所出现的行为上，需要教师停止原先的教学活动并花精力处理问题，有时甚至需要较长的时间，这就会明显改变整个课堂学习环境，也会破坏教师的良好教学情绪，导致正常教学节奏中断、教学秩序受到影响。

由于此类问题行为与教师的课堂教学密切相关，因此也最为教师所关注，是目前最为困扰教师的问题行为之一。据当前的一些研究发现，在当前的随班就读实践中，对于进入普通学校就读的各类障碍儿童，普通学校教师最难接纳的一类特殊儿童是有情绪和行为问题的儿童；这类儿童之所以最难被接纳，最主要的一个原因就是这一类儿童在课堂教学过程中所出现的问题行为会严重干扰到教师的正常教学，教师需要在教学过程中花费大量的时间去管理学生的问题行为，因此导致此类学生很容易被拒绝。就如2012年新闻媒体报道的深圳“19名家长联名拒绝自闭症男孩入学”事件中所描述的，该自闭症男孩上课时不遵守纪律、会影响其他同学的学习是被家长以及教师所拒绝的一个非常重要的原因。

课堂扰乱行为的常见表现

同注意力分散行为一样，根据课堂扰乱行为这一名称，我们也看不出这一类问题行为的具体表现是什么，因为这一名称是从行为对课堂教学秩序影响的角度进行命名的。因此，在分析儿童的课堂扰乱行为时，确定儿童行为对课堂教学秩序的影响程度是非常重要的，其中包括教师对儿童行为的感受和焦虑程度。如果教师非常紧张，在教学过程中时时担心学生是否会出现某种行为，影响到自己的教学和其他同学的学习，那么不管儿童的具体行为是什么，都需要对之进行处理。因为这样的一种课堂教学环境是一种非常糟糕的环境，对于儿童的学习是非常不利的，教师也常常会对该儿童抱有负面的看法，很难公正、客观地看待儿童的行为。长远来看，对儿童的发展也是非常不利的。

对课堂教学秩序产生影响的行为，可能表现出这样的特点：一种是学生在表现出这一类行为时，会明显地发出噪音或者其他与教学无关的声音，因而干扰到正常的教学秩序。比如，学生上课时随意讲话且讲话内容与老师上课内容无关，或者发出其他声音，长时间的、突兀的声音特别容易干扰到教师的教学和其他同学的学习；又如，学生上课时用某些物品敲击桌子或者其他物品（如用铅笔敲击铅笔盒），发出持续不断的、单调的声音，也很容易激发教师和其他同学的厌烦情绪。有时候，学生在回答老师的提问时，会说一些完全无关的话，甚至质问老师“你为什么要问我这个问题”或“回答这个问题有什么意义”之类的问题，也会导致正常的教学难以进行。

课堂扰乱行为的另一个特点是，学生表现出的行为对于老师和其他同学来说是非常显而易见的，他们能够很容易注意到这个学生的行为，使得注意力难以再保持在原来的教学内容中。比如，学生在课堂上随意离开座位、走动甚至离开教室的行为，都很容易吸引教师和其他学生的注意力。对于一些自闭症儿童，老师们常常报告的课堂扰乱行为正是儿童离座、在教室内随意走动以及离开教室的行为，教师会因此感到非常困扰，如“我一转身在黑板上写字，他就离开座位，走出教室了。这不仅影响到我的教学，甚至还有安全的问题，我不得不停下来去找他，同学们也很有意见”。如果这样的学生被安置在普通学校的普通班级里，在教学进度上，教师就要承担很大的压力——由于教师在课堂上要不断地处理这些问题，所以他们总是难以完成预先准备的内容。也有一些学生的课堂扰乱行为可能是直接指向其他同学的行为，比如在课堂上有拉扯其他同学的明显动作，导致其他同学难以认真上课，影响学习质量。

但是不管是哪一种表现，这一类行为的结果都是打乱老师的正常教学秩序，是令老师很头疼的一类问题行为。父母也会因为这一类问题行为而常常被老师叫至学校，因而这也是非常令父母困扰的一类问题行为。

出现课堂扰乱行为的常见原因

学生在课堂教学过程中反复地出现课堂扰乱行为，与课堂扰乱行为达成了儿童所期望的目的可能有直接的关系，但也与学生本身的身体特点以及教师所提供的课堂教学等方面的特点有间接的关系。

在日常生活中，学生通过课堂扰乱行为所达成的目的最常见的有这么几种：

1. 学生试图通过这些行为引起他人的关注

这一类学生的课堂扰乱行为通常发生在教师在课堂教学中没有给予或者没有及时给予学生关注的情况下。比如，教师向全班同学讲解某些知识点已经进行了一段时间，在这段时间里，教师没有提问或者关注到该名学生，而学生希望获得教师的关注。对于这一类学生来说，他们表现出的课堂扰乱行为可能比较夸张或者与众不同，在引发老师批评、同学发笑或者其他形式的注意后，他们的行为就会停止。

2. 学生内在生理需求的调节

一些儿童通过课堂扰乱行为对自己的生理兴奋水平进行调节。安静地上课最容易让学生的生理兴奋水平下降，当兴奋水平下降时，学生就有可能采取某些行为去提高自己的兴奋水平。

3. 不想完成教师的指令

还有一些儿童可能因为不想回答教师的问题或者拒绝完成作业而表现出课堂扰乱行为，比如之前所提到的，有些儿童在教师提问时会质问教师其他无关问题，如“我为什么要回答这个问题”或“做这样的作业有什么意义呢”，这类儿童的质问或者反问使得教师难以顺畅地开展下一内容的教学。

综合来看，儿童之所以在课堂学习过程中出现破坏课堂纪律的行为，常见的原因有：

与儿童的生理特点、障碍等因素有关

比起其他儿童，一些儿童可能更易出现课堂扰乱的行为，比如有注意力缺陷多动障碍的儿童、自闭症儿童等。在第一章中我们就提到，这类障碍儿童大多属

于兴奋型儿童，他们的神经活动特点使得他们不太容易适应刺激水平较低的课堂教学活动，比起其他儿童，他们更需要通过用手操作某些物品、走动以及其他身体动作，来获得某些感觉刺激。当课堂教学活动无法满足他们这些方面的需求时，他们的身体就很容易背叛他们，做出与课堂教学无关的动作，影响到正常的教学秩序。

一些儿童也会由于障碍或者能力发展的限制，在学习方面存在比其他学生更多的困难。对于这些儿童来说，课堂作业、课堂提问之类的学习任务会带给他们更多的压力，引发更多的焦虑与紧张，在课堂上会更多地出现对正常课堂教学秩序产生负面影响的行为。

儿童对他人的关注有特殊的需求

一些儿童由于特殊的成长史，对他人的关注有特殊的需求。比如，有的学生由于父母工作繁忙，平常几乎都是由保姆照顾或者其他人照顾的，只有在孩子表现不好的时候，父母才会花较多时间与老师和孩子进行沟通。有此种家庭背景的儿童可能比其他儿童更需要他人的关注。如果在他们表现良好的时候父母或者其他成人常常无法给予其足够的关注，那么他们对他人的关注的需求水平就会更高。在课堂教学过程中，他们就有可能采取扰乱课堂的行为去获得周围人的帮助。而具有获得教师或者其他人关注功能的课堂扰乱行为通常发生在该学生较长时间没有得到足够关注的情况下。而且教师在对学生的课堂扰乱行为给予批评之后，学生一般会停止这类行为。但在受到教师批评之后，学生并不会为自己的行为感到羞愧，有时还会表现得很开心。

学生受到外界刺激的激惹

在课堂教学过程中，有时会发生一些意外事件，比如应该分到的学具、教具分完了或者被其他学生抢走了，易激惹的孩子就很容易发脾气，这类发脾气的行为很容易对课堂教学秩序造成破坏。

又如，一些学生的课堂扰乱行为总是出现在布置课堂作业这一段时间。这类学生会采取比较激烈的做法（比如，大声地嚷嚷、撕本子等行为），来迫使教师同意他们不完成任务或者不用参加活动，而这些形式的拒绝行为会对教师的正常课堂教学秩序造成破坏，我们将在不顺从行为这一章中对其进行详细阐述。

与家庭教养有关的因素

家庭教养方面的某些不良因素也可能与学生出现课堂扰乱行为有关。这些因素体现在以下几个方面：

如果儿童出现课堂扰乱行为的主要目的是获得教师或者其他人的关注，从其家庭成长环境来说，父母在教养方面可能对孩子缺乏实质上的关注。有一些父母可能很明显地完全不管孩子，但还有一些父母并不承认自己不管孩子，他们会给孩子买很多的衣服、玩具，但他们没有陪孩子玩的时间，孩子平时的行为表现并不是父母关注的内容，除非孩子做错了事。来自这样家庭的儿童如果在课堂上无法通过良好的行为获取老师以及其他同学的关注，那么他们就有可能做出课堂扰乱行为。

如果儿童总是在教师布置课堂作业的时候出现一些捣乱的行为，那么他们的行为目的通常是为了逃避课堂作业。除了个体本身的能力问题之外，这一类孩子有可能在日常生活中总是从父母那里获得负面的评价，他们的表现总是难以满足父母的高期望，因此在课堂学习中更有可能出现拒绝完成任务的行为，并干扰到教师正常的课堂教学秩序，从而迫使教师同意他们不完成任务。

与教师课堂教学活动组织有关

学生出现课堂扰乱行为也表明教师在课堂教学活动的组织方面还存在可以改进的地方。需要改进的地方可能表现在以下几个方面：

- 由于学生能力远远落后于其他学生，很少表现出跟其他同学一样水平的良好课堂参与行为，所以教师很少对其进行表扬和奖励。
- 班级中学生的能力水平差异太大，教师所开展的教学活动对于该学生来说可能难度过高或者过低，导致学生出现干扰到课堂教学秩序的拒绝行为及注意力分散行为。
- 教师在课堂教学过程中未能很好地强调课堂常规，学生未能将课堂常规牢牢记在心里。

- 教师所组织的教学活动没有很好地考虑到学生的神经活动类型，导致学生需要通过课堂扰乱行为来满足需求。

教师对学生的课堂扰乱行为处理不当

学生反复地出现课堂扰乱行为在一定程度上说明教师对该行为的处理方式不够正确。比如，对于通过课堂扰乱行为获得关注的学生，教师对学生的批评很好地满足了学生对关注的需求，但是教师往往会对学生表现出的恰当行为未能给予很好的关注。又如，对于通过课堂扰乱行为拒绝参与学习活动的学生，教师对待他的方式恰恰让学生不用继续参与学习活动。比如，当学生不断地跟老师说“这些问题有没有意义”、“做这些作业有什么用呢”之类的话时，教师在反复劝说学生的情况下只好放弃对学生的要求。这些处理方式都可能导致学生的课堂扰乱行为不断地出现。

处理课堂扰乱行为的常见措施

处理儿童的课堂扰乱行为，教师一般需要承担最主要的责任，而家长通常也需要付出努力，配合教师工作。

教师采取的措施

要想改变学生在课堂上出现的不良行为，教师首先要分析自己的课堂教学行为与学生行为之间的关系。这一点我们在前面第一章中已经提到了。对于课堂扰乱行为，教师也需从这一方面进行仔细分析。一般来说，针对学生出现的课堂扰乱行为，教师可以采取的措施包括以下几个方面：

1. 制订更适合学生的教学目标，选择适当的教学内容

如果学生的能力与班级大多数同学有很大的差距，教师在确定教学目标时，要考虑班级的整体教学目标以及某个学生的个别化教学目标，并根据教学目标选择适当的教学内容。

2. 设计适合班级整体目标以及学生个别目标的教学活动，开展教学

如果教师设计的课堂教学活动不仅适合班级整体的教学目标，而且也能容纳

学生的个别化教学目标，那么，学生就有可能更加有效地参与课堂教学。一些教师常常会问怎么做到这一点？提供涵盖同一主题、但难度水平不同的学习任务单，或者根据学生的能力水平准备适当难度水平的个别化学习材料都是很不错的措施。

3. 在教学过程中，重视对课堂常规的强调

对容易出现课堂扰乱行为的学生，在活动开展之前，要对其事先明确地提出行为的要求。在实际的教学活动过程中，可采取特殊的方法对学生进行提醒。比如在座位上张贴警示符号，提醒其要如何做，不可如何做，等等。

4. 对需要高关注的学生尽量给予更多的关注

面对需要高关注的学生，教师可考虑是否在课堂教学过程中给予其更多的关注机会，比如提问次数比其他学生多一些，做作业时走到其身边询问的机会多一些，等等。

5. 对学生的良好行为进行关注

对于能力比较落后的学生，教师要对学生在课堂上表现出的良好行为进行具体分析，然后确定应该如何在课堂上对学生的这些良好行为进行关注。比如，在教师讲解课文的时候，学生能够比较专注地听；或者教师在布置某些作业之后，学生能够在教师的鼓励下努力完成任务。教师可以对这些良好行为进行鼓励和表扬，从而避免仅仅关注该学生的课堂扰乱行为而给予批评和指责。

6. 开展对良好课堂行为的训练

对于一些课堂扰乱行为非常严重的学生来说，教师可以抽出一定的时间，对学生进行良好课堂行为的个别训练。这方面的训练方法有很多，采取什么样的训练方法可以根据儿童的能力和学习情况进行选择。

比如，可以编写“认真上课”的社会故事，让学生明白什么样的行为是认真上课，这样的社会故事可以用文字、照片甚至录像的方式呈现。教师可以在平时拍摄其他同学在认真上课的照片或者学生本人在认真上课的照片（或者录像），告诉学生什么是认真上课，谁在认真上课，从而帮助学生清楚地知道学生上课时的恰当行为应该是怎样的。

如果学生的课堂扰乱行为发生时有特殊的事件，比如，在布置作业、学生有需求想得到满足或者外界有不良的刺激干扰等，教师也可以对学生恰当的表达行

为进行训练，训练他们用恰当的方式表达自己想要什么、想休息或者其他的需求，让他们知道不能用原来的错误行为使要求得到满足。

7. 制订课堂扰乱行为记录表，指导学生进行行为的自我监控

教师可以帮助学生制订课堂扰乱行为的记录表（见表2.1），也可以与学生一起，共同制订这一记录表，并指导学生对自己在课堂上出现的扰乱课堂秩序的行为进行记录。自我记录的策略可以很好地帮助学生意识到自己当下的行为，从而对这一行为进行自我控制。当然，对于能力较弱的学生，教师还需手把手地辅助他们尝试记录自己的行为，并引导他们意识到当下正确的行为是什么，从而做到自己停止扰乱课堂秩序的行为。

表 2.1 ________年____月____日 ××× 课堂行为记录表

课程名称	注意力集中情况（1，非常集中；2，基本集中；3，不太集中）	错误行为（次数）	自我评价（1，很好；2，进步很大；3，基本做到、有进步；4，需努力）	星星数
语文				
英语				
数学				

注：其中错误行为可以根据儿童的情况列举，比如，如果儿童只是出现上课大叫，那么可以只记录这一行为的发生次数；如果有多种行为，可让儿童自己列举，然后记录次数。奖励的星星数可以根据儿童的行为情况进行约定，比如，一节课没有出现大叫就给一颗星星，5 颗星星换一颗 QQ 糖。

8. 发现苗头，及时引导学生表现出良好的课堂行为

当教师掌握了学生在课堂上的行为规律之后，就更可能在课堂教学过程中发现学生出现课堂扰乱行为的苗头，从而及时做出反应，并对良好课堂行为进行引导。比如，对于喜欢通过在课堂上饶舌来吸引他人注意或者逃避参与学习活动的孩子，教师可以通过忽视这些饶舌，冷静地提出任务要求，甚至手把手地辅助、引导其参与学习活动，来进行应对。教师采用一定措施进行有效应对，以避免进入学生通过课堂扰乱行为而设置的各种“陷阱”，这是非常重要的。

9. 将儿童暂时转移到某一安静区域

有时，当儿童出现某些扰乱课堂秩序的行为时，教师所采取的措施并不一定

能够快速制止他们的问题行为。在此情况下，对教师来说，最重要的是采取措施保证同学们顺利地继续上课，否则，如果持续对该儿童采取措施，势必影响到其他同学的学习。如果此种情况常常发生，其他同学的受教育权利也就会受到损害，其他同学的家长也会因此产生意见。当前，一些特殊儿童，尤其是自闭症儿童，之所以在普通学校里遭遇拒绝，甚至出现家长联名写信要求学校拒绝某位儿童入学的事件，细究原因，都与该特殊儿童在课堂上常常出现课堂扰乱行为，而教师不得不在课堂上花费大量时间进行处理有关。对于这一类情况，教师在无法快速处理儿童所出现的课堂扰乱行为时，采取恰当的措施让课堂教学顺利继续下去是非常重要的。

一般来说，对于难以在短时间快速制止其课堂扰乱行为的儿童，教师可以将其暂时转移到教室内某一安静角落或者其他安静的房间，待上几分钟（5分钟是比较常见的一种选择），等其情绪稳定之后再让其回到原来的位置上课。同时，教师在课后还需进一步针对其课堂上出现的不良行为进行说明，让其知道那样的行为是错误的，正确的行为应该是怎样的。对于能力较弱的儿童，教师可以针对其行为拍摄照片，并结合这些照片对学生进行课堂行为规则的说明。当然，对该名儿童来说，由于在上课时间内离开课堂而没有参与教师组织的教学活动，教师也需另外安排一定的时间对他进行个别教学。

家长采取的措施

虽然学生的问题行为是在课堂教学过程中发生的，但是与家长不良的教育态度、教育方法等也可能有着密切的关系。因此，在教师采取有效措施处理学生的课堂扰乱行为的同时，家长也要认识到自身的态度、教育方法等因素与学生课堂扰乱行为出现之间所存在的关系，并尽力与教师配合，改变对孩子的教养态度，调整相关的错误的教育方法。

1. 改变对孩子的忽视态度

对于采取课堂扰乱行为获取教师及其他同学关注的学生，他们在日常生活中都或多或少存在被忽视的情况。家长可以检视自身与孩子相处的情况，是否总是在孩子出现错误行为时才给予批评，而其他时候则很少给予其关注，也甚少给予表扬等；或者平时几乎很少有时间陪伴孩子，只有在教师联系父母报告孩子在学校出现问题时才给予关注。如果是这样，父母就需要改变自己与孩子的相处状况，应尽可能每日抽出时间关心孩子的生活与学习，改变以往只有孩子出现不良行为表现时才会关注的状况，而是关心孩子在每日生活和学习中所取得的进步。即使进步非常微小，也应对之表示鼓励。陪伴孩子成长能够很好地满足孩子对他人（尤其是父母）的关注的需求。

2. 改变对孩子的期望

对于用课堂扰乱行为来避免参与学习活动或者完成课堂任务的学生，其背后有一个很重要的原因就是家长对孩子的期望并不符合孩子本身的发展水平，或者家长一直以来都对孩子提出了很高的要求，而孩子在很长的时间内总是获得负面的评价。因此，改变父母对孩子不恰当的期望，让父母更多地关注孩子的学习过程以及在这一过程中所投入的精力、付出的努力，而非简单地对学习结果的好坏做出评价，这有助于学生为自己努力而获得的收获感到自豪和成功，即使只是小小的收获。

3. 在家里对孩子进行课堂行为训练

父母也可以配合教师在家里对孩子进行课堂行为的训练。在这方面，父母与教师的良好沟通是非常关键的，如果父母对如何在家里开展课堂行为训练没有把握，父母完全可以与教师进行沟通，然后根据教师的建议开展训练。如果教师在学校里也开展了相关的课堂行为训练，那么父母就可以参照教师的做法在家里对孩子进行训练。

父母可以采取模拟课堂教学的方式在家里对孩子的良好课堂行为进行训练。也可以将良好课堂行为编成儿歌让孩子背诵，并让孩子做出相应的行为，进行演示。

4. 对孩子逐渐减少或者没有出现课堂扰乱行为进行奖励

即使孩子在很努力地改正自己的行为，他们在课堂上出现的扰乱行为也很少会马上消失，家长可以跟孩子约定，如何对他们越来越少出现课堂扰乱行为或者没有在课堂上出现这一类行为进行奖励。比如，原来孩子上一节课发出怪叫声的次数会超过5次，父母就可以跟孩子约定，这一周如果孩子在每天的7节课中有5节课都能做到一节课中只出现一次怪叫声（这个要求可以根据具体情况而定），那么回家以后就可以多玩半个小时的电脑游戏。

一般来说，在日常生活中，家长很少会因为孩子在学校里认真上课或者上课时没有出现这种干扰教师教学秩序的行为而对孩子进行奖励。但是，对于课堂扰乱行为比较严重的孩子，家长可以跟孩子商定，如果他们没有在学校里出现课堂扰乱行为或者课堂扰乱行为在一天、一周中少于几次，就给予何种奖励。家长可以与教师约定，让孩子每日放学时带回教师对孩子课堂行为的评价，并以此为依据，判断是否要给予奖励。

5. 指导孩子进行课堂行为的自我记录，并对之进行奖励

这一方法类似于前面介绍的教师所采取的措施。父母可以与孩子一起制作课堂扰乱行为的自我记录表，指导他们在上课时对自己的行为进行监控。父母可以依据记录表中的行为表现记录对孩子进行奖励，也可以指导学生对自己的良好表现进行奖励。

案例一　乐乐的故事

乐乐是一个可爱的男孩，目前就读于三年级，是班级中的小队长。他不会说话，但很擅于用身体姿势、动作进行沟通。现在，他每天早晨一到校，就会跑到每一位老师、同学面前，点头、弯腰地与他们打招呼。如果老师此时忙于其他事情，没注意到他，他会拉着老师的胳膊晃晃，引起老师的注意后再打招呼；然后他会去忠实地履行自己“人事委员”的职责：每日考勤。来一位同学，他就把该名同学的名字卡片放到考勤小黑板上。每节课，他都会努力地完成老师布置给他的任务，即使有时也会调皮捣乱，或者骚扰周围的同学，但此时只要主讲老师或陪读老师提醒他一下，他通常都会马上改正。一下课，他也会主动跑到班主任面前“告诉”老师他上节课在哪上的，上的什么内容，然后才会与他最要好的朋友一起玩一些小游戏。偶尔有客人来校参观时，他也会主动与客人打招呼，极力展示他的才能。所有的老师都反映，虽然乐乐还存在一些问题，但同一年级比起来进步很大。

那么，一年级时的乐乐是什么样的呢？其实，一年级的乐乐与三年级的乐乐相比，在性格上大体没什么变化，都热情好动，希望得到别人的关注，希望大家都夸赞他。不同的是，一年级的乐乐总是以让别人头疼的方式表现他美好的愿望，造成的结果往往是使班级秩序乱七八糟，别人无可奈何。总体来说，他有三种行为让老师特别头疼：

(1) **课堂扰乱行为**。乐乐特别活泼好动，总静不下来，加上乐乐语言理解和精细动作能力发展滞后，所以在数学课、美工课等课上相比其他学生参与教师组织的活动有较多的困难。此时，他就会时刻盯着同学们，出现很多干扰课堂秩序的行为。例如，当老师要求同学们拿出文具盒写字时，他自己不拿文具盒，但是会看同学们谁没拿文具盒，然后嘴里发出声音或者敲击桌子弄出响声，指手画脚地告诉老师，谁没拿文具盒。如果老师没有理睬，他就会跑去帮同学拿。老师让他坐好后，他就会很无聊地搬动课桌课椅，回头摆弄同学的文具，逗同学玩。总之，他就像是一只好动的小老鼠，一刻不停，让老师不得不一遍遍提醒他："乐乐，坐端正"；"乐乐，看黑板"。

(2) **拉扯同学的行为**。乐乐希望成为同学们的核心，他总是主动去找同学们玩，尤其喜欢帮助能力较弱的同学。但是他不能正确区分什么事情可以做，什么事情不可以做。例如，下课了，他看见同学婷婷还坐在座位上，没人陪她玩，就会很好心地去拉她一起玩。但他不了解的是，婷婷是一个脑瘫的孩子，无法独立站立和行走，结果他一拉就把婷婷拉得摔倒了。这样拉扯同学的情况不仅针对婷婷一人，对其他同学，乐乐的拉扯情况也很多。因为乐乐不会说话，因此，他想和同学交流时，总是先拉扯别人，让别人先看着他，他再通过动作来表达自己的想法。班级中有很多同学都有被乐乐拉摔倒或差点拉摔倒的经历，这使得老师时刻处于一种紧张的状态，准备随时预防乐乐突然做出危险行为。

(3) **过于"热心助人"**。乐乐喜欢帮助别人，看到同学在做事情，无论在做什么，他都要插一脚。但是乐乐弄不清楚，同学们什么时候需要他的帮助，什么时候不需要他的帮助。在排队时，他排在第二位，但是从来没排整齐过，他的身体一直是向后的，看到哪一个同学没排好，他就会立刻很热心地提醒同学，示意要排整齐。他不知道的是，因为此时他没站好，导致整个队伍排得很不整齐。乐乐还特别喜欢帮人做事。一年级下学期，为了培养学生的自理能力，老师给学生提出要求："自己的事情自己做"。自己交作业，自己拿毛巾，自己拿杯子。但是因为乐乐过于"热心助人"，总是帮别人做这些事情，使得能力比他弱的学生常常失去锻炼自己、发展能力的机会。而能力比他强的学生则为之感到困扰，他们常常向老师抱怨："老师，乐乐又来抢我的东西了"；还因此经常与他发生争吵，老师也不得不时常给他们做调停，一次次地提醒乐乐："乐乐，请让大家自己做！"

乐乐的这些行为破坏了正常的教学秩序，给自身的学习、他人的安全以及自身的人际交往都造成了不利的影响，以至于班级中的小可不能忍受和他待在一起（详细情况请看第八章案例三）。

乐乐为什么会出现这些行为呢？从乐乐的初衷来看，他非常希望得到别人的关注和认可，所以他总是极力表现自己，不断地做他自认为在帮助别人的行为。为什么乐乐美好的初衷表现出来的却是让老师和同学困扰的问题行为，而且无论老师提醒多少次总不能改正呢？我们对这一原因进行了仔细地分析和总结。根据乐乐的情况，乐乐之所以如此，可能有以下几个方面的原因：

（1）乐乐是一个活泼热情的孩子，喜欢帮助别人，而且他所接受的教育都让他认为，帮助别人的孩子是好孩子。因此，要求他只管自己、不去关注和帮助别人是一件很困难的事情。

（2）乐乐的言语沟通能力非常有限，他几乎完全不会说话，因此当他想跟人交流、想让别人注意自己的时候，他不会首先采用说话的方式，而是更倾向于用直接的动作来表现，比如拉扯别人的衣服。

（3）乐乐的认知理解能力也比较落后，从他的日常表现来看，乐乐看起来完全不清楚哪些行为是好的，而哪些行为是不好的。在很多时候，乐乐所做的事情从他的角度来说都是去帮助别人或者想跟别人交流的行为，但是这些行为有时是被大家接受的，有时则是不被允许的。因此在不同的时候，乐乐所得到的反馈或者评价不一样。以帮助同学的行为为例，如果他帮助了真正需要他帮助的人，比如上课时，把跑出教室的小茜拉回教室，让她坐好，老师就会表扬乐乐拉回小茜的行为；但是如果上课时小茜在认真上课或者做作业，他去拉小茜，老师就会批评他，因为此时乐乐的行为干扰到了小茜的学习。有时，小茜在玩游戏或者与同学说话，乐乐去拉她也会受到老师的批评，因为乐乐常常无法控制自己手部的力道，很容易把平衡能力不好的小茜拉摔跤。但是这样的行为结果使得乐乐很迷惑，为什么有时候拉小茜是好的、对的行为，而有时候却要受到老师的批评。乐乐非常喜欢帮助别人，但是“助人为乐”这件事涉及很多标准，比如，判断行为出现的场合，还要判断同学是否真的需要帮助。而这些问题对于乐乐来说实在是太难了。对乐乐来说，他只知道帮助别人能得到表扬，因此他总是去做他认为的可以帮助别人的事情。

(4) 乐乐之所以在教师布置作业任务时出现某些干扰教学秩序的行为，与其认知能力落后、手部精细动作能力有限、难以完成教师布置的任务有关。这一点常常表现在：当教师布置的作业任务有点难度或者需要学生动手操作时，乐乐就会比较多地出现拉扯其他人、发出噪音的行为。

那么，怎么去纠正乐乐的这些行为呢，尤其是上课时发生的这些行为呢？对老师来说，纠正乐乐的这些行为也有很大的难度，因为从行为出发点来看，乐乐所出现的大多数问题行为的出发点都是好的，包括在课堂上出现的一部分干扰教学秩序的行为，有时候也只不过是“好心办坏事”。如果一棍子打死，跟乐乐说“你都做错了”，肯定是不合适的，反而会让乐乐丢失他乐于助人的一面。但是让乐乐学会判断自己的行为对错也不是一朝一夕能够实现的；让乐乐在课堂上非常专注于学习也不是一蹴而就的。另外，乐乐对有难度的或者需要动手操作的作业也有畏难情绪和拒绝的行为。教师可以采取哪些办法让乐乐更好地参与课堂教学，用恰当的行为去帮助别人呢？综合乐乐的能力和班级的实际情况，老师最终采取了以下措施：

❖ 措施一：在课间安排丰富多彩的活动，让乐乐把注意力转移到活动上

以前下课时，老师出于安全的考虑让所有学生都留在教室里，而教室里的空间有较多限制，能在这个空间内开展的活动也比较有限。乐乐是个很热情的孩子，在自由活动的时间里很喜欢身体可动起来的活动，总是东捣捣、西捣捣，而老师总是担心他会出现拉扯同学之类的行为，因此常常跟在他后面，不断重复“乐乐不要这样”，“乐乐不要那样”。现在下课时，老师根据全班同学以及乐乐的情况，安排所有学生一起去操场上玩滑梯、散步、骑三轮车，而运动是乐乐的强项，他的身体很灵活，又很热情主动，能够很好地带领其他同学一起玩。这样，乐乐就没有时间去做一些不被允许的行为了，同时这样的做法也可以很好地满足乐乐得到大家关注的需求。

❖ **措施二：上课时安排辅助教师提醒并帮助乐乐参与学习活动**

老师根据乐乐的情况安排了保育员或者陪读阿姨坐在乐乐旁边。如果乐乐在教师布置的课堂作业或者其他学习任务上出现了困难，就让保育员或者陪读阿姨辅助乐乐，让他能够参与到这些学习活动中。如果乐乐出现了拉扯同学或者其他干扰教学秩序的行为，就及时制止并提醒、引导他做出正确的行为。

❖ **措施三：调整教学内容和难度，让乐乐更容易参与课堂学习**

班主任与各学科任课老师进行了沟通，分析了乐乐在课堂上出现问题行为的原因，针对乐乐的情况，在布置课堂作业时做到适量以及难度适当，并在教学过程中多运用图片、活动等乐乐能参与的方式（也适合全班学生）进行教学，避免过于复杂的讲解。

❖ **措施四：关注并表扬乐乐的良好行为**

上课时，对乐乐认真听课以及努力完成老师布置的作业任务的行为进行表扬，让他对自己有信心。

❖ **措施五：制作对错牌，帮助乐乐学会判断自己行为的对错**

由于乐乐不太清楚什么行为是对的、什么行为是错的，因此帮助他提高这一方面的理解能力对于他的行为改变是非常重要的。但是对乐乐解释什么行为可以、什么行为不可以是件非常困难的事情，为了让乐乐能够判断行为的对错，老师用乒乓球拍制作了一个可打勾、打叉的对错牌。当乐乐出现良好的行为时，就在这个对错牌上打一个勾；做错时则打一个很大的叉，表示他做的是错误的行为。这样的一个对错牌给乐乐带来了很强烈的视觉刺激，比起老师的语言解释，更易于让乐乐理解行为的对错，这种方法也更加有效。

同时，老师还发动同班的小伙伴对乐乐的行为进行监督，让他们在认为乐乐做得好的时候在牌子上打勾，反之则打叉。由于乐乐很在意小伙伴们的态度，因此他也更加注意自己的行为。同时在大家的监督下，他也开始明白哪些行为是大家不认可的行为了，比如，上课时发出噪音、拉扯其他同学等干扰别人学习的行为，都是小伙伴们讨厌的行为。慢慢地，他就能控制自己的行为了。

❖ **措施六：为乐乐安排合适的小伙伴**

乐乐非常喜欢跟小朋友交往，也很希望能够获得小朋友的关注和表扬。因此，老师给他安排了一个合适的结对小朋友，让他能更好地通过与结对小朋友的互动获得他需要的小朋友的关注。原先，老师已经为班级所有学生安排了一对对的好朋友，让他们能够互帮互助。但乐乐原先的好朋友是一名脑瘫学生，这名学生由于肢体运动不便，总是难以跟上乐乐的节奏，因此乐乐跟他之间缺乏足够的互动机会。为此，老师调整了乐乐的结对子对象。老师发现，乐乐与畅畅的关系很好，两人都是很调皮的孩子，共同语言很多。他们喜欢一起去骑车；玩一些在老师和其他同学看来很无聊的游戏，如互相模仿说“阿嚏”，一起拍桌子。虽然这些行为有时让周围人感觉莫名其妙，但是他们自己却常常乐在其中。因此，老师就调整了结对子对象，让这两个好朋友结为对子。这个安排让乐乐很开心，他与畅畅的互动也非常成功，常常一起玩，因此大大减少了乐乐需要通过拉扯小伙伴的衣服来获得他们关注的行为。

经过一年多，到二年级下学期时，乐乐的行为已经有了很大的改善。上课时，他能够更多地参与到教师组织的教学活动中，而不是在遇到困难时就出现发出噪音、拉扯同伴之类的干扰教学秩序的行为。他也仍旧是一个热情助人的小男生，只是他助人的行为越来越符合别人的需求了。到三年级小队长改选时，乐乐顺利地当上了小队长，开始成为班级“人事委员”，负责每天的考勤工作，这让他表现得更加积极主动了。当然，乐乐还是会在课堂上出现一些不太好的行为，这些行为仍旧会影响到其他同学。但是老师也发现，只要提醒或者做个手势，乐乐就能很快地停止这些行为，因此对教学秩序的影响也就越来越少了。

案例二　小天，如何让你不孤单？

如果有这样一个孩子，他精力超级充沛，而且他所有的精力只用在“逗你玩”上，你该怎么办？下面我要讲述的就是这样一个故事。

故事的主人翁叫小天，他是在二年级时从其他学校转到我校的。他来到学校没多久，就让全校所有老师都知道了他，因为他的“事迹”实在是过于“辉煌”。大家每次看见小天，他的身边总有一位老师相伴。如果没有，不要着急，耐心等待三秒，必定会有一名老师出现，因为小天爱玩这种“我先跑、你来追”的游戏。可是老师们为什么要陪他玩这种游戏呢？不追可不可以？答案是：基本上不可以。因为如果老师不跟着他，他必然会做出各种你必须追着去阻止的事情。例如，他眼睛看着你，手拿着黑板报上的照片，你若不理他，可以，把照片撕掉！还不理他，可以，再撕掉！在这一期间，他的眼睛会一直看着老师的反应，他的眼神只传达一种信息：“快来阻止我！快来抓我！”一直到老师再也无法忍受他的行为为止。小天的任课老师说：“真的是赤裸裸的挑衅啊！”而且最让老师生气和郁闷的是，明知道这是一个圈套，是他玩弄的游戏，但是老师也只能跳进他的圈套，否则他的行为后果一定是非常严重的。

小天类似的行为也常常出现在课堂教学中。比如，有一次上课时，老师正在讲课并提问题让其他同学回答，此时，小天看到没有人理他，就开始拉桌子上的塑料垫板，发出很响的噪音。老师知道此时小天“逗你玩”的游戏开始了。于是下定决心，要心平气和，忽视他，不理睬他，继续上课。小天看到老师不理睬他，马上走到窗户那边，使劲地拉扯窗帘，一开始是轻轻拉，然后眼睛看老师，看到老师不加理睬，于是逐渐加大力气。而老师一看，如果再不加阻止，窗帘就要被他拉断了，只能停止讲课去阻止他。此时，其他同学也已经被小天的行为吸引了。而小天呢，一看到老师来阻止他，他马上就非常开心地跑开，回到自己的座位上去了。

面对这样的情况，班主任、保育员都采取了一定的措施进行应对。例如，几个老师轮流陪坐在他的身边，可是这一措施并没产生很大的效果，因为小天要的不仅仅是陪伴，他还需要玩耍。对他来说，最好的玩耍方式就是他跑开，然后被人抓住，他再跑开，再被抓住。这样的一个过程对于教师来说是非常困扰的，但对小天来说，似乎只是游戏的一种方式。也正因为如此，最初老师们并没意识到这一行为有多严重，只是觉得他总是这样去引发别人的关注对他的发展很不利。直到有一天，一位老师在追他时不慎摔倒，后脑勺着地而造成轻微脑震荡，老师们才真正意识到，必须下定决心，采取措施，去改变这种状况！之后，老师们进一步收集了小天的详细资料，对他的行为表现进行了具体、细致的分析，以寻求适当的行为干预措施。

小天在3岁左右就被诊断为自闭症，他不会说话，能听懂的只有有限的几个非常简单的指令，如“坐下”、“起立”、“喝水”、“去小便”，能对应的物体名称不足二十个。但他的运动能力相对较好，能完成跑、跳、蹲等大动作，有一定的模仿能力，可以模仿拍手、举手、指点物体等动作。小天最感兴趣的是与人交往，他渴望得到大家关注的目光，渴望成为焦点人物，会通过拉住老师或同学的手来表达自己的意愿。而且老师们认为，小天需要的关注不是一节课中老师对他关注五分钟或者十分钟，而是时时刻刻的关注。由于小天的能力比较落后，他还未形成对学习的兴趣，因此，他要求老师给予的关注是陪他玩耍，而不是上课时对他提问或者提示他参与学习活动等。很多老师认为，在班级教学环境中，这样的要求明显是无法满足的。因此，小天就采取了一种极端的方式，通过捣蛋、挑衅的行为来引起老师和同学的关注。

但是，为什么小天这么渴望他人的关注呢？根据收集到的资料，老师们认为小天对来自于老师等人的关注的强烈需求与他的家庭有一定的关系。小天目前同他的小姨一起生活在上海，小姨的工作就是照顾小天。而小天的爸爸妈妈及一个弟弟生活在北京。小天很喜欢妈妈，也很听妈妈的话，但是他基本上很少有机会与妈妈在一起。由于小天不会说话，也听不懂话，也就无法通过打电话与生活在北京的父母等亲人进行交流。这可能是小天在心理上感觉孤独的一个重要原因，小姨对她的照顾、关爱与父母所给予的毕竟是不同的。老师们认为，小天每日生活中缺乏父母的关爱与他格外渴望被老师、同学尤其是他喜欢的老师、同学所关注有比较密切的关系，他有可能是通过获取老师的关注来弥补他缺少的父母的关爱。

正在老师们为寻找干预策略而苦思冥想时，小天在课堂上、课余时间出现的捣乱行为还在继续发展、升级。老师们发现，他开始玩大便了！有一次，小天因为来不及去厕所小便弄脏了裤子，结果老师和保育员马上就过来帮他进行了处理。可是就是从这一次偶然发生的事情中，小天意识到，如果他将大小便弄在自己身上，就会有好多老师来到他身边，给他清理卫生，给他换衣服。自此，在老师讲课的时候，如果老师没有注意到小天，他就会在教室里挤出大小便（因课间时已经去过厕所，所以量很少）。开始时，老师只好停下来帮他处理或者让保育员进行处理。但是多次之后，老师发现小天是故意如此，就试图忽视他的这个行为。结果小天竟然开始用手捏大便玩，老师和保育员都为之感到非常无奈。而且小天发现在课堂上大小便以及玩大便的行为一定是可以让老师围在自己身边的，因此他几乎每天都要出现这个行为。老师明知他的行为就是为了吸引老师的注意，可是怎么办才能让他将注意力投到所要学习的内容上来，而不是仅仅要别人的关注呢？

开始的时候，班主任试图通过家庭与学校合作的方式处理小天寻求关注的问题，可是结果非常遗憾，小天的妈妈完全拒绝与老师沟通，不接电话，更不用提见面。小姨表示无能为力，并表示在家不会有这样的问题。最后，老师们只能通过在学校采取一些措施去改善小天的课堂扰乱行为。经过老师们的细致讨论、分析，最终确定针对小天的课堂扰乱甚至是挑衅行为的干预措施有以下几点：

❖ **措施一：设计个别化的学习活动项目**

小天各方面的能力发展都落后于班级其他同学，在没有很好的辅助支持下，小天很难、也几乎没有兴趣参与这些学习活动。因此，老师们认为，可以根据小天的特点，为他专门设计个别化的学习活动项目。经过几位老师的共同研讨，最终为小天设计的是涂鸦、拼图这两个简单的活动，以期尝试培养小天新的兴趣，来转移他对他人关注的特殊兴趣。

❖ **措施二：固定一名成人，在上课时提供陪伴和辅助**

小天对他人的陪伴有特殊的需求，如果有成人陪着他一起完成涂鸦和拼图，他能坚持的时间就能长久一些。虽然原来班级中也配有保育员，但是这个保育员还要负责帮助其他2名同学，这2名同学一名是脑瘫儿童，另一名也是自闭症儿童，因此能够分给小天的时间在小天看来可能也是有限的、不够的。因此，在新的计划里，通过与小天的小姨协商，让她陪伴在小天身边，这样在上课时就可以根据小天的表现随时相应地做出反应。

❖ **措施三：增加课间活动量，发泄小天的精力**

相比认知能力方面的落后表现，小天在运动方面是一个比较灵活的孩子，而且喜欢运动。因此，老师们认为，通过增加课间的活动量，可以帮助小天在接下来的课上更好地集中注意力。因此，每次下课后，老师都会带着小天到操场上去跑一跑，以增加他的活动量，让他能将多余的精力发泄掉。同时，老师陪伴跑步也可以满足他对关注的需求。

通过上述的措施，在各科教师的共同合作下，小天在课堂上出现捣乱行为的次数大大降低。特别是在上午的课上，按照老师们的说法就是“小天基本上能坐住了”。这让老师们终于可以松一口气了。

但是，老师们还是发现，不管是什么活动，对于小天来说，他感兴趣的始终不是活动本身，而是陪在他身边的人，而且必须是成人，因为同伴无法满足他一直被关注、陪他玩的愿望。这也让老师们感到非常唏嘘：小天，你到底是感到有多孤单，才会时刻需要人陪伴啊？

根据小天的情况以及学校开展个别干预的资源条件，到三年级时，老师们增加了对小天的一对一个别化训练，期望通过个别训练培养或发展小天可能感兴趣的学习活动。小天对此非常感兴趣，因为这样的个训课很好地满足了小天对受他人关注的需求。在个训课里，有一位老师可以整节课都在关注他，而且只关注他一个人。但是可能因为小天的障碍程度过于严重、学习能力太弱，老师们尝试了多种活动项目，小天始终没有发展起对学习新技能的兴趣，他唯一比较喜欢的就是一款电脑游戏，但他仅仅喜欢点击、关闭游戏中的对话框，而非游戏的内容，但是他对此百玩不厌。个训老师也试图教他玩一些简单的配对游戏，或者玩点击小动物会发出声音的游戏，但是他都没有表现出兴趣。小天仍旧没有能够按照老师们期望发展起对一些学习任务的兴趣。他可能需要更长的时间，毕竟像小天这样的孩子即便是要学会一个简单的新技能，也需要很长的时间。虽然如此，仍让老师们感到满意的是，小天在课堂上捣乱和挑衅的行为还是大大减少了。

从小天这个例子中，老师们感到，对于小天这样的自身能力严重落后的孩子，想通过在短时间内发展他们的学习兴趣和技能来减少问题行为是非常困难的。对于他们，老师和家长可能需要好几年的时间才能教会他们一个简单的新技能。因此，要改变他们的行为，最需要提供外部的环境支持，同时再耐心发展他们的能力。

对于小天来说，促使他的行为发生变化的外部环境支持主要包括：

(1) 改变课程内容和实施方式。原先的集体授课内容和形式明显不适合小天，小天完全听不懂老师所讲的内容，因此无法通过一些合理的行为来获得老师的关注。后来，老师们根据他的实际能力和兴趣特点等设计了个别化的学习活动，这使得他专注于学习活动的可能性大大增加。当然这也需要我们突破原有的集体教学形式，并需要学校在硬件和软件上进行一定的支持。小天对电脑有一定的兴趣，为此，班主任为小天单独申请了一台电脑，让他可以在课堂上使用。这也是一种环境的支持，因为电脑转移了他一部分注意力，使得小天有事做，也使得陪伴他的工作不那么辛苦。

(2) 在课堂教学过程中提供固定的辅助教师进行陪伴，满足了他对于关注的需要。小天的班主任与小天的小姨进行了不断的沟通，将学校和老师的计划、小天在学校的表现（包括他的进步以及面临的困难等情况）都进行了详细的告知，最终让小姨知道，小天是一个不能孤单的孩子，他对爱与关注有着特殊的需求。最后，他的小姨主动提出来到学校陪伴他半天，解决了学校辅助教师不足的问题。

目前，小天的情况好转很多，班主任、任课老师都觉得课堂秩序基本有序了，压力也大大减少。小天的小姨也因为有了她的加入，使得整个班级氛围和小天的状况都有所改善，而很有成就感。小天因为得到了关注和喜欢的电脑，开心了很多，终于不用再做个调皮的小孩，也可以不孤单了。

故事到这里似乎可以结束了，但是这其实是一个未完待续的故事，因为小天的能力目前还没有很大的发展。他每天在课堂上做的最多的并不是涂鸦和拼图，而是在电脑上打开一个对话框，再关掉一个对话框。这个游戏他不可能永远感兴趣。如果他对这个游戏不感兴趣了，又该怎么办呢？所以老师们还在个训课上继续寻找着适合他的活动。等到有一天，他有更多的兴趣时，才可能有个完美的结局。

第三章

发脾气行为

发脾气行为是儿童期很容易出现的一类问题行为。这一类孩子常常会被父母评价为是脾气倔强、不达目的不罢休的孩子。从这一说法也可以看出，这一类行为在孩子身上出现时都有其特殊的目的。从儿童心理发展的角度来说，发脾气的行为在一定程度上表明儿童已经具备了一定的自我意识，他们开始对某些事物或事情有自己的想法或者见解，有了一定的需求并希望他人能够满足他们的这些需求。如果儿童还没有明确地意识到自己想要什么或者不要什么，那么，当别人没有满足他们的时候，怎么会出现发脾气的行为呢？而且，对于人来说，当别人拒绝你的要求时，谁会不生气、不难过呢？所以从某个角度来说，发脾气是人在受到拒绝时所出现的一种发泄某种不良情绪的合理行为。但是，如果一个人总是提出无法被满足的要求，在被拒绝时总是发脾气，或者总是用发脾气行为去迫使别人满足他的要求，那么，这个个体与周围人的相处将会非常困难。对于儿童来说，父母会为之感到头痛。如果一个孩子总是用发脾气的方式迫使父母妥协的话，那么，父母在管教孩子方面就会遇到比较大的困难，而孩子则难以掌握良好的人际沟通技能。

发脾气行为的常见表现

发脾气行为是儿童在要求得不到满足的情况下最常出现的一种行为。儿童用这一类行为很好地表达了他们对要求无法得到满足的情况的不满，这也是一种在儿童中常见的情绪发泄手段，所表现出来的行为以哭闹最为常见。但当哭闹的时间和频率远远超过一般儿童的表现时，则会给家庭教养带来很大的压力，家长也会因此求助于专业机构。

除了哭闹、在地上打滚之外，严重的发脾气行为也会表现为扔东西、打人等。一些儿童会将拿得到的书、本子、玩具等物品使劲扔到地上，或者扔向成人；有的会出现破坏物体的行为，如使劲地踩玩具、撕书本或者砸其他东西。具有攻击他人性质的发脾气行为还可能对他人的身体造成危害，比如，一些儿童可能会用咬、拧、掐、打别人等方式来发泄怒气和要求得不到满足时的不满。少数儿童出现的发脾气行为可能是自我伤害的行为，这类儿童在他们的要求无法得到满足时，可能会打自己，边哭边用头去撞家具或者墙壁，哭闹到呼吸不畅，从而迫使别人满足他们的要求。

我们在咨询中也遇到过这样的一个5岁的男孩。他在刚刚开始玩拼图时就要吃零食，陪伴的保姆一看就马上打开包要拿零食给他，但被我们拒绝了。孩子一看这一情况就开始哭闹，在我们不予理睬的情况下，他开始哭哭停停。在发现哭闹无法达到让他吃零食的目的之后，他就爬到保姆的身上，搂抱保姆的脖子不断亲保姆的脸。从这一事件中，我们也可以推想该男孩在其他时候是如何通过他的行为来达到目的的。

而另一个4岁多的男孩则采取了另一种方式，他在跟外公说起午饭的时候要求去肯德基吃炸鸡腿和薯条，被外公拒绝了。于是小家伙马上大声嚷嚷起来："我要吃，我要吃"，同时动手打了外公一巴掌。

对儿童尤其特殊儿童来说，他们在要求得不到满足的情况下出现的发脾气行为会根据各人的特点而发生变化。有一些小孩可能会对父母或者其他人的反馈完全沉默、置之不理，让周围人毫无办法，但是此时父母或者其他人都会说"他发脾气了"；而另一些小孩的发脾气行为则完全表现在外显的行为上，出现我们之前谈到的哭闹、打人、破坏物体、自我伤害行为等。

出现发脾气行为的常见原因

儿童出现发脾气行为的最常见情况就是前面所说的要求得不到满足的情况，除此之外，一部分儿童也会因其特殊的身体原因而出现此类行为。

要求得不到满足

要求得不到满足是儿童出现发脾气行为的最常见原因。对于儿童来说，他们最常出现的要求有两种：

一种是要求吃某些食物、要某些东西（如玩具）、玩某些游戏（或者玩具）。这是非常常见的一种情况。当儿童提出这方面要求时，家长由于多种原因拒绝了儿童的要求，如这种食物对身体不好、不能多吃、现在不能玩玩具和游戏、这种玩具家里已经购买等，儿童因而出现哭闹等发脾气行为。对于某些特殊儿童来说，由于认知和语言能力发展落后，在多次尝试告诉父母或者教师自己要某样东西但仍旧无法让他们理解的情况下，也会出现哭闹等发脾气行为。

如果我们进一步分析就会发现，儿童之所以在要求得不到满足的情况下越来越敢发脾气，与家长及周围人时不时甚至常常满足他们的要求不无关系。这些儿童在发脾气之后获得的结果常常是令他们满意的，比如，父母或者爷爷奶奶对他们的哭闹没有办法，就让他们吃到了一开始并没给他们吃的东西，让他们玩了某些玩具或者游戏，或者帮他们在商场购买了家里已经有的类似玩具。我们常常会说这类孩子的家长太过溺爱。确实，从强化的理论来说，家长在儿童发脾气之后满足儿童要求的做法强化了儿童的发脾气行为；不仅于此，有时甚至会让儿童意识到，“如果发一点小脾气，父母是不会满足我的要求的；但是如果发大一点的脾气，他们就会满足我了。”可以说，家长在儿童面前节节败退的行为会让儿童的脾气越发越大，儿童发脾气的行为在一定程度上是家长培养起来的。

另一种最常出现的要求是儿童不要做某件事情。比如，父母或者教师让其完成某项任务，儿童不想做，就开始发脾气。我们会在第四章中继续提到此类发脾气行为。跟儿童要求食物、玩玩具这一行为类似，儿童因抗拒某项任务而发脾气的行为之所以总是发生，与儿童发脾气之后父母或者教师总是无可奈何地放弃这一任务有关。这一结果无疑强化了儿童的发脾气行为，使得儿童逐渐知道可以用什么样的方法来让父母或者家长妥协。当然，此种情况下的发脾气行为不可避免地影响了儿童的学习。如果儿童总是用发脾气的方式应对父母的各种要求而父母总是妥协的话，儿童学习新的知识和技能的机会将大大受限。

与身体不舒服有关

一个人在身体不舒服的状态下很容易出现不开心、焦躁的行为表现，此时，即使是很小的刺激都有可能导致个体发脾气。这在儿童身上也常常会看到。比如“小儿夜啼”，常常会被怀疑是孩子身体出现不舒服的征兆。

对于没有明确外部原因的发脾气行为，父母或者教师可以分析下儿童的身体状况。一些特殊儿童由于语言和认知能力有限，常常难以明白、说清自己的身体状态，他们常常会用直接的本能的行为来表达自己的想法，哭闹等发脾气行为就是其中的一种。当身体处于疼痛、不适等状态而又难以向父母或者教师说清自己的感受时，他们就有可能采取哭闹等发脾气行为。

处理发脾气行为的常见措施

处理儿童的发脾气行为，要注意儿童的发脾气行为是哪一种，不同的行为表现对周围环境所造成的影响以及给儿童带来的身体伤害是不一样的。比如，哭叫对周围环境的影响相比砸东西、打人或者打自己要小得多，父母或者教师的忍耐程度也要更高。但是如果这一行为是在课堂上出现的，它给教师带来的困扰就会很大，因为它会严重干扰课堂的正常教学秩序。

如果儿童的发脾气行为是一边哭一边在地上打滚，甚至做出撞头、撞身体等行为，那么父母就会很自然地担心起儿童的身体。此时，父母首先想要做的是怎么制止儿童的发脾气行为，保证他的身体安全，因此大多数父母就只好满足儿童的要求。

对于儿童发脾气的行为，可以采取的措施包括：

告诉儿童什么时候可以满足其要求

对于儿童要吃某些东西或者玩某些游戏之类的要求，父母或者教师可以先分析这些要求的合理性，然后根据儿童的具体情况设置行为的界限。比如，有时候，我们会发现有些要求在一定程度上是可以满足的，儿童可以在一天中吃一些冰激凌或者玩一会儿电脑游戏，此时家长可以提前告诉儿童在什么时间可以吃多少或者可以玩多长时间，但在什么时间是绝对不可以的。告诉儿童这方面的行为规则并在实际生活中坚决执行，对于儿童养成良好的自我控制能力是非常有益的。

停止对发脾气行为进行强化

如前面所说的，儿童之所以长时间地出现发脾气行为与周围人长久以来对这一行为的不良强化有密切关系。在保证儿童身体安全以及环境安全的情况下，父母或者教师要做到不再对发脾气行为进行强化。不管儿童如何哭闹，父母都要硬下心来忽视他们的发脾气行为，不再对他们的要求进行满足。一些家长会在此时采取跟儿童讲理的方式，但是会发现讲理并不能成功地阻止儿童发脾气，最终还是只好满足儿童的需求。事实上，最好的方法是忽视，就是对儿童哭闹之类的发脾气行为完全不理会，即父母可以按照自己的节奏继续做自己的事情，或者非常冷静地看着儿童，但是不跟他说话，或者只是简单地告诉他现在要做什么。当然，这样做的前提是必须保证儿童的身体安全还有周围环境安全。如果儿童所采取的发脾气行为有着明显的外显表现，比如打别人、砸东西或者伤害自己的身体，那么就需要在采取身体限制措施的情况下再采取这一措施。

在日常生活中，当父母如此做的时候，可能会看到儿童会使出不同的伎俩。比如，儿童在哭闹一段时间后看父母没有反应就会停止哭闹，此时若父母对之进行询问，儿童的哭闹声则又会马上开始，甚至更加激烈；或者会停止发脾气行为而采取其他不发脾气的行为方式，如亲父母的脸进行讨好等。但是，不管是怎样的行为，这些行为的目的都是为了让父母妥协，继而满足他们的要求。父母要清楚地认识到，自己之前对儿童发脾气行为的妥协与儿童这一行为之间所具有的强化关系，并能在儿童发脾气时冷静地辨别哪些是儿童为了达到目的所使出的伎俩，进而冷静地处理，同时要让儿童真正认识到发脾气是无法达到目的的。

及时提出对恰当行为的要求并进行引导

当儿童在地上不断地哭闹时，父母可以冷静地对良好行为提出要求并进行引导，如“只要你停止哭闹，我就会从1开始数数，如果数到5你都没有哭闹，我就允许你……”然后，等待儿童停止哭闹，并开始数数。在大多数情况下，在儿童停止哭闹、父母开始数数之后，儿童并不一定能够坚持到父母数到5。常见的情况是，在父母数数的时间里，儿童会短暂停止哭闹，但还未等到父母数到5，就会再次开始哭闹。此时，父母要说：“你又开始哭闹了，我要重新开始数数。”直到能够完整地从1数到5，才能满足儿童的要求。一般在开始进行干预的最初阶段，这一引导的时间会相对较长，儿童会不断地通过哭闹等发脾气行为争取主动权，也有不少父母会因此而失去耐心，放弃对恰当行为的要求，再次被儿童的发脾气行为控制。

在运用上述方法对儿童的行为进行引导时，父母或者其他人员可以用手限制儿童的身体，并让儿童面对自己，视线看向自己，再冷静地向儿童提出要求。如果干预者的情绪因儿童的发脾气行为而变得焦躁，效果反而会受到影响。

当父母或者其他人员通过上述方法让儿童停止了发脾气之后，也可以引导儿童用恰当的语言表达自己的想法。此时，父母可以给出一些选择项让儿童进行选择，以一定程度地满足其需求，比如："你现在不哭了，你可以做 × ×，也可以做 × ×，你要做什么呢？"此时，如果父母所给出的选择项与儿童之前的要求有一定关联的话，那么对不哭的行为的强化效果是比较明显的。而之所以要这么做，有一个很重要的考虑就是要让儿童意识到，只有听从父母或者其他人的指令，才能做某些事情。这在特殊儿童的干预中也非常重要，只有让儿童意识到必须听从指令，之后的训练或者干预才可以进行。

对儿童不发脾气的行为进行奖励

对于发脾气行为很严重的儿童，父母或者教师可以通过奖励他们不发脾气的行为来鼓励儿童对自己的发脾气行为进行控制。比如，父母可以跟儿童约定，如果儿童能在一天中（时间长短可以依据儿童的具体情况而定）不发脾气或者发脾气没有超过规定的次数（次数可以根据儿童发脾气行为的严重性而定），就可以在晚饭后与父母一起花半个小时玩某个游戏（也可以是儿童喜欢的其他活动）。

采用这一措施进行干预时，父母或者教师可以根据儿童的情况制作个别化的发脾气行为记录卡。比如，当儿童发脾气时，在哭脸上打勾；当儿童1个小时都没有发脾气时，在笑脸上打勾。这样儿童就能看到自己在一天之中有多少个哭脸和笑脸了。父母或者教师可以根据儿童所获得的笑脸数对其进行奖励。当然，随着儿童的自我控制能力提高，奖励所要求的笑脸数可以相应地加大，奖励兑现的时间也可以逐渐延后，直到儿童不再随意发脾气为止。

对身体不舒服的儿童给予安慰和帮助

对于因身体不舒服而发脾气的儿童，首先要对其进行安慰。要向儿童询问哪里感觉不舒服，并告诉其身体如果有不舒服，心情会糟糕。拥抱、轻拍其背部、轻揉等动作都能较好地给予儿童安慰。如果医生有建议的药物或者其他措施，也可以采用。总之，要尽可能采取措施舒缓儿童身体上的不适。但是，要注意的是，认知能力和言语表达能力非常落后的孩子可能难以让人知道他们的身体处于某种不舒服的状态，甚至他们自己都难以明确身体到底怎么了。对此，家长和教师只能通过他们的表现进行猜测。一般来说，毫无任何外部不良刺激的反复发脾气行为与儿童身体不舒服有着密切的关系。对此，采取抚慰的措施并采取一定的手段去尝试减轻猜想中的身体上的不适，也是必要的。

当儿童的情绪处于平稳状态之后，父母或者教师可以教儿童用恰当的行为告诉别人自己感到不舒服以及哪里不舒服，要让儿童知道只有告诉了别人，别人才可能知道他们的身体状态，才会去安慰他们。对于语言能力有限的特殊儿童来说，父母或者教师需要根据他们的语言能力水平设计可以用来进行沟通的表达方式，比如手势、图片或者声音、简单的词语等，并不断示范，教他们采用这些方式把自己的身体情况或者需求告诉别人。这对于拓展儿童的社会交往技能是非常重要的。

及时采取身体限制措施

当儿童出现的发脾气行为会对他人、环境以及自身安全造成某种危险或者危害时，及时采取措施对儿童的行为进行限制是非常必要的。比如，当孩子用头撞墙的时候，父母可以抓住儿童的胳膊按在其身体的两侧，让其无法行动，并离开靠墙的位置。身体限制的措施可以用来制止儿童进一步做出砸东西、打别人或者伤害自己的行为。

另外，如果发脾气行为的目的是逃避任务，且任务的难度与儿童的能力不相符合，那么调整任务的难度或者设计新的作业任务也是必要的。这部分的内容详细见第四章。

案例一 爱哭的雪儿不哭了

雪儿是一个长得很文静的女生，虽然入小学前一直在接受各种形式的个别化训练，但在入学之初，雪儿各方面的能力发展仍旧非常落后，从填写的档案来看，雪儿的韦氏智商测试结果低于40，医生曾经鉴定她为发育迟缓。她不会数3以内的物品数量；不能正确指认常见的图片，如苹果、香蕉、小兔、小猫等；身体的平衡能力较差，走路时很容易摔跤；手部精细动作技能发展落后，手指很不灵活，两指捏物很困难。

雪儿的父母非常爱雪儿，爸爸更是对雪儿宠爱有加，只要是雪儿的要求，爸爸妈妈总是尽量满足。为了给予雪儿更好的照顾和更多的教育支持，雪儿的身边一直都有阿姨陪同。开学之后，雪儿大多表现得安静可爱，上课时总是安安静静地听讲，下课也不爱运动，喜欢坐在座位上看同学们玩；课间活动时，也仅是和陪读阿姨一起散散步。但是雪儿也有很不文静的时候，那就是在老师布置任务要求她完成时，她会发脾气大哭大闹，把桌子推开，大哭的声音响彻整个楼层。

为什么会出现这种情况呢？原因其实很简单：逃避任务。当老师要求雪儿完成某项任务时，雪儿大多会出现上述的哭闹行为。通过家长访谈发现，这种哭闹发脾气的行为在家中出现时总是能让雪儿的愿望达成。家长反映，雪儿在家中只要哭闹就能使她的一些要求得到满足。例如，雪儿每次吃完晚饭都要坐车出去兜风，偶尔家里的车不在，不能去兜风，这时雪儿就会哭闹，爸爸就会立刻投降，带着雪儿坐出租车出去兜风。

但是在学校里，雪儿用发脾气哭闹的方式一般是不能达成愿望的，为什么雪儿还是要哭闹呢？首先，我们观察了不同老师对雪儿发脾气哭闹行为的处理方法，结果发现，大多数老师一般会告诉雪儿不可以哭，并要求她继续完成任务，之后就要求陪读阿姨监督雪儿完成任务；陪读的阿姨则对雪儿一点办法也没有，因此，通常的结果是雪儿一直哭，哭到下课的时间到了，作业就不用做了；或者老师已经进入到下一个教学环节，而之前布置的任务也就不了了之了。老师看到雪儿哭闹，有时会重新审视对她的任务要求，如果发现偏难，就会撤销对她的任务要求，或降低对她的要求。也就是说，哭闹还是有很多机会帮助雪儿达成逃避任务的目的的。

其次，我们观察了雪儿在老师布置任务后的反应。结果发现，雪儿也不是对老师布置的所有任务都拒绝，比如她在体育课、音乐课上就极少哭，而在数学课、美工课、语文课上则经常出现哭闹的行为。再进一步观察，我们发现了雪儿拒绝任务的三大特点：第一，遇到没接触过的全新任务会哭。例如，第一次玩拼图、第一次学新的律动操、第一次学习套圈等，雪儿都会哭。但是在同一个任务进行到第三、第四次时，哭闹情况就会有所好转。第二，做涉及手部精细动作的任务会哭，例如，写字、涂色、画画等任务。第三，老师或阿姨对她要求过高时会哭，例如，雪儿在完成写字任务后，如果陪读阿姨认为她写得不好要她擦掉重写并要写得更好看时，她就很容易发脾气大哭。打板羽球时，如果老师认为她打的姿势不对并反复纠正她的姿势，她也会哭。总结这三种情况，可以看到一个共同的特征：只要老师布置的任务完成起来需要额外的努力，雪儿就会出现哭闹的发脾气行为；而如果是常规性的简单任务，她一般不会哭闹。

从以上观察结果也可以看到，雪儿用哭闹这一发脾气行为来逃避任务的主要原因可能有两个：一是日常生活的经验让雪儿认为哭闹的方式可以帮助她达成愿望；二是布置的任务难度超过了雪儿的能力范围，她无法完成，只能逃避。

1. 针对雪儿在哭闹行为中的获益的措施

针对第一个原因，我们很快地找到了应对的方式：

❖ 措施一：统一教育者对哭闹行为的态度

对所有老师（包括陪读阿姨）对待雪儿的态度进行了统一，所有相关人员在雪儿哭闹的时候就告诉她："哭没有用，哭完继续完成任务"，而且每次都必须完成布置的任务，即使占用课间休息时间和吃饭时间，也必须完成。一开始实施时，雪儿出现了强烈的反抗情绪。有一次，当老师要求她写字时，雪儿又开始哭闹，她使劲地推桌子，发出很响的噪音。辅助老师只好将她带离教室以免影响其他同学学习，接着将她领到校园的凉亭中，让她坐下慢慢哭，并不时提醒她"哭没有用，哭完继续写字"。等她哭好之后，辅助老师再将她领回教室，让她继续写字，雪儿就又开始哭，然后辅助老师再重复之前的做法。这一次，雪儿哭闹的时间比之前还要长，前后哭了将近四十分钟的时间。但在这之后，雪儿很快就明白辅助老师的意思了，也知道哭闹真的不能再起作用。以后，雪儿哭闹的时间就大为缩短了。以前一旦哭起来就没完没了，一次大哭在十分钟、二十分钟以上是常有的事情；但现在，她往往只是试探性地哭闹两三分钟，知道没用也就不哭了。

2. 针对任务难度采取的措施

针对第二个原因，即老师布置的任务难度超过了雪儿的能力范围这个问题，则解决起来比较棘手。老师们根据不同的情况采取了不同的方法。

❖ 措施二：针对任务难点开展针对性教学

如果开展的是一项新的任务，干预组要求雪儿的任课老师与陪读阿姨事先进行沟通，提醒阿姨要给予雪儿更多的帮助，并且对这一新任务进行分析，以确定雪儿的学习难点，从而开展针对性的教育训练。例如，在刚刚开始玩拼图时，雪儿一点儿也不会拼，每次一玩拼图就开始哭，于是老师们分析了玩拼图这项新的任务对雪儿来说可能有哪些困难。比如，雪儿不能将所有小块拼图都翻转过来，使有图案的一面朝上；她不知道每一小块拼图应该放在哪里；有时即使知道应该放在哪里，由于她的手指动作不够灵活，也无法转动拼图；或者转动时不知道转到什么时候可以停下来，往往已经转好了，她又继续转，总是不能转到合适的位置上。分析清楚了雪儿玩拼图所存在的难点之后，老师们就针对这些难点一个个进行有针对性的问题解决。比如，翻拼图时，老师把着雪儿的手辅助她翻，直到剩下最后一两块，让她自己独立翻；拼图时，老师手把手进行示范，拼到只剩一两块时让她自己拼；转动小块拼图时，一开始放到只需要她转一次就可以的地方再让她转，接着慢慢提高难度。在这样的支持辅助下，雪儿比较顺利地学会了玩拼图这个游戏，而不像之前学习新技能时总是要遭受很多的挫败，因而抗拒、哭闹。类似的方法也运用在其他知识和技能的学习中，老师们事先将任务拆解成一小步、一小步，同时让陪读阿姨适时引导，让雪儿能更成功地完成任务，从而减少抗拒。

❖ 措施三：针对落后的技能开展专项训练

雪儿的精细动作技能比较差，而且这也是导致她用哭闹发脾气行为来逃避任务的重要原因，因此开展精细动作技能的训练是必需的。老师们认为，只有提高雪儿精细动作方面的技能，才能从根本上解决她逃避任务的问题，并在此方面争取了家长的配合。除了在学校里增加对雪儿的精细动作能力的训练之外，家长还请了家庭教师专门对雪儿进行此方面的额外辅导。家庭训练的具体内容包括以下几项：一是增强手指控制力的训练，每天进行用筷子夹黄豆的训练，每一次训练要求雪儿用筷子夹10颗黄豆。这看似非常简单的训练内容对雪儿来说却非常困难。每次训练时，雪儿都会大哭，而且刚开始时几乎看不到什么进步。但是雪儿的父母觉得这个训练对雪儿的生活适应很重要，而且因为是由家庭教师来实施训练的，所以家长的心态比较平和，每天能够做到坚持对雪儿进行训练。三个月后，雪儿就能在较短的时间里夹起50颗豆子了。二是增强手指、手腕力量的训练。雪儿的父母希望能改善雪儿写字的能力，之前他们已经对雪儿进行了长时间点连线的训练，因此雪儿已经能够将点连成线了，但是写字时手指和手腕仍旧完全没有力度。雪儿的父母希望能够通过训练增强雪儿手指和手腕的力量。他们为雪儿准备了手指练习器（一种弹钢琴和弹吉他者用来练习手指力量的物品），还自制了简单的练习手腕力量的器材，就是在圆木棍中央用线拖上重物，让雪儿练习通过转动木棍把重物拖到面前，并利用划船器械练习臂力。通过每天坚持训练，两个月之后，雪儿可以在较少的辅助支持下自己在格子内写下有力度的字了。这样，面对写字、画画这类对精细动作技能有要求的学业任务，雪儿的抗拒情绪明显减少了。

❖ 措施四：统一对任务难度的要求

老师们跟阿姨进行了沟通，让阿姨能够对雪儿提出合理的要求，辅助其完成任务。雪儿的能力总体来说比较弱，很多能力处于班级平均水平之下，因此，教师在布置任务时都适当降低了难度和要求。但是在以往的课堂里，老师们发现，很多时候，课任老师对雪儿提出的要求是适当的，但是陪读阿姨有时会希望雪儿能做得更好，因此就会提出更高的要求。例如，在早晨锻炼时间，老师要求学生完成50下的拍球任务之后可以休息一下，但是阿姨觉得刚才的50下雪儿拍得不好，就会要求她拍到100下再休息。这个时候，雪儿就会感到很受挫，进而出现哭闹行为。对此，老师们与陪读阿姨进行了沟通，对她辅导雪儿的做法进行了指导，让她知道让雪儿体验到自己努力之后获得了成功所带来的快乐对雪儿来说非常重要。当前的任务是要尽量让雪儿完成任务，避免让她体验过多的挫折情绪，然后在雪儿不再逃避任务的基础上再根据她的能力发展情况，一点一点地提高要求，而不是一次提出过高的要求，导致她拒绝任务。

目前，雪儿已经上三年级了，从一年级时的每天哭几次、每次哭很长时间到现在几个星期哭一次，雪儿哭闹发脾气的情况得到了很大的改善。

案例二　提前预防，让坏脾气发不出来！

小雅是一名活泼的自闭症少女，老师们经常看见小雅一边大声地念念有词，一边满校园跑，一刻都停不下来。活泼的小雅还有一个让老师特别头疼的问题：喜欢发脾气。

根据老师们平日的观察，小雅发脾气的情况主要有两种：一是想要某样东西的愿望不能达成时，要发脾气（在大多数情况下是小雅想吃某种食物，但老师不允许）；二是不想完成某项任务时也会发脾气，比如，老师让她和同学们一起画画而她不愿意时就会发脾气。小雅发脾气时的通常表现是用嘴巴发出很不高兴的“嗯嗯嗯”的声音，听起来就像是向老师发出示警。如果情况没有得到改善，小雅就会大声尖叫，然后使劲地蹦跳。如果这样的行为还是不能让她如愿吃到食物，她就会开始扔东西，晃桌子。最严重时，小雅会抓别人的头发、咬人。

这两种发脾气行为发生之后，他人对小雅进行安抚的效果也是有所差异的。如果小雅是因为想要吃某样东西而发脾气，当你给她想吃的食物时，她一般会很快安静下来。但是如果她的发脾气行为是因为不想完成某种任务时，即使老师停止对她的要求，她一般也要等很长时间才能够安静下来。

1. 针对不想完成任务的发脾气行为的措施

针对小雅发脾气的情况，老师们认为首先应该解决小雅因为逃避任务而出现的发脾气行为。因为小雅发脾气时的严重的行为表现，比如大声尖叫、使劲蹦跳、扔东西等，基本都发生在老师布置任务并要求她完成的时候；而且小雅总是拒绝完成学习任务对她的能力发展也是非常不利的。因此，老师们首先考虑了针对这一类发脾气行为的干预措施。针对这一类发脾气的行为，老师们制订的干预措施的核心内容就是：提前预防，不让小雅有机会发脾气。具体的做法如下：

❖ **措施一：布置适合于小雅的任务**

首先，提供给小雅的任务要充分考虑小雅的能力。例如，小雅能够参加一些简单的操作性的活动，包括涂色、指认图片、配对等；她也能跟读。而且这些活动或者任务持续的时间通常较短，难度较小，小雅一般都比较乐意接受；

❖ **措施二：利用奖励提高小雅完成任务的动力**

小雅特别喜欢吃东西，老师们在对小雅提出要求前，会用奖励板提前告诉小雅完成任务后可以得到的奖励。小雅为了能够得到奖励，会努力表现出老师要求的行为，相应地，她的发脾气行为也就出现得少了；

❖ **措施三：根据小雅的反应及时调整任务**

如果在要求小雅完成任务之后，她出现了发脾气行为，教师就等待小雅情绪稳定之后再将任务难度降低，重新要求小雅完成。由于小雅在逃避任务时产生的发脾气行为总是有明显的逐渐升级的现象，因此，当小雅对教师布置的任务发出抗议性的不高兴的声音时，老师可以及时停止对小雅的任务要求，避免进一步的情绪爆发。当小雅的情绪稳定之后，老师可以适当降低任务的难度，然后再对她提出要求。例如，老师如果让小雅完成一个给卡通人物的涂色任务，但小雅明显表示不乐意，老师则可以跟小雅说："小雅，我们先休息一下，待会儿我们再来涂。"过一会儿，等小雅安静了，老师可以尝试提出："小雅，你看这个小女孩很好看，我们来帮她把裙子涂成红色，好吗？"最重要的是，老师还要加上一句："小雅可以做得很棒！老师喜欢看小雅涂色。"此时，小雅一般都会完成任务。当然也有小雅仍然感到不乐意的时候，此时老师才最终完全撤销任务。之所以采取这一处理措施，其出发点是尽可能不让小雅发脾气的情况升级，导致处理的难度更高。

2. 针对想要吃东西的发脾气行为的措施

接着，老师们进一步考虑了针对小雅因为想得到食物而出现的发脾气行为，制订的干预措施的核心仍旧是提前预防。老师们认为，如果将食物全部收放在小雅看不见的地方，也就是没有食物这一诱因，小雅发脾气的行为应该可以减少。另外，如果小雅非常强烈地要求获得食物，老师的做法可以是：先将食物放在手边，然后冷静地告诉小雅："小雅表现好才会有奖励！"因为小雅能够听从指令，而且很喜欢食物这一奖励物，她就会比较少地发脾气。

通过采取上述措施，小雅发脾气的行为得到了很大的改善，她的情绪也基本稳定下来了。到七年级前，小雅发脾气的次数大概为每周1至2次，这样的发生频率是老师、同学和家长都可以接受的。然而，在小雅七年级搬到三楼的教室以后，情况发生了改变。小雅的发脾气行为再次大量增加，而她之所以发脾气都跟她要吃某些东西有关。为什么会出现这样的情况？

老师们经过观察后发现，小雅之所以不断地向老师提出要吃东西，与小雅看见其他同学的食物有关。在小雅的班级里，老师采取了很有效的措施，将所有可以吃的东西都放置到了隐蔽的地方，小雅很少能够看到这些食物，老师只有在需要的时候才会将食物拿出来让同学们分享。但是搬入三楼之后，小雅与八年级的嘉嘉成了门对门的“邻居”，而嘉嘉的桌子上每天都放满了从家里带来的好吃的零食。小雅一到课间，就能看见嘉嘉的桌子上放着的零食，于是就会跑到嘉嘉的教室去抢他的零食。而嘉嘉是一个能力很弱的学生，他没有所属物的概念，因此也不会阻止小雅来抢他的零食。小雅的动作很快，还没等老师有反应，小雅就已经成功地抢走了嘉嘉的食物，因此，屡次得逞。老师认为，小雅的这种不经过他人同意、随意拿别人食物的行为将对她以后融入社会造成很大的阻碍，必须进行制止。因此，小雅在抢到嘉嘉的食物之后，就会马上被老师阻止，并被要求将手中的食物还给嘉嘉。而小雅每次都会为此感到非常恼火，会立刻出现发脾气行为，一边发出不高兴的哼哼声，一边把食物捏得粉碎，扔到地上，并且发脾气的强度也会立刻上升：使劲蹦跳、揪别人头发、打自己，直至最严重的行为——咬人——出现。刚开始，老师采取措施制止小雅抢夺其他同学的食物的行为之后，被小雅咬了好几次。有时小雅咬不到老师，也会咬同学。小雅抢夺他人的食物以及发脾气的行为给两个班级的正常秩序都造成了很大的困扰。

为此，老师们进一步对小雅发脾气的行为进行了分析，认为小雅这一发脾气行为的目的非常清晰，就是为了获得她想要的食物。但是，老师们认为，不能让小雅通过发脾气的方式达成这一要食物的目的，否则就是在允许小雅走到别的班级，随意拿走他人的食物。这对小雅良好的行为习惯的养成是非常不利的。于是，老师们对小雅采取了更严格的监督策略，时刻注意小雅的动向，一旦不小心让小雅拿到了嘉嘉的食物，也坚决不允许小雅吃。如果小雅发脾气，将拿来的饼干等食物揉碎了，扔在地上，则立刻对小雅采取隔离措施，把小雅带到安全的音乐治疗室（但是不放音乐给小雅听）。等到小雅情绪稳定后，再要求她把扔到地上的食物打扫干净。但是实施2周之后，老师们都觉得这一措施的效果并不是很好。小雅动作灵活，虽然老师们采取了比较严格的监督措施，但是小雅还是常常有机会跑到嘉嘉那里，抢到食物吃几口。她的这种抢食物的行为虽然不断地受到批评，但是吃到食物对于小雅来说是最重要的，只要吃到食物，她抢食物的行为就得到了强化，而抢食物之后老师对她的批评与食物这一强化物相比实在太轻微了，对小雅来说是可以忍受的。

于是，老师们重新审视了对小雅行为的干预方法，对小雅抢食物的行为进行了仔细地观察。老师们很快地发现，小雅抢食物与继而出现的发脾气行为是有时间规律的。这种情况一般发生在早晨九点左右，即早晨体育锻炼结束回到教室之后。那么，小雅为什么总是在这个时间段出现这一抢食物继而发脾气的行为呢？老师们对收集到的资料进行了仔细分析，认为小雅正处于青春发育期，本来就比较容易饥饿，再加上在一个小时的体育锻炼的时间里，小雅喜欢不停歇地满校园奔跑，体力消耗很大，更容易感到饥饿。当体育锻炼结束经过嘉嘉的班级时，一看到嘉嘉的零食，小雅就会抑制不住饥饿，出现抢零食的行为，而老师制止她、不让她吃，则直接引发了她的发脾气行为。

面对这种情况，老师们又分析了让嘉嘉收起零食的可能性，发现难度非常大。因为嘉嘉吃零食的习惯由来已久，家长每天都会为嘉嘉准备很多的零食，而且嘉嘉一旦没有零食吃，就会做出严重的自我伤害行为，严重时还会有攻击行为，因此不能要求嘉嘉不吃零食。老师们也没有办法完全阻止小雅进入八年级教室，因为小雅的动作非常灵敏，老师们无法采取措施来预防她的行动。

于是，老师们决定还是采取事先预防的办法来减少小雅抢食物的行为，继而减少她因为吃不到食物而出现的发脾气行为。也就是说，每天早晨锻炼后，由老师主动为小雅提供食物，让小雅先吃几块饼干，再喝一点水。这一简单的措施收到了非常不错的效果。小雅发现自己再不用想方设法、突破层层阻碍去拿别人的食物了，更加不用去收拾因为发脾气而扔在地上的食物碎屑了，吃到了食物的小雅也就不需要出现发脾气行为了。小雅的发脾气行为终于又恢复到可以接受的频率和强度。老师们也非常高兴，他们发现只要找对学生问题行为发生的原因，一个小小的措施就能解决一个棘手的问题，再不用冒着受伤的危险，花费大量的时间阻止学生的问题行为了。

第四章

不顺从行为

不顺从行为即是指个体在被要求完成任务或者听从某些指令时所采取的反抗或抵制行为。不顺从行为即逃避行为，也可以称为违拗或者逆反行为，这类行为是在家庭咨询领域常常被父母报告的一类问题行为。但从儿童发展的角度来说，对于成人指令的反抗或者抵制行为，并不一定就是需要干预的问题行为，这一行为在某种程度上也反映出儿童自我意识的觉醒。有不少研究者强调要从儿童的自主性和社交技能发展角度来理解儿童的不顺从行为，他们认为儿童所表现出的拒绝指令或者拒绝完成某些任务的行为在一定程度上反映出了儿童的自主意识水平，而儿童拒绝的具体方式则表现出儿童社交技能水平的高低。换句话说，儿童可能因为社交技能水平有限而采取被父母认为是问题行为的方式，来对指令或者任务进行拒绝。对于儿童的不顺从行为，要注意从发展的角度来认识，这样才可能真正认识到儿童所面临的需要解决的问题，真正找到解决的对策。

不顺从行为的常见表现

关于不顺从行为的表现，一些研究者从社会技能的角度将其分为四种，分别为：

（1）**直接对抗**。儿童采取非常简单、粗暴的方式对所给指令与任务直接予以拒绝，而且儿童一般都会出现生气、发怒等负面情绪。这类儿童所采取的策略被认为是无技能的策略。

（2）**简单拒绝**。儿童能够采取一定的方式拒绝他人提出的要求，比如采用简单的借口，如“喝水”、“累了”、“休息下”等，因此所采取的拒绝策略被认为是中等技能的不顺从策略。

（3）**协商**。儿童企图通过讲条件、折中或解释来劝导他人调整要求。儿童采取了迂回闪躲的方式来处理他人提出的要求。这一种不顺从的行为表现也表明，儿童的社交技能已经达到一定水平，只有能够较好地在他人与自我需求之间进行平衡的儿童才能对他人提出的要求进行讨价还价。

（4）**消极不顺从**。儿童对他人的要求表现出不予理睬或者充耳不闻，采取的是一种消极的回避策略。儿童出现此类不顺从行为时一般不伴随生气等消极情绪，有时会让周围的人觉得很讨厌或者很无奈。但儿童出现这一类不顺从行为的具体原因还需要仔细分辨。有的儿童可能因不理解他人的要求而采取不理睬态度；有的儿童可能知道别人要自己做什么但不愿意做，故意采取不理睬的态度；也有一部分儿童可能没有能力按照他人的要求来调整自己的行为，故而采取了不理睬的态度。

一般来说，在日常生活中，上述四种表现出不同社会技能水平的不顺从行为被父母或者教师判断为问题行为的可能性是不一样的。

通常，采取直接对抗的儿童常常以哭闹、破坏物体、攻击他人或者自我伤害等有较严重后果的行为方式拒绝别人的要求。这一类不顺从行为更容易让周围人烦恼，也更容易被判断为问题行为。其次，消极的不顺从行为如果在各种任务或者要求下出现的频率过高，也很容易引起家长或者教师的担忧。比如，一些学前儿童总是在教师公开提问时低头沉默，即使儿童知道教师所提问题的答案也不予回答。如果此种情况出现得过于频繁，父母或者教师就会担心儿童的个性发展。儿童采取找借口等方式对他人的要求进行拒绝，或者采取与他人协商等方式对布置的任务进行讨价还价，则很少被家长认为是问题行为或者需要干预。这两种不顺从行为也是大多数儿童在面对要求或者指令时的常见行为。其中，采取协商方式的儿童还会被认为是很聪明的小孩。有些儿童用来逃避任务的方式看起来比较巧妙，比如，当妈妈要求孩子做某件事情时，如果孩子发现直接拒绝难以成功，他就会向妈妈提出另外一个要求；如果爸爸或者其他人在场，他也会向爸爸或者其他人提出一个新的要求，来达到转移家人注意力的目的。这个时候，妈妈可能很容易因为孩子提出的要求而忘记最初布置给孩子的任务，这个任务也就不了了之了。由此，孩子也会自然地习得逃避不喜欢的任务的行为。

出现不顺从行为的常见原因

判断儿童的行为是不是不顺从行为，关键在于这一行为出现之前是否有他人向其提出要求或者发出指令。而儿童之所以长期出现不顺从行为，与其行为出现之后周围人总是满足其要求（即不再要求其听从指令或者完成任务）有关。周围人对儿童行为的反应态度直接强化了儿童的这一行为。不过，具体进行分析，还可能存在其他一些相关的原因。具体来说，常见的原因有：

儿童的性格较强势，喜欢凡事由自己主导

一些儿童性格比较强势，不喜欢别人发号施令来要求自己做事情，喜欢自己主导或者决定。因此，不管别人发出什么指令或者提出什么要求，只要是别人说的，儿童一概进行拒绝。这类儿童通常会采取很直接的方式对他人的要求进行拒绝，他们很少采取迂回的方式与人协商。若不顺从行为被认为是问题行为，那么儿童大多会表现出直接对抗式的简单粗暴的行为。

儿童故意不顺从，引发教师关注

在特殊学校，这种情况多出现在一些能力较班级其他同学落后的孩子身上。这些儿童多通过故意跟老师唱反调甚至挑衅老师的不顺从行为，引发教师关注，达到玩乐的目的。

与他人提出的要求或者指令有关

儿童之所以拒绝完成任务或者听从指令，一般来说与他人所给予的任务或者指令的某些特点有一定关系。常见的情况如下：

1. 需完成的任务或者指令难度超过了儿童的能力水平

这种情况在一些特殊儿童身上比较常见。当父母或者教师所布置的任务难度超过了儿童的能力范围，儿童可能会采取直接对抗、沉默或者左顾而言他等方式拒绝完成这一任务。其中，所谓的任务难度超过儿童的能力范围，可以从多个角度进行考虑，比如任务所要求的认知水平高于儿童的水平，或者完成任务所需要的动作技能水平、语言能力水平超过儿童的水平，等等。一些精细动作技能发展落后、手眼协调有困难的儿童在被要求用手操作某些材料完成一些任务时，或者需要完成一些与运动项目有关的任务时，就会出现拒绝的行为。

导致任务难度过高的原因可能来源于任务的指导语、任务的内容、学习材料或者完成任务所需的操作工具。比如，对于手指不够灵活的儿童来说，要求他们

用剪刀沿着直线剪下图案是有较高难度的。

2. 需完成的任务不是儿童感兴趣的活动

如果儿童所需完成的任务是他们不感兴趣的活动，又没有周围人的恰当引导，并且缺乏对完成这类任务的奖励，儿童就很容易出现拒绝的行为。

3. 需完成的任务缺乏新颖性和挑战性

一些儿童对自己做过多次的活动缺乏兴趣。如果父母或者教师为儿童安排的活动是儿童以前常常开展的活动，他们就很容易失去兴趣，并可能因此拒绝完成这些任务。这类儿童常说的一句话是“这些事情我都已经做过很多次了，为什么还要做？”这些儿童更喜欢新颖并能挑战自己的活动，也有一定的好奇心。如果他们认为所安排的任务都是他们熟悉的内容，没有新的内容，他们就会对这些任务产生厌烦心理，并因此拒绝，即使完成任务，态度也往往比较消极。

比如，有些弹琴的儿童，在刚刚学习一首新曲子时，可能会比较投入地练习。但是当他们认为自己已经学会了的时候，再让他们进行练习，他们就可能会感到厌烦，不会像最初那样投入。这类儿童通常被评价为入门很快，但是提高很慢。

4. 完成任务需要比较长的时间

一些儿童不喜欢任务的完成时间过长。如果完成任务所需的时间超出他们的容忍水平，在布置任务的时候或者完成任务的过程中，他们就可能会出现一些拒绝行为。这类儿童的拒绝行为常常伴随厌烦之类的负面情绪。

5. 完成任务的同伴不是儿童喜欢的对象

有时候，教师布置的任务是需要儿童与同伴一起完成的。对于此类任务，一些儿童会因为小组成员并不是自己喜欢的伙伴而选择拒绝。

6. 周围人不恰当的评价与期望

一些儿童之所以总是拒绝完成任务，与周围人所给予的负面评价有密切关系。大多数人宁可让别人评价自己懒惰，也不愿让别人说自己是个笨蛋。如果每次完成任务之后，父母总是这么说“这个做得不错，但是还可以做得更好”，或者指出不够完善的地方，让其改正，比如“这个字写得不端正，重写”，那么一些孩子就很容易因为别人给出的这些负面评价，而逐渐选择拒绝完成任务或者拒绝在有很多人的场合下完成任务。比如，有些儿童总是拒绝在同学面前回答问题或讲故事。这类儿童通常会采取消极不顺从的行为进行拒绝，如沉默或对指令置之不理，而这总是让父母或者教师感到无奈，不知如何入手。

对于一些特殊儿童来说，由于其能力发展落后于其他儿童，再加上父母的高要求，很容易导致他们过多地出现逃避任务或者指令的行为。在一些自闭症儿童身上，我们也常常会看到这一类不顺从行为。这类自闭症儿童常常在年幼的时候被父母安排了各种各样的康复训练课程，甚至辗转于不同的康复机构。但是随着年龄增大，他们逃避任务或者指令的行为反而越来越明显。这类自闭症儿童的家长一般对孩子抱有很高的期望，也投入了较多的精力对孩子进行康复训练，但由于儿童长时间难以达到期望的水平，每日活动中的表现总是难以带来他们期望中的评价，按照马斯洛需要层次理论的说法，他们在努力之后很难获得自我实现的感觉，因而常常体验到很多的失败与挫折。发展到后来，其逃避任务之类的退缩行为越来越严重，有时会被他人评价为懒惰、不愿意学习、缺乏兴趣等，而过多的逃避任务的行为也使得他们的学习遇到了更多的阻碍，个人的发展也受到严重影响。

7. 家长教育态度不一致

在日常生活中，我们常常会发现，如果一个儿童过多地出现拒绝听从指令之类的行为，其父母以及其他家庭成员在教养孩子方面就会常常存在态度不一致的现象。比如，妈妈在批评孩子时，外婆可能会说，“我刚才已经说过他了，小孩子要好好教，不要再批评他了”；严重的甚至在孩子面前就教养孩子的事情发生激烈冲突。这种教养态度不一致的情况很容易让孩子找到保护伞，从而让儿童的不顺从行为获得满意的结果。

处理不顺从行为的常见措施

处理儿童不顺从的行为，需仔细分析其具体的行为表现、逃避的任务特点、儿童个人的能力等方面的因素。对于父母或者教师来说，可以从两个角度来考虑干预措施：一是分析儿童是否需要学习新的社会沟通技能，从而学会用恰当的行为进行拒绝；二是分析儿童所逃避的任务的特点，确定导致儿童出现逃避行为的真正的厌恶刺激源，并进一步对任务进行调整，或对儿童的相关行为能力进行训练，从而提高儿童完成任务或者听从指令的可能性。常见的措施有：

教儿童用新的恰当行为来拒绝他人的要求

人总归会遇到自己不想做的事情,因此,每个人都需要学习用合理的、恰当的、符合社会规范的行为来拒绝自己讨厌的要求，这事实上是儿童发展过程中非常重要的社会化的内容之一。对于用问题行为来拒绝他人布置的任务的儿童来说，他们所表现出的问题行为恰恰反映出他们社会沟通技能水平低下的问题。因此，这些儿童需要重新学习用恰当的行为来拒绝他人的要求。

至于儿童需要学习什么样的恰当行为，则要根据儿童的表达能力水平进行设计。对于语言能力低下、无法用口语进行表达的儿童来说，我们需要根据具体的情况来设计可用于日常沟通的手势、图片，并教儿童用这些手势、图片来向他人表达自己拒绝完成任务或者听从指令的想法，或者告诉别人自己想做另外的事情。

恰当的拒绝行为可以包括这样一些行为：在他人提出要求之后表示自己不要完成这些任务（不使用某些材料或者工具，不想与某个同学一起完成任务等）；在他人提出要求之后表示自己想完成另外的任务（想使用其他材料或者工具，想与另外一个同学一起完成任务等）；在完成任务的过程中要求休息一会儿后再继续；当任务还没完成但自己已经无法坚持的情况下，要求结束任务。

父母或者教师需注意，大多数儿童并不是一开始就会完全拒绝完成任务。对于这些儿童来说，父母或者教师可以先鼓励他们尽可能参与完成任务，然后在他们无法继续的时候教他们用恰当的行为要求休息。如果儿童能够在休息一会儿之后继续完成任务，那么这一措施就是一个非常有效的措施。如果在任务还未完成的时候，儿童已经难以坚持完成任务，这意味着休息已经无法达到让儿童继续完成任务的目的了，此时才可以让儿童结束任务或者教他们用恰当的行为要求结束任务。不管儿童的任务完成得如何，当儿童用恰当的行为告诉周围人自己无法继续完成任务的时候，就要允许儿童结束任务。对于在任务布置之初就发脾气或者出现其他比较激烈的不顺从行为的儿童，则可以教他们用恰当的行为告诉别人自己不要做某件事情，或者教他们用恰当的行为表示自己想做另外的事情。当然，这种策略是最无奈的策略。在实际生活中，我们要尽最大的努力去鼓励儿童完成任务。只有在他们完全不可能完成任务的情况下才会选择这一策略。

根据儿童对任务的厌恶来源对任务进行调整

在对儿童的不顺从行为进行干预时，对任务进行调整是最重要的一条策略。在日常生活中，对于父母或者教师来说，他们对儿童的不顺从行为感到烦恼的是，如果儿童总是不听从指令，总是不做别人布置的任务，那么他们的学习该怎么办？因此，在干预时，最重要的是如何通过调整任务，降低儿童对任务的厌恶感，从而尽可能提高儿童完成任务的可能性。

对任务进行调整的措施可以包括：

1. 改变任务的指导语，分解任务完成的步骤

这一措施可降低儿童完成任务的难度。对于一些儿童来说，笼统地要求他们完成某个任务，可能难以让他们明白应该如何完成任务，因而会导致他们拒绝任务。对于这一类儿童来说，将完成任务的步骤分解为可操作的具体程序，可以很好地引导他们完成任务。

2. 调整任务的难度，以适应儿童的能力水平

调整任务的难度，可以让儿童在他们的能力水平范围内完成任务，并能从中获得成功感，减少由于任务难度过高而带来的过多的挫折感。在课堂教学中，教师可以根据儿童的能力水平设计同一主题、不同难度水平的任务单或者活动，甚至是完全个别化的作业任务，从而满足班级中不同能力水平的学生的需求。

3. 选择儿童感兴趣的活动

如果儿童的学习内容以儿童感兴趣的活动形式进行的话，儿童的有效参与度就能大大增加。父母或者教师可以仔细分析儿童感兴趣的活动，并将所要学习的内容与这些活动形式结合起来。

比如，有人为了提高自闭症儿童完成计算题的可能性，将计算题设计成电脑游戏《愤怒的小鸟》中的各级攻关游戏，每当儿童在电脑上完成某些习题之后，电脑也会发出攻关成功的音乐，从而激励儿童不断去完成任务。

4. 缩减完成任务所需的时间

这一措施可以避免因任务时间过长而引发的厌烦情绪。比如，占多页纸的作业任务可以通过分页给予的方式布置。每当儿童完成一页纸的任务，周围人就可以对其进行鼓励或者奖励，以激励其进一步完成下一页的任务。对于某些儿童来

说，一次给予四五张纸的作业很容易引发他们的厌烦情绪；但如果分页给予，虽然最终完成的作业总量与之前一样，但是其完成任务的可能性却会大大提高。这种情况在成人身上也非常普遍。

5. 设计可供儿童选择的任务（或者材料、操作工具等）

对于喜欢自己主导的儿童，提供多种平行任务供其选择，将有助于减少其逃避任务的次数。有时，仅仅让其自己选择学具也有助于其参与活动，比如教师问学生“你愿意使用铅笔还是水笔做这个作业”，不管学生选择铅笔还是水笔，都意味着他会开始去做这个作业。

穿插着安排任务，减少儿童的逃避行为

调整要求儿童完成的任务的顺序，将儿童偏好的与拒绝的活动穿插安排在一起，有助于减少儿童的逃避行为。尤其是将儿童偏好的任务安排在其厌恶的活动之后，有助于提高儿童完成其厌恶的活动的积极性；同时，只有在完成厌恶活动之后才能做他所喜欢的活动，所喜欢的活动也是对之前完成厌恶活动的奖励。

父母或者教师也可以利用儿童行为的惯性，来减少儿童逃避厌恶的活动的可能性。比如，如果儿童很讨厌在睡觉前刷牙，但是儿童很喜欢涂肥皂、洗手、洗脚等活动，妈妈就可以利用这一点，问儿童：“要涂肥皂吗？”“要洗手吗？”“要洗脚吗？”当儿童都回答“要”之后，妈妈可以继续问：“要刷牙吗？”儿童可能会惯性地回答“要”，继而妈妈就可以要求他刷好牙漱口。

当儿童拒绝听从指令时，手把手地引导其完成任务

有时，在儿童拒绝听从指令时，父母或者教师可以忽视儿童的拒绝行为，手把手地引导儿童去完成任务。周围人对儿童拒绝行为的坚决的忽视态度对儿童会产生重要的影响，儿童因此反而能够逐渐地参与一些活动。这种坚决的态度也有助于建立父母或者教师的权威感。

根据儿童的能力发展情况开展相关训练

一些儿童之所以拒绝完成某些任务，与其在某些领域的能力发展滞后有非常密切的关系。比如，小风在玩拼图游戏时总是出现这样的情况：如果需要拼3块

或有更多拼板的拼图，小风马上就会拒绝完成；如果是2块且图案为正面呈现的，小风的参与度就很高。对小风拒绝的原因进行分析，发现小风的认知能力发展落后于班级其他同学，所以当拼图游戏的拼板数量达到3个及3个以上的时候，他就很难完成任务。另外，小风手部的精细运动能力也非常有限，如果放在桌子上的拼板图案没有正面呈现，他在游戏时就需要先将拼板翻为正面，然后再去拼。这个翻转拼板的动作对于小风来说具有一定的难度，因此，每次遇到这种情况，小风就会拒绝完成任务。在此情况下，教师和父母增加了每日的手部精细动作能力训练，通过锻炼他手指的灵活性来提高其翻转拼板的能力。当然在干预的最初阶段，教师也调整了拼图游戏的内容，只提供有正面呈现图案的2块拼板的拼图。当小风能很好地完成任务之后，再将拼图反面呈现。此时，小风的手指灵活性也得到了提高，教师再对其翻转拼板的动作进行训练，就能够使其很好地完成拼图游戏，小风逃避拼图任务的行为也就逐渐减少了。

辅助儿童完成任务

如果儿童的能力水平比较落后，且要求儿童完成的任务已经尽可能调整了难度，但是儿童完成任务仍旧存在一定的困难，那么在儿童完成任务的过程中提供有效的辅助是一种很不错的手段。这对于有严重障碍的特殊儿童来说尤其重要，这类儿童由于能力发展的严重迟滞，甚至玩简单的玩具都有一定的困难。因此，在发出指令之后采取一定的措施，甚至手把手地辅助他们完成某些任务，有时是非常必要的。

在课堂教学过程中，教师有时可以采取同伴辅助的方式来促进儿童听从指令。比如，对于自闭症儿童来说，教师发出的“起立”、“坐下”等指令并不一定对他们有约束力。一些教师常常会让自闭症儿童的同桌作为小老师，他们能够在教师喊“起立”时拉自闭症儿童站起来，在教师喊“坐下”时按住自闭症儿童的身体坐下。久而久之，自闭症儿童就能很好地遵循教师的这些课堂指令了。

教儿童解决问题、完成任务的方法

对于儿童逃避任务的行为，固然有任务与儿童特点不相符合的原因存在，但儿童由于自身能力发展落后以致缺乏解决问题、完成任务的方法也是非常重要的一个因素。因此，帮助儿童找到适合他们的完成任务的方法是很重要的一个策略。

有时候，我们需要根据儿童的能力特点将任务分解成多个可以操作的步骤，并且教儿童按照这些步骤去完成任务。这种方法在行为矫正领域被称为“链锁”，也可以称作“任务分析法”。比如，在前面提到的小风的例子中，教小风如何通过一步步的动作将拼板从反面翻转为正面，教他如何完成有3块以上拼板的拼图，是非常重要的解决小风逃避拼图任务的问题的策略。

对儿童努力的行为而非任务完成的质量进行奖励

对于存在很多逃避行为的儿童，在干预初期，周围人应该尽可能通过各种方式奖励他们参与活动、完成任务的行为。也就是说，要对他们努力的行为进行奖励，即使这些儿童完成任务的质量可能低于其他儿童。对于这些儿童来说，干预的关键在于通过各种措施促使他们去参与活动，而非要求他们一定要按照某种标准完成任务。只有当儿童愿意完成任务或者听从指令的次数稳定的时候，才可以开始对其完成的质量进行评价。当然，这并不等于忽视儿童错误的做法，而是说要用更加积极的态度来引导儿童较好地完成任务。

改变不恰当的评价，通过积极评价鼓励儿童参与

如果儿童过度逃避任务或者拒绝听从指令的行为与周围人对其一贯持有的负面评价或者不恰当的高期望有关，那么改变这种不恰当的评价并调整对儿童的期望就是非常必要的。

我们在咨询中遇到过一个在普通学校就读的自闭症儿童，该儿童常常拒绝完成老师布置的作业，每次考试都无法参加。在咨询中我们发现，父母在教育孩子时存在很矛盾的心态：一方面认为孩子有特殊的问题，只要在学校里各方面被学校和同学接纳就可以了；但另一方面，当孩子能做好简单的功课时，妈妈就会不由自主地对其提出较高的要求。妈妈也发现，当她对孩子提出的要求是孩子可以达到的水平时，孩子拒绝的行为，特别是通过攻击他人来拒绝的行为就会大大减少。如果妈妈发现孩子完成了某些功课，认为孩子可以完成更多或者更难的功课，继而布置了新的作业时，孩子就会开始出现大叫、打人等发脾气行为，并通过发

脾气行为来拒绝完成这些功课。

案例一　阳阳，大胆走出来！

又到了星期二，一大早，同学们就开始问了："老师，今天中午我们去感知觉训练室玩吗？"感知觉训练室是全班小朋友都很喜欢的地方。在这间教室里，有各种按钮可以变换教室里的环境，学生们可以看到迷幻的灯光、好看的视频，也可以听到好听的音乐。班级里的所有学生都非常喜欢这个舒适、安全的环境。每周二午间休息时，我都会带学生去玩40分钟。

在感知觉训练室里，我看到大多数学生都非常放松，而且因为常来这里玩而对各种设备也非常熟悉，也因此可以自由地进行各种探索。有按按钮的，有追逐打闹的，也有打滚爬行的，每个人都玩得非常开心兴奋。只有一个学生，一如既往地缩在角落里的光纤垂丝灯后，晃动光纤灯玩，他就是阳阳。

一直以来，阳阳都是一个乖巧可爱的孩子，平时懒懒的，喜欢自己一个人坐在座位上，或是寻找教室后面舒适的办公椅坐下，然后晃动手指玩。可问题是阳阳实在是过于乖巧了，他对事物缺乏兴趣，主动性较差；在日常活动中，除非老师们要求，否则不会参与到同学们的活动中。阳阳还极度缺乏自信，例如，他虽然已经认识10以内的数字了，但是如果你让他把1拿给你，他会先把1拿起来，然后用目光征求你的意见，如果你没有给出任何反馈，他就会很不确定地把1放下，然后重新拿一个数字给你，再来征求你的意见，直到你点头为止。若教师始终不表态，那么这个活动可以持续十分钟以上。

缺乏自信的阳阳连带的也缺乏安全感。他做起事来总是给人一种畏畏缩缩的感觉。阳阳犹如背着壳的乌龟，一有风吹草动就缩回到壳里。在老师们看来，对于阳阳来说，一个人独处似乎是让他感觉最安全的环境。他拒绝学习任何东西，也不想有老师与他说话，而他拒绝的方式就是发脾气，比如：

"阳阳，给画涂上颜色。"美术老师说。阳阳开始跺脚，用手背打自己的头，嘴里发出带着哭腔的"嗯，嗯"声，意思就是"我不愿意"。美术老师只好帮助他完成任务。

"阳阳，帮小茜拿一下餐布。"班主任老师说。阳阳还是跺脚，用手背打自己的头，嘴里发出带着哭腔的"嗯，嗯"声，意思还是"我不愿意"。"拿好就吃饭了！"听到有饭吃，阳阳一边哼哼，一边拿餐布。

阳阳就是这样表达着拒绝，而且发脾气的情况越来越多。对于在我们看来很简单的诸如洗手、上厕所之类的事情，他也要发一下脾气再去做。后来发展到老师同他说话，他都感觉很害怕，一看到我们同他说话，他就立刻趴下，把头埋在胳膊里。如果我们再继续同他说话，他就又要开始发脾气打自己头了。不要以为阳阳与老师的关系很差，只要不提要求，阳阳就很喜欢与老师玩，会缠着老师与他玩“小蚂蚁”的游戏，会笑眯眯地问老师要糖吃。

阳阳为何如此缺乏自信和安全感呢？老师们根据阳阳的这些情况认为，阳阳的发脾气行为实际是一种退缩行为，是对老师们提出的要求和布置的任务的拒绝，而出现这样的行为可能与他的能力不足与特殊的经历有一定的关系。首先阳阳的认知能力比较落后，韦氏智商测定的结果显示，除了算术得分为1，其余的常识、类同、词汇、理解、填图、排列、积木、拼图、译码得分均为0，总体智商小于40。在课堂学习中，阳阳学习一个新知识点或者一项新的技能要花费很长时间。其次，阳阳的语言理解和表达能力也很落后，他能听懂的词汇和句子基本都是他所熟悉的指令性话语，如“起立”、“坐下”、“拿餐布”、“出去散步”、“椅子推好”等；会说的话基本是自己最基本的需求，且都是词语，没有句子，如“糖糖”、“喝水”、“吃饭”、“汤”；他对人的称呼基本是“妈妈”、“爸爸”，称呼老师为“阿姨”。每当别人与他说话时，他因为听不懂，也说不出，总是显得很紧张，他会睁大眼睛无辜地看着说话的人。久而久之，他就很害怕别人与他说话，尤其是害怕老师同他说话，因为老师与他说话时，通常都会让他做些什么，这让他很不安。最后，阳阳的不自信可能与他的经历有关。从小，阳阳的父母就要求下要他学习很多东西，而每一次学习的经历对于阳阳和他父母来说都是痛苦的，阳阳可能也因不断地体验失败，变得没有自信。

怎样做才能让阳阳不再如此退缩，而变得自信、有安全感呢？阳阳与佳佳之间的互动给了我很大的启发。佳佳是一个很会照顾人的孩子，是我们班的班长，从二年级班级实行“好朋友结对子”活动开始，佳佳就一直在照顾阳阳。阳阳的妈妈也是一个有心人，在学校生活之余，她还经常创造机会让两个孩子私下接触，一起玩滑板，一起包饺子，一起打篮球，等等。因此，阳阳很信赖佳佳。平时，阳阳会主动牵佳佳的手散步，有时还会主动从座位上站起来，跑到佳佳面前，眼睛看着佳佳，朝她微笑，还会亲亲佳佳，再回到座位坐好。阳阳如此喜欢佳佳，是因为佳佳不会给他压力，阳阳才会很有安全感，才会主动与佳佳互动。因此，想让阳阳从“乌龟壳”里勇敢地走出来，不要一直发脾气缩起来，关键就是给阳阳创设一个安全的充满爱的环境！其次，要让阳阳多体验成功的快乐，相信自己“我能行”！

❖ **措施一：爱要说出来**

为了让阳阳不再是别人一同他说话，就露出惊恐的表情，我一有机会就尝试向他表达“爱意”。先是露出八颗牙的微笑表情（降低他的防御心理），同时摸摸他的头（阳阳喜欢身体接触）说：“阳阳好乖，张老师喜欢你（充分肯定他）！”接着说：“我们一起玩小蚂蚁吧（糖衣炮弹攻击）！”同时，时不时地同他说：“来，拍拍手！”然后与他掌心对掌心轻拍一下，这让阳阳很开心。渐渐地，阳阳看到我走近他，他就很开心。发现这一方法很有效之后，我就把这种方法告诉了其他任课老师，让他们也这样做。同时，开始把这种方法向同学们推广。

在我开展向阳阳表达“爱意”的活动时，班级里的小菲、乐乐已经开始有样学样了。小菲也经常对阳阳说“阳阳好乖，我喜欢你”，然后拍拍阳阳的头，乐乐则喜欢与阳阳拍拍手。我结合班级班规第五条“爱护同伴”，把小菲、乐乐列为班级“爱护同伴”的榜样，鼓励大家向他们学习，经常与阳阳拍拍手，玩玩小蚂蚁，多鼓励阳阳。久而久之，阳阳惊恐的表情少了，笑容多了，不再一有人同他说话，就发脾气、拍头、哼哼了。

❖ **措施二：相信自己“我能行”**

阳阳退缩发脾气的一个很大原因是：他一直在体验失败，他已经不相信自己有能力完成很多事情了。因此对于老师来说，我们不能再强迫他做他不擅长的事情，必须建立起阳阳的自信！

这一点，阳阳的妈妈与我们保持了高度的一致！妈妈首先降低了对阳阳学业的要求，不再强迫阳阳练习枯燥的计算、学习汉字等，而是转向培养阳阳的兴趣，学玩 IPAD 上的简单游戏，学习打篮球、乒乓球等运动项目，学习涂色。对阳阳来说，这些项目比起学科性知识，要简单很多，也有趣很多。阳阳开始在活动中体验到快乐。

但在学校的课堂里，由于布置给阳阳的学业任务已经根据他的能力水平降低了难度，如果再降低难度的话，阳阳就什么也不用做了。为了促使阳阳完成任务，我们采取的措施是在完成任务的过程中，给予阳阳更多的鼓励，多给他眼神和语言上的肯定，必要时提供动作辅助。其中，眼神肯定这一方法实施起来简单，但对阳阳来说却非常重要。有了眼神肯定，阳阳心理上就觉得安慰很多，继续完成任务的可能性就会大大提高。有时，阳阳还是会发脾气抗拒。这时，老师就会温柔但坚定地告诉他：“阳阳乖，把它做完”。此时，老师的说话语气温柔，不会让阳阳感到害怕，但语气坚定，则是告诉阳阳，发脾气没有用，必须将作业做完。再加上布置的任务其实是在阳阳的能力范围内的，于是，慢慢地，阳阳也开始有“我能行”的自信了。

❖ 措施三：在个训课上发展阳阳的优势项目

除此之外，阳阳与轩轩还一直在接受一周三节课的自闭症儿童个别干预。在个训课中，老师们试图通过挖掘阳阳的优势项目，让阳阳进一步体验“我能行”，并将其推广到班级活动中，促使阳阳更加主动地参与活动。比如，在个训课上，老师发现阳阳比较会玩“瞬间记忆板”和“打气球”这两个游戏，就将这两个活动项目在班级内推广。当阳阳发现这些活动都是他能胜任的活动时，他在班级里就玩得很开心。

因此，对于那些即将在班级内开展的活动，老师总是尽量提前在个训课上教会阳阳。比如，老师准备在课间活动时间里向班级推广“老鹰捉小鸡”这个活动之前，会首先在个训课上教阳阳和轩轩一起玩这个游戏。在教会阳阳之后，才推广到班级中。此时，阳阳已经知道怎样跟着同学们一起玩了，玩起来就很开心，不会无所适从，也就不会出现打自己的发脾气行为来逃避任务了。

另外，老师们也发现，阳阳并不是什么都不会做，班级中还是有一些常规性工作，比如拿运动器材、把椅子排整齐、上课前两分钟的背诵儿歌之类的活动，阳阳是能够完成的。为了提高阳阳在班级内的存在感，让他能够勇敢地站出来，老师也试图通过安排阳阳做这些工作来增强他的自信。比如，让阳阳在班级内领读儿歌。阳阳背诵儿歌的能力很强，但是他不敢在班级里领读，因此，领读对于阳阳来说是一个巨大的挑战。为了让他更好地完成这一任务，老师事先编写了配有大量图片的社会性故事《领读儿歌》：“两分钟预备铃响时，我们经常要领读儿歌。能带领大家一起读儿歌是很棒的事情，同学们都喜欢领读儿歌。领读儿歌时，我们要站在教室前面，一边拍手，一边读儿歌。读儿歌的声音要响亮。如果我能带领大家一起大声读儿歌，老师就会夸我真棒！我也会很开心。”老师在个训课上通过这一社会故事对阳阳进行训练。通过一个月的训练，阳阳终于了解了领读儿歌这件事情，并且能够模拟领读儿歌。最后，老师再安排他到班级里领读儿歌。在班级里，老师也告诉同学们，要鼓励阳阳领读儿歌，在阳阳领读完后，都要夸他很棒。阳阳第一次领读那天，笑得特别开心！自此，他对领读也不再那么退缩了。

同学和老师的鼓励，一次次成功的体验，终于让阳阳的头抬得越来越高，笑容也越来越多。阳阳终于走出了他的“乌龟壳”，不再动不动就发脾气了！

案例二　倔强的畅畅听话了

畅畅是个12岁的男孩，患有唐氏综合征，医院的智商测试报告显示其智商分数小于40。才开学2周，老师们就发现，畅畅有非常明显的不听从指令、逃避任务的行为，以下是开学以来畅畅出现的行为：

片段一　语文课上，老师让学生们一个接一个地到黑板上找到自己的照片。小朋友们依次到讲台前，或独立或在老师的帮助下找到了自己的照片，再高高兴兴地回座位。突然，"啪"地一声，乐乐在经过畅畅的座位时摔跤了，乐乐委屈地大哭起来，畅畅却哈哈大笑。此时，语文老师看到了畅畅还未来得及收回去的腿，原来是畅畅绊倒了乐乐。语文老师批评了畅畅，让他把腿缩回去。畅畅却愣在那里，任凭老师怎么说，就是不把腿收回去。作为班主任，我只能把畅畅叫到一边，耐心地跟他讲道理。畅畅则是睁大眼睛看着我，毫无反应。我问他："下次还能把腿伸出来么？"畅畅根本不回答。这是我第一次知道，畅畅经常对老师的要求充耳不闻。

片段二　美术课上，老师让学生把彩纸撕成小片，大部分孩子都在认真地撕着，不会做的学生则在老师的帮助下尝试做着。畅畅则是看着同桌做，自己却不动手，美术老师提醒他快做，他说："好的。"但是等老师巡视一圈回来，畅畅还是坐在那里不动手，直到老师辅助他，他才慢慢开始做起来。从这件事中，我开始了解，畅畅对老师的要求，经常是口头答应，却迟迟不见行动。

片段三　课间休息，畅畅一人独自盘腿坐到门后面的地上，我看到后，向他伸出手说："来，畅畅，我们去和同学们一起玩。"畅畅的回答是："不，我不要。"之后我发现，畅畅常常以"不、不要"的方式来拒绝老师的要求，比之更多的则是以沉默抵抗。

在此之后，我开始认真观察畅畅，发现类似的小事每天都在发生，而且每天至少发生5次。畅畅的这些行为概括起来就是喜欢和老师"对着干"，也就是我们通常所说的"不顺从"行为，这让每个老师都感到很头疼。为什么畅畅总是要拒绝呢？

通过家访，老师们发现畅畅在家也是这样。妈妈把这些归结为畅畅太倔强，并认为这是患唐氏综合征的孩子的通病。在日常工作中，老师们也常常发现，患唐氏综合征的学生性格上一般“很犟”，比其他儿童出现不顺从行为的概率要高。

面对畅畅的这种情况，各位老师都在积极想对策。有的老师是和风细雨地同畅畅讲道理，有的是带畅畅到办公室进行批评，有的则是让畅畅站到讲台边完成任务。也有老师各种方法轮流使用，但结果一般是当时有用，下回畅畅该怎样还怎样。就这样，作为班主任的我每天都听到不同的任课老师来反映畅畅的问题，大家已经见怪不怪，反而是畅畅偶尔听话时，大家才觉得奇怪，跑到我这里来反馈一下。对于畅畅来说，除了唐氏综合征儿童可能具有的特征之外，他的行为还有没有其他更加直接的原因呢?

老师们在不断地思考这一问题。我们仔细观察并分析了畅畅偶尔听从指令时的情况。根据老师们的反馈以及我作为班主任的观察，大家发现畅畅在体育课上比较乖，也愿意听从教师的指令完成任务，这是为什么呢?我们仔细观察了畅畅在体育课上的表现，并分析了这背后的原因。

大家发现，在体育课上，老师在提出一个要求之前，会先吹一下哨子，提醒学生们注意。此时，畅畅会下意识地抬头看老师，而体育老师一般都是等学生们都看他时才开始说要求的。在说完要求之后、学生开始活动之前，他会再吹一下哨子，意思就是“你们可以开始了”。这时，畅畅一般会随着同学们开始行动。

然后，我们又比较了畅畅出现拒绝行为的那些情景。结果发现，在大多数情况下，畅畅执行第一个指令是最难的，如果他能够执行第一个指令，那么接下来就会比较顺畅地把整件事情完成。例如，如果要求畅畅去拍球，最难的往往是要求他拿起球，如果他能把球拿起来，那么，他接下来就会比较顺利地进行拍球，并完成拍20下的任务。畅畅之所以在体育课上比较听从老师的指令，跟体育老师在以下三方面的做法有重要关系：

(1) 老师通过吹哨子的方式引起畅畅对老师的关注，因此畅畅能够清楚地听到老师所发出的指令要求，明确知道自己要做什么；
(2) 老师在提出活动要求之后再次通过吹哨子告诉学生们现在可以开始了，这让畅畅能够明确地知道什么时间可以开始做动作；
(3) 老师在体育课上布置的任务、提出的要求通常比较简单、有趣，是畅畅能够完成的任务。

为什么这三方面的做法能够让畅畅少出现拒绝行为呢?老师们经过分析，认为这可能跟畅畅的能力发展水平有一定的关系。首先，畅畅是一名重度智力落后的儿童，他在上课时经常走神，理解能力也较差。因此，当老师下达指令时，他可能并没有真正在听，或者即使听到但仍旧对许多指令的意思不理解。而体育老师通过吹哨子的方式保证了畅畅对老师的关注，接着他也就能够认真地听老师所讲的要求了。另外，体育老师所讲的指令都比较简单，且多是操作性内容，因此畅畅对指令的理解也就比较好。其次，作为一名重度智力落后儿童，畅畅对来自外界的信息的加工速度比较慢，当他听到指令之后，往往还需要时间来思考这些指令是什么意思，以及要不要执行这些指令。因此，体育老师在活动开始前再次吹口哨的做法，对于畅畅来说就是给出了一个明确的信号，让他开始行动去执行老师的指令。最后，畅畅大多数的不顺从行为都是为了逃避学业任务，因此要仔细分析畅畅是不是在完成这些学业任务上存在很大的困难，老师在日常教学中是不是高估了他的能力水平。

根据以上分析，老师们拟定了以下三条措施，尝试改变畅畅的拒绝行为：

❖ 措施一：保证畅畅听到并理解指令

老师在下达指令时要做到：保证畅畅对老师的关注；发出指令时语速要慢，指令要简单；下达指令后，让畅畅复述老师要求他做的事情。例如，原先上课铃响后，畅畅不愿意回教室的时候，老师只是说："畅畅，上课了，同学们都回去了，我们也回去吧！"此时，畅畅通常是站在那里，看着老师毫无反应。而现在，老师的做法是这样的，老师看着畅畅对他说："畅畅，上课了，回——教——室！"然后再问他："畅畅，上课了，我们要……"他就会接着说"回教室"，之后就会跟着老师走回教室。这一条策略主要是要保证老师发出指令时，畅畅是认真在听老师讲话的，而让畅畅重复老师的指令则可以确保畅畅确实听到并理解了指令要求。

❖ 措施二：提供执行指令的暗示，产生行动

下达指令后，给畅畅两至三秒的思考时间，然后再给予一个行动的暗示，比如："老师的话要听么？"再接着说："我数到三，我们就……"这时，他执行指令的概率就会大大提高。例如，畅畅很喜欢骑三轮车，每次课间都要玩一会儿，但是他不愿意跟同学轮流玩。以往，当老师提出让其他同学也骑一骑三轮车的时候，他总是很不愿意，拒绝让其他同学骑。而现在，如果遇到这种情况，老师就会看着畅畅说："畅畅，老师的话要听吗？"他就会下意识地回答："要听。"然后老师就可以接着说："那老师数到三，你就下来，好吗？"他还是会下意识地回答："好的。"然后老师就慢慢数数："一、二、三，下来。"这时，畅畅就会下来了。对畅畅来说，"老师的话要听么"和"我数到三，我们就……"已经成为一种程序性的话语，犹如体育课上的哨声，是执行指令的暗示。实际上，我们也发现，如果学生在前面的几个问题给出正面的回答后，在接下来的要求上，他们也会比较倾向于给出正面回答，这使得畅畅执行指令的概率大大增加。当然，当老师说完这些话之后，可能还是会遇到畅畅仍旧不愿意动的情况，那么，教师的动作辅助将是非常有效的，手把手地帮助他完成第一个启动动作能够让他比较顺利地进行接下来的任务。比如，当他还是没有从三轮车上下来时，教师可以协助他松开一个把手，畅畅就会完成接下来的动作，从三轮车上下来。这一条策略给予了畅畅准备执行指令的时间，并通过语言和动作告诉他现在可以开始了，从而促使畅畅执行指令。

❖ 措施三：教师通过分解任务步骤来降低任务的难度

具体做法是：把一次任务分成若干小任务分次提出。每次给出少量的任务，完成后再提出下一次的任务。原来，老师们总是一次性给出所有的任务，这对畅畅来说可能太多了，也太难了，让他觉得难以完成，因而拒绝执行。例如，畅畅最不愿意做的事情是抄写汉字和做美工，畅畅的手部精细动作能力较弱，因此抄写汉字和做美工对于他来说是比较难的任务。原先，老师布置抄写汉字的任务时是将所有要抄写的汉字一次性发给学生的；现在，则是先要求畅畅抄写三个字，抄写完成后，再写三个字……三个字、三个字地写完之后，畅畅完成抄写任务的速度明显比一次性要求他写完要快，而且他愿意执行的次数也要多很多。做美工也是一样，比如，要求他贴一朵花，老师先给他两三片叶子要求他贴，完成之后再给出另外的两三片叶子，最后再给出花朵要他贴。这样分次发出指令的做法比一次性把所有材料摆在他面前要求他完成拼花的效果好很多。

现在，畅畅虽然有时还是会出现不顺从的行为，但是比起以前凡事都拒绝要好很多了，各科任课老师也都说他进步很大。

案例三　叛逆少年家的烦恼事

毛毛的妈妈最近很烦恼，一向听话的毛毛不听话了！毛毛妈妈给我打电话，让我无论如何抽时间去他家里看看毛毛。原因是毛毛越来越不听话，让他往东，他一定要往西。他妈妈已经毫无办法，所以希望我能在最真实的家庭生活环境中观察毛毛，为毛毛制订一份学习计划，以改善毛毛的行为。这与我之前了解到的毛毛的情况完全不一样，到底发生了什么事情呢？

第一次接触毛毛，是因为在普通中学随班就读的毛毛在各方面的能力表现与普通学生的差距越来越大，除了音乐、体育，其他课程他已经完全听不懂了。所以他妈妈想将毛毛转学到特殊学校，并且带着毛毛来学校咨询相关事宜。得知我是学校自闭症专项训练的负责老师，就想让我推荐几本适合毛毛阅读的书籍。由此，我认识了毛毛和毛毛的妈妈。

第一次与毛毛妈妈交谈，我发现毛毛妈妈很不自信，而且比较焦虑。她很想让毛毛能举止得体地与我们打招呼、交谈，但是毛毛在陌生人面前比较畏缩，不愿与我们多谈，都是在妈妈的不断催促下，他才应答一句。在此过程中，毛毛的脸一直偏向一方，不愿和我们对视。妈妈对毛毛的表现很不满意，一直跟我们解释，毛毛以前不是这样的。妈妈说，毛毛以前读小学时，几乎看不出与普通孩子有什么区别，很听话，现在看起来越来越怪，也越来越不能参与集体活动了。尽管如此，我还是发现毛毛的语言理解、表达能力不错，他能回答出“你在哪里读书”、“读几年级”、“平时喜欢做什么”等问题。更重要的是，毛毛能正确表达自己的想法，他能表达出对陌生环境的不喜欢，想要离开。在得知不能离开后，能克制自己焦虑的情绪，耐心等待我和他妈妈聊完天。我把自己的发现告诉他妈妈，让她不要紧张，否则紧张的情绪会传达给毛毛，让毛毛更加紧张；也不要对毛毛要求太严格，毕竟与陌生人交流是毛毛这样的自闭症少年最不擅长的。之后，我根据毛毛的能力，为毛毛介绍了几本适合的书籍。

在这一次的接触中，我觉得毛毛是一个能力不错的自闭症孩子，有点腼腆，有点畏缩，而毛毛的妈妈很认真负责，非常在乎毛毛的表现。她希望毛毛能不断取得进步，从而缩小与正常儿童之间的差距。

之后，毛毛的妈妈带着他来还书，来学校试读，每次来都会与我聊一聊毛毛的近况，以及在教育毛毛的过程中遇到的烦恼，平时也经常在电话中咨询针对自闭症儿童的教育方法。在与毛毛妈妈聊天时，我得知，一直以来都是毛毛妈妈负责教育毛毛的。妈妈为了毛毛辞去了自己的工作，专心陪同他学习。在小学时，毛毛的学习比较顺利，认识了很多字，能进行简单阅读，计算能力也不错，能心算两位数乘以两位数。进入中学后，毛毛能参与的学科明显变少，他能安坐在教室里，但是学到的知识很少。他妈妈觉得普通学校的课程设置对毛毛意义不大，因而让毛毛改为每天上半天课，余下的半天由妈妈在家辅导毛毛。但是毛毛妈妈说，现在也不知道应该教毛毛什么，进入中学后，毛毛的进步很小，妈妈很为之沮丧。

最终，因为毛毛自己明确表示不愿意来新学校上学，喜欢自己现在的班级，加上妈妈对转学是否真的能促进毛毛的发展没有把握，所以毛毛没有转学来特殊学校就读。但是在这几次接触中，毛毛留给我的印象是：他是一个自我意识比较强的孩子，有自己的看法和坚持，但是比较乖巧听话，很温顺。而毛毛妈妈比较优柔寡断，对毛毛有很多要求，但是又缺乏有效的方法来指导毛毛。

可是，温顺的毛毛发生了什么事情，变得叛逆起来了呢？到毛毛家之后，我细细地观察了毛毛，发现跟前几次见面时相比，他的确有了一些改变。例如，我跟他妈妈说话时，他会捂住耳朵拒绝听；他与我们说话时，会撅起嘴巴，故意发出很不清楚的声音；妈妈想拿餐巾纸擦嘴巴，毛毛百般阻挠，坚决不让妈妈拿；对妈妈的要求，他都会拒绝；逆反情绪非常明显。

结合妈妈的诉说，我觉得毛毛现在所处的状况是：处于青春期、能力不足、有点自我意识的自闭症少年遇到了要求完美、缺乏方法、絮絮叨叨的妈妈。更糟糕的是，爸爸对毛毛的要求也很高，毛毛几乎没有喘息的机会。在这种情况下，毛毛变得叛逆也就情有可原了。为什么这样说呢？

第一，毛毛的能力发展处于瓶颈阶段，各方面大大落后于同龄普通儿童以及相似的自闭症儿童。他认识很多字，但是一直不能理解文章的意思，不能复述文章内容；他可以在电脑上打字，但是仅仅是打字，不能记录每天发生的事情；他可以计算两位数乘以两位数，但是不能将知识很好地运用到生活中去解决实际问题，正确率也有待提高；他平时的兴趣狭窄，按妈妈的说法：几乎对什么都不感兴趣；在学校，毛毛已经完全跟不上课程的学习进度，因此上课时就经常走神。

第二，妈妈对毛毛有着很高的期望以及几乎全天候地投入。毛毛的上述表现都让妈妈很着急。着急的妈妈就经常向其他特殊儿童家长求教，结果发现，许多原来能力比毛毛差的孩子现在已经超过毛毛了，这反而让妈妈越发着急。着急之下，妈妈对毛毛就更加高标准严要求起来。为了让毛毛能有所突破，妈妈几乎希望毛毛的每一分钟都过得“有意义”，所以一直在旁边告诉毛毛，你要做这个，你要做那个，这个不可以做，那个不可以做。不仅如此，妈妈还要求爸爸也这样，爸爸下班后，妈妈一看到爸爸和毛毛闲着，就要求爸爸抓紧时间教毛毛。毛毛就这样整天处于妈妈的“疲劳轰炸”中。处于青春期的毛毛，虽然能力不如普通孩子，但是他仍有自己的想法，也同样会有青春期的叛逆行为，面对妈妈的不断唠叨，唠叨的又是自己完成不了的，他最终采取了抗拒的态度，索性捂住耳朵什么也不听了，而且故意与大人对着干，你让我往东，我偏要往西。

第三，爸爸对毛毛的学业也有很高的期望。爸爸认为妈妈缺乏教育的方法，毛毛不听妈妈的话，爸爸认为可以运用生活中的教育契机，来让毛毛愿意听话。例如，毛毛喜欢看电视，可以先让毛毛完成一个学习任务，比如先做两道乘法心算题再看电视，这样就达到了让毛毛学习的目的。爸爸也的确是这样做的。毛毛想喝饮料，爸爸会让他先回答："12乘以15等于多少？"毛毛默默算了半天回答："160。""错了，再算算！"毛毛又算了半天"280。""好好想想！""180。"经过努力，毛毛终于喝到了饮料。接着毛毛想吃点心，爸爸又问："一个点心6块钱，这盘点心要多少钱？"这回毛毛倒是很快说出了答案。但是对于这样的生活，任何一个人都会感觉疲累不堪，毫无乐趣可言。毛毛跟许多自闭症孩子一样，每天的生活很固定，兴趣也很狭窄，感兴趣的事就那么几件，但是现在唯一感兴趣的几件事也被设置了层层障碍，如此下来，变得叛逆也就在意料之中了。爸爸也承认，现在毛毛宁愿放弃自己喜欢的奖励，也不要去完成学习任务了。

其实，毛毛的这种情况在自闭症儿童身上并不少见。许多自闭症儿童在青春期都会出现叛逆的现象，还有很多人会出现发脾气、自我伤害、攻击他人等行为。这些情况一部分与早期的经历有关，不少自闭症儿童在早期接受了大量的一对一个训之后，变得对学习缺乏兴趣。很多训练仅仅关注了儿童认知能力的发展，但因为语言理解与语言表达能力进步很小，他们仍旧无法用语言向他人表达自己的愿望。当他们开始有独立的自我意识，而父母还是倾向于用控制的方式来管教孩子，他们又不擅长说出自己的想法时，那么依靠各种问题行为来表达自己的诉求就成了他们的选择，毛毛就是这种情况。

毛毛家现在的情况是：毛毛很烦恼，因为整天被念叨；妈妈很烦恼，因为孩子不愿意听话；爸爸很烦恼，因为觉得孩子进步不大，回到家稍微放松一点就会被毛毛妈妈批评。

面对这种情况，我建议家长从四点入手，来改变现状：

❖ 措施一：妈妈要放松心态，看到毛毛的优点

现在，毛毛每天的生活很规律，有自己喜欢做的事情。毛毛上午打字，然后去公园散步，吃完饭后读读课文，有时间就去超市购物；外出就餐时还会点餐；与人沟通时，能进行很多回合的对话。这在自闭症儿童这一群体中已经是很不错的成绩了。妈妈不能再一直盯着毛毛不足的地方，弄得自己精神紧张了，而是要学会适当放松，不要把所有的精力都放在毛毛身上，也要有自己的生活。而妈妈有了放松的心态，爸爸也就不会再紧张了，这对舒缓全家人的精神压力都是有帮助的。

❖ 措施二：将关注点从学业转为社会适应力的发展

目前毛毛在学业学习上的确处于瓶颈期，家长也不要为之着急，而且着急也没有用，他们可以从关注毛毛的学业能力的发展，改为关注毛毛社会适应能力的发展，不要再强迫毛毛

做数学题、做语文阅读理解了，而应让毛毛学会自己在小区散步，自己去超市购物，算清楚要花的钱。家长也不要觉得毛毛每天做同样的事情很“没有意义”，非要强迫他改变，过上“丰富多彩的不一样的生活”，而应要多给毛毛独处的空间，尊重毛毛的个人想法，允许毛毛什么也不做，平稳地度过目前的青春期。

❖ 措施三：大事要抓牢，小事可放松

在教育毛毛时，家长要懂得抓大放小，原则性的事情要坚持让毛毛完成，而其余小事应适当放松，不要一直唠唠叨叨。这样也可以给毛毛创造一个轻松、安宁的家庭生活环境，而不是像现在这样，每天必须都将弦绷得紧紧地，随时担心妈妈又要批评自己。

❖ 措施四：发展新兴趣

如果真的觉得毛毛目前的生活过于单调，可以尝试发展毛毛的新兴趣，例如去游泳、打羽毛球、玩平板电脑上的游戏等。在发展新兴趣时，一开始可能会遭到毛毛拒绝，妈妈也可以尝试多种方法，例如社会故事、代币奖励、亲子互动。总之，应尽量调动毛毛的积极性，让他愿意做。

目前，毛毛妈妈正在尝试这些措施，虽然时间还比较短，但毛毛已经开始有了一些好的变化，不再动不动就拒绝了，妈妈因此似乎看到了一些曙光。而我则希望毛毛家的这些烦恼事能尽快解决，全家人过上开开心心的生活。

第五章

冲动行为

所谓**冲动行为**，通常指的是个体突然产生的行为，即个体所表现出的某种不稳定的或者失控的行为。这种突然产生的行为在儿童以及部分成人身上比较常见，有时会导致不良的后果。一般来说，冲动行为与个体所具有的自控能力水平有关。越年幼的儿童自控能力越低，冲动行为也越容易出现。对于年幼儿童的冲动行为，父母或者教师通常会有较高的容忍力，因为在他们的脑海里，小孩子冲动是一件很正常的事情。但是当儿童的冲动行为上升到需要干预的水平时，至少意味着两件事情：一是与儿童同龄的伙伴们已经很少出现类似的冲动行为了，他们已经能够对自己的行为进行一定程度的控制了，而该儿童还没有达到类似的水平；二是该儿童表现出来的冲动行为明显对其学习、生活、社会关系等造成了负面影响，引起周围人的烦恼。

冲动行为的常见表现

考夫曼在说到儿童的冲动行为时，是这么描述的："这类儿童常常不假思索，快速地对学习任务做出反应，且难以控制，而且这些快速反应常常是错误的，因此令儿童感到很懊恼"。这一描述将儿童冲动行为的本质特征描述得非常清晰。但是在日常生活中，儿童的冲动行为也会有多种表现形式，而且不同表现形式的冲动行为给儿童及其周围人带来的不良后果也是有所不同的。

在学校，尤其是课堂教学过程中，儿童比较常见的冲动行为有以下几种表现：

冲动尝试的行为

儿童可能完全不经大脑思考就对某个刺激做出了快速的反应，但在冲动情况下，做出的反应通常是错误的。比如，当教师提出问题或者开始某项活动的时候，学生不经任何思考，马上举手要求回答或者要求参与。这类学生常常会表现得非常兴奋，甚至会大叫老师或者让老师喊自己，如站起来大叫："我，我，我"。有时，教师真的提问他们了，学生却不知如何回答。可见，学生要求让自己回答的行为是在不经思考的情况下，非常冲动地做出的反应。

无特殊原因的兴奋冲动行为

一些学生在课堂教学过程中无明显原因地冲动离座、在教室内走动、离开教室、大叫或者发出其他噪音等行为。这类行为由于常常非常突兀地出现在安静的课堂教学过程中，很容易被教师和同学所关注，并会影响到正常的课堂教学秩序，因而常令教师和同学烦恼。

冲动型被激惹行为

一些学生可能受到某些外部环境因素的刺激，突发地做出某些行为，这些行为有时会带有暴力、攻击性质，比如突然地做出扔、砸物体或者打别人等行为。这类冲动行为之所以发生，一般有外部环境事件原因。但这些事件对大多数儿童来说，可能是很小的事件，也很少会出现类似的冲动型被激惹行为。但该儿童可能会一下子体验到非常兴奋甚至发怒的情绪，因而冲动地做出反应。这种反应常常是在儿童对自己的行为失去控制的情况下快速地做出的。如果冲动的被激惹的行为导致某些不良后果，部分儿童可能会在事后清醒地意识到自己所犯的过错，并为之后悔。

比如，我们在咨询中遇到过一个5岁的小男孩。有一次，在幼儿园，老师教他们剪纸，在分发小剪刀时，他喜欢的红色剪刀被同学先拿走了，他非常快速地拿起一把绿色的剪刀就朝那位同学戳过去。这一行为发生得非常突然、快速，幸好老师的反应也非常快，才使得剪刀没有戳到其他小朋友。但这个男孩的行为令老师们非常担心和烦恼，老师们害怕这位小朋友以后再次做出类似的行为，而出现某些严重的身体安全方面的后果。

心血来潮式行为

一些学生所表现出的冲动行为看起来似乎是心血来潮式的行为，也就是说，他们的行为似乎毫无规划，非常缺乏理性和逻辑，属于想到哪里就做到哪里的那种性质。

这类行为并不像前面提到的冲动型被激惹行为那样会给周围人带来危害或者其他比较严重的后果，如果出现次数不是很频繁的话，也较少被认为需要干预。

但若儿童总是出现这类行为，那么他们的学习、生活就会看起来非常缺乏条理和规划，而且常显得有头无尾，因此对儿童的能力和个性发展是非常不利的。对儿童来说，有计划、负责任地完成一件事情对于他们的健康成长是非常重要的。

在日常生活中，儿童的冲动行为的几种形式也与课堂教学过程中出现的那些行为表现比较相似，主要包括：

冲动性反应

这种行为多发生在儿童遇到一些事情之后。比如，与小伙伴一起在草地、公园游玩时被推了一下或者被批评了几句，儿童马上表现出情绪上的激动，出现发火、甚至对小朋友动手的行为。一些小朋友在冲动性地发火之后会转入平静，就好像什么也没有发生过一样。

无条理地做事

这种行为表现出来就是儿童想做什么就做什么，想起什么就做什么。他们在做事情之前似乎没有经过任何思考，对怎么做或者做了之后有什么后果都不考虑。这类儿童往往很容易受环境中的刺激影响，他们的注意力也很容易转移。他们可能不断地玩这个玩那个，看到某样东西就去玩，看见了另外一样则去玩另外一样，做事情无章法可言。

冲动尝试的行为

常常表现出冲动尝试行为的儿童一般好奇心比较强，也比较调皮好动。当他们对某一样物品感到好奇、感兴趣的时候，比如，对手机、电脑感兴趣，他们就会快速动手按照自己的兴趣玩手机和电脑，完全没有意识到要经过父母的同意。这种冲动尝试的行为有时可能产生不良后果，比如，删除了电脑中的重要文件或者玩坏了手机、电脑等。总是出现冲动尝试行为的孩子一般在日常生活中很难安静地等待轮到自己。

对于父母或者教师来说，要注意的是，自控能力差、有冲动行为的儿童在游戏、社交情境中很容易遭遇困难。由于儿童很难对行为进行自我控制，他们往往无法耐心地遵守游戏的轮流规则，很难安静地等待别人玩好之后轮到自己，因此常常出现与人争抢的行为，故而很容易与他人发生纠纷。

出现冲动行为的常见原因

儿童出现冲动行为的最重要原因是他们的自控能力水平较低。当然，环境中的不良因素对诱发儿童的冲动行为也负有重要的责任。

与儿童生理、个性等有关的因素

幼儿之所以会出现很多冲动行为，与他们的中枢神经系统发育不够完善，尤其是大脑皮层兴奋与抑制过程不很平衡有密切的关系。随着儿童年龄逐渐增长，中枢神经系统的发育逐渐完善，儿童的自我控制能力也就能够逐渐发展，冲动行为也就相应减少了。因此，常常表现出冲动行为的儿童可能在中枢神经系统的发育方面存在发展迟缓的问题，导致他们对自身情绪情感的控制不够稳定。总是容易冲动的儿童很容易被周围人评价为“相比其生理年龄要幼稚”，即他们的成熟程度要比其他同龄儿童晚得多。患注意力缺陷多动障碍的儿童就是这样一类儿童，他们相比普通同龄儿童会出现更多的冲动行为。从大脑的神经功能角度来说，他们的中枢神经系统通常被认为兴奋程度不足以控制边缘神经系统的活动，因此很容易出现冲动的行为。

在日常生活中，我们可以看到，总是表现出冲动行为的儿童往往比其他同龄儿童更容易兴奋。根据神经活动的最佳兴奋水平理论，每个人的神经活动都有其最佳的兴奋水平。对于常常出现冲动行为的儿童来说，他们的神经活动的最佳兴奋水平要比其他同龄儿童更高，这类儿童看起来似乎总是有很好的精力，整日都很活跃。因此，如果较长时间处于安静活动状态，他们就比较容易表现出冲动或者多动行为，以获得更高水平的感觉刺激。这类儿童通常外向、活泼、好动，当受到外界刺激或者心里有某种想法时，也不太容易控制自己的冲动，遇事也不太会考虑后果。

好奇心、好胜心比较强的儿童也很容易出现冲动行为。当一个儿童有很强的好奇心时，就很容易受外界新奇刺激的影响而出现某些冲动的行为。而好胜心较强的儿童则在受到激惹时（比如有人跟他竞争的时候），很容易出现不考虑后果的冲动行为。

不良的环境刺激因素

虽然导致儿童出现冲动行为的最主要原因是儿童的自我控制能力问题，但是儿童所处环境中还是可能存在一些与儿童出现冲动行为有直接关系的不良因素。分析这些不良因素有助于我们找到有效的干预策略和方法。常见的与儿童出现冲动行为有关的不良环境因素有：

1. 遇到不喜欢的人或者有厌恶的事情

自我控制能力不够强的儿童在遇到自己不喜欢的人或者厌恶的事情时，很容易情绪激动，生气、发怒，继而冲动地做出某些可能导致不良后果的事情。比如被别人取绰号时，马上用拳头攻击别人。

2. 长时间处于过于安静的环境

对于很容易兴奋的孩子来说，如果教师组织的活动让儿童较长时间处于较低的刺激水平，他们就更有可能出现冲动的行为。这类行为能够帮助儿童获得更多的刺激，促使其神经兴奋水平提高。

3. 没有有意义的事情，生活或者学习过于无聊

对很多学前儿童来说，如果所处环境中没有儿童感兴趣、能够投入精力去从事一段时间的事情，儿童的注意力就会不断地投注于外界，只要发现周围有一些感兴趣的物体，就会不断地去拿，去摸。

比如，当爸爸妈妈带着年幼的孩子外出就餐，但是又没有带孩子喜欢玩的玩具，而父母自己要点餐、说话等，儿童就会不断地去拿筷子、调羹，甚至敲击桌子。对于孩子来说，找到有点趣味的事情做是他们的本性，但这些有趣味的事情不一定符合儿童所处环境对他们的行为要求。

4. 缺乏对儿童自我控制能力的培养

除了个性方面的原因之外，父母缺乏对儿童忍耐力、自我控制能力的培养也与儿童易冲动有密切的关系。在比较娇惯孩子的家庭里，我们常常会发现，父母及其他家庭成员总是会在第一时间就去满足孩子的需求。甚至只要孩子做出某个

动作、发出某个声音，周围人就知道孩子要做什么、要吃什么，继而马上给予满足。当家庭里所有成人的注意力都放在孩子身上并去满足孩子的要求时，孩子的容忍力和克制力就很难养成。这些孩子就很容易被外界不被他们喜欢的刺激物激惹，继而做出某些行为，也很难容忍需要等待的事情。

5. 缺乏对儿童行为规则意识的培养

很容易表现出冲动行为的儿童常常不知道自己所处环境对他们的行为有什么要求；或者即使父母提到过，也并没有被他们放在脑子里。因此，周围人很容易看到的是，这些孩子总是凭自己的兴趣做事情，比如，在餐厅等公共场所，出现奔跑、叫喊等行为；比如看到自己感兴趣的事物就马上快速地跑过去。对于这类孩子来说，他们总是由着自己，因此加强对他们的行为规则意识的培养非常重要。

6. 周围人不良言行举止的负面影响

一些孩子的冲动行为可能与模仿学习有关。如果孩子的父母遇事常常不冷静，也很容易冲动，在管教孩子时一言不合就采取打、骂等方式，孩子也就很难从父母身上学会冷静地分析问题、解决问题的行为，他们也更容易表现出冲动的行为。如果入学后遇到的班主任或者其他学科教师做事比较冲动，一些孩子也可能从老师那里学会类似地解决问题的行为方式。

7. 家庭关系不良

家庭关系不良也可能是一个原因。如果家庭成员关系冷漠，很容易发生矛盾与纠纷，儿童总是在家里遭遇家庭成员争吵甚至打斗之类的事情，他们就很难体会到家庭所给予的温暖，也容易因此积累负面的情绪压力。如果儿童总是处于生气、难过等情绪压力之下，他们就很容易因外界的很小的负面刺激而发作。对于这些儿童来说，这样的冲动行为也是一种负面情绪的发泄方式。

处理冲动行为的常见措施

处理儿童的冲动行为，要仔细分析儿童出现冲动行为的具体情况，继而分析儿童所具有的生理与个性特点，以及所处环境中的不良因素与冲动行为之间的关系，从而找到解决的方法与策略。对于某些特殊儿童，如患注意力缺陷多动障碍的儿童，运用药物等医学手段来加强他们的中枢神经系统兴奋，可以让他们更好地控制个体自身的行为。除此之外，一般来说，处理儿童冲动行为的常见措施有：

为儿童设定行为规则，并教他们遵守

对于总是很容易做出冲动行为的儿童，父母或者教师在带他们去某个场所或者开始某项活动之前，明确地提出行为的规则并让他们遵守，是非常重要的一条措施。

对于年幼的儿童以及理解能力落后的儿童，他们在理解行为规则时可能会遇到一些困难，父母或者教师需要根据儿童的能力水平进行仔细地讲解，让他们知道每一条行为规则所对应的具体行为是什么。对于某些特殊儿童来说，有时可以通过编写个别化的社会故事让他们理解需要遵循的行为规则是什么。父母或者教师也需要在真实环境或者活动过程中教他们遵守这些行为规则。在儿童违反这些行为规则时，引导或者辅助他们表现出恰当行为，并对他们遵守行为规则的行为进行表扬或者奖励，以逐渐培养他们的行为规则意识，直到他们能够自觉地用这些行为规则来约束自己的行为。

及时制止儿童的冲动行为，并引导其表现出恰当行为

当儿童出现冲动行为时，周围人需要尽快地采取有效的措施对儿童的冲动行为进行制止。一般来说，抓住儿童的手之类的限制儿童身体行动的动作能够很好地制止儿童的冲动行为。有时，在儿童的情绪特别激动的时候，周围人也可以及时地采取措施将儿童带离事发场所，即采取隔离的手段。总之，及时让儿童的情绪冷静下来并停止冲动行为，是在儿童出现冲动行为之后应首先采取的措施。

当儿童的情绪有所冷静、能够对自己的行为有一定控制时，就可以用平静的声音跟儿童讲解这件事情，并引导其表现出所处环境所要求的恰当行为。比如，当儿童在餐厅里非常兴奋地跑来跑去时，父母可以快速地抓住他的身体，在儿童不再跑开的时候，与其讲解在餐厅里什么行为才是礼貌行为，并引导其表现出这些行为。如果儿童表现出这些恰当的行为，父母也需要根据情况给予其表扬或者

奖励，尤其是在刚刚干预的时候。

不过，要注意的是，不管儿童有多激动、兴奋，成人在采取措施制止他们的冲动行为时，自身的情绪一定不能激动或者出现暴躁，否则无助于问题的解决。有些父母在制止孩子的冲动行为时，会大声喊叫，认为大声喊叫可以让孩子停止他们的错误行为。但是在大多情况下，我们会发现，大声喊叫对改变孩子的冲动行为基本是无用的。及时地限制孩子的身体，然后耐心、轻言细语地跟儿童讲解比大声喊叫要更加有效。对于儿童来说，学会控制自己内心的冲动并不是一蹴而就的，父母应该给孩子一定的时间去学习控制自己。父母激动地处理儿童冲动行为的表现本身就是对儿童的一种错误示范。

让儿童承担冲动行为的后果

对于很多父母来说，即使儿童的冲动行为出现了不良后果，比如，弄坏了一些东西、打痛了别人等，他们也并不常让孩子承担实质上的后果，常常要么轻描淡写说几句，要么啥也不说。儿童所做的这件事情就算过去了。这对于儿童的成长是非常不利的。每一个儿童都需要学会对自己的行为负责，只有让他们承担自己的行为后果，他们才可能吸取教训；在下次做事情之前，才更有可能仔细考虑。对于出现冲动行为的儿童来说也是如此。他们总是不经思考就不顾后果地做出某些行为。如果行为发生之后总是没有让他们感到“肉痛”的实质上的损失出现，他们怎么能够知道“冲动是要付出代价”的？因此，通过让他们承担冲动行为的后果来加强他们这方面的意识是非常必要的。当然，让儿童承担什么样的行为后果要依据儿童以及具体行为的特点来定。对于年龄较大、认知能力较好的儿童，父母或者教师也可以与儿童进行协商，共同决定在冲动行为之后要承担什么样的后果。这种做法也有助于提高儿童的自我控制意识。

比如，当儿童因为冲动弄坏了某些东西之后，父母可以扣除他的零花钱进行补偿或者让他完成某些家务劳动进行弥补。这些都是不错的措施。对于因小事冲动地与其他小朋友争吵、甚至动手打别人的儿童，父母可以要求儿童向对方赔礼道歉。总之，父母要采取可操作的措施让儿童明白自己要承担冲动行为的后果，从而学会在今后对自己的行为进行更好的约束。

教儿童用恰当的行为解决问题

一些儿童可能是因为遇到讨厌的人或者不喜欢的事情等不良的外界刺激才在情绪激动的情况下出现冲动行为的，比如，被别人抢了喜欢的东西或者被人推了一下。如果他们的冲动行为总是有这样的厌恶事件存在，在干预过程中需要帮助儿童学会冷静地分析自己所遇到的问题，继而用恰当的行为去解决这些问题。儿童在此种情况下表现出的冲动行为也表明，儿童缺乏恰当地分析问题或者解决问题的能力。因此，处理他们冲动行为的最重要措施就是提高他们分析问题、解决问题的能力。如果在大多情况下，儿童所遇到的厌恶事件都是与他人发生人际关系的事件，那么，儿童的冲动行为也表明，儿童的社交技能还有待进一步提高。

训练儿童分析问题、解决问题的能力时，父母或者教师可以根据儿童所遇到的事件的特点或者共通性，编写一些儿童常遇见的情境性问题，继而与儿童一起分析他情绪激动、出现冲动行为的原因，以及如何处理这类情境性问题的策略与方法，或者教他们分析的方法、解决问题的策略。比如，如果儿童遇到别人叫他绰号就会冲动地动手打对方，那么父母或者教师就可以与他一起探讨在别人叫他绰号时有哪些应对的方法，什么方法会更加有效，甚至可以通过角色扮演的方式进行演练。对于这部分儿童来说，提高他们分析、解决所遇问题的能力是干预的关键，仅仅要求他们控制自己的负面情绪、约束自己的行为并不足以真正解决他们的冲动行为问题。

对儿童进行自我控制能力训练

对比较容易冲动的儿童进行自我控制能力方面的训练也是很好的措施，但是对儿童的自我控制能力的培养并不是一蹴而就的。比如，当孩子要某样东西的时候，父母不是一开始就马上给予满足，而是要求他先做好一件事情或者跟他先说一会话儿再给他这样东西。让儿童学会等待，可以帮助儿童加强对自己内心冲动的控制。父母或者其他人可以仔细分析下，对于儿童来说，日常生活中有哪些事情是可以让儿童等待一会儿的，并尽可能利用这些自然的时机让儿童学习安静地等待，从而对其自我控制能力进行训练。对于一些儿童来说，刚刚学习等待的时候，能够安静地等待的时间可能非常短，父母可以通过逐渐地延长等待的时间来帮助他提高自我控制能力。

当儿童情绪激动、内心有某种冲动催促儿童去做某件事情的时候，他们也需要学会某些行为技巧去处理这种冲动。这样，控制内心冲动成功的可能性才会提高。父母可以分析下儿童通常遇到的需要进行冲动控制的情况，然后教儿童如何在此时对自己的冲动行为进行约束。比如，教儿童运用深呼吸法让自己冷静下来，当儿童非常想做某件事情的时候，他可以闭上眼睛深呼吸5次，然后再去做这件事情；也可以用数数法，儿童可以通过从1数到10的方式来延迟满足自己要某样东西或者做某件事情的愿望；父母也可以让儿童在心里哼唱儿童喜欢的某首歌曲来转移注意力，从而达到延迟满足要求的目的。

对儿童的冲动控制行为和努力进行奖励

自控力不强的儿童虽然常常出现冲动行为，但是儿童还是会做出一定的自我控制尝试，对自己内心的冲动进行控制。父母或者教师不能因为儿童出现的冲动行为而否定他们在冲动控制方面的努力。对于需要发展自我控制能力的儿童来说，对他们努力控制内心冲动的行为进行表扬和奖励，可以让他们更加愿意、也更有信心去继续对自己的冲动进行控制，也更愿意学习某些冲动控制的技巧。这一点对于自我控制能力很弱的孩子尤其重要。

设计符合儿童特点的活动，让儿童的生活有意义

如果儿童出现冲动行为与其所处环境中没有事情可做、感到无聊有一定的关系，那么，根据儿童的特点设计一些活动，让他能够将注意力投注于这些活动中，是非常重要的。对于父母来说，不要妄想一个没有任何玩具可以玩的儿童可以在餐厅或者其他公共场所安静地看别人做事、听大人说话。何况在这些场所里，总是有让人眼花缭乱的丰富的刺激在诱惑他们。对于很容易兴奋的儿童，父母在带孩子去任何一个地方之前，都要想好儿童在那个地方可以玩些什么。

拓展儿童的社交活动圈，丰富儿童的生活

对于总是生活在封闭的家庭环境中、缺乏与伙伴交往的机会的儿童来说，他

们在日常生活中的交往对象更多的是成人和长辈，后者出于关爱孩子的心理，可能会更多地采取满足或者第一时间满足他们要求的方式，使得儿童可能很难应对他人的拒绝，或者很难等待轮到自己。对于这种情况，父母或者家庭其他成员应尽可能调整原有的生活模式，利用各种节假日拓展儿童的社交活动圈，并引导儿童如何与其他伙伴相处，让儿童能在与伙伴交往的过程中学会考虑别人的需求，进行自我约束，学会等待。

改变家庭不良的人际关系，给予儿童更多关爱

如果儿童因家庭中不良的人际关系积累了较多负面情绪，而出现易激惹的行为，父母以及其他家庭成员应尽可能采取措施改善家庭的氛围，减少成人之间的人际关系问题对儿童的负面影响。给予儿童更多关爱，更容易让儿童保持宁静、愉悦的心情，也较少会被外界不良的刺激影响而出现冲动型被激惹行为。当然，对于这类有过多负面情绪的儿童，帮助他们认识父母的问题、教他们用恰当的行为发泄不良情绪也是非常重要的措施。

减少对儿童的错误示范，帮助其养成良好的行为

如果父母或者其他成人在教育孩子时也很容易冲动，或者自己做事也不够冷静，那么成人需要反思自己的行为举止是否对儿童进行了错误示范，并尽可能做出改变，以减少自己冲动行事的行为对儿童的负面影响。父母或者其他成人有义务通过自己冷静、理智的行事方式为儿童提供良好的榜样。“言教不如身教”，这对儿童良好的自我约束行为的养成是非常重要的。

案例一 把“冲动”关进笼子里

“错了，错了！”小可冲出座位，跑到黑板前，把同学小若排错的图片重新排好。在课堂上，几乎每天都要发生这样的事情。小可只要看见同学做错了题目，就一定要马上改正过来，一刻也不能等待！

“6+3等于几？我请同学……”数学老师的话还没说完，“等于9”，小可已经说出了答案。这也是每天都会发生的事，小可总是还没等到老师说完话就脱口说出了答案。

“今天，刘老师带来了新玩具，大家先来看看刘老师是怎么玩的。”刘老师刚把新玩具拿出来，小可已经冲上去拿起一个玩具研究起来，急于尝试也是小可的行为特点之一。

总之，小可是我们彩虹中队中的一个很容易冲动的孩子，如果说小可的冲动只是扰乱课堂秩序，那么，班级中另一个孩子小明的冲动行为带来的则是一次次的伤痛。一年级时，小明玩轮滑时看到草坪边突出的水泥矮墙就急着窜上去，结果摔了一跤，胳膊骨折；二年级时，他看见滑梯就头朝下冲下去，磕破了头，缝了六针；三年级时，他在海边玩时看见一个游泳池，兴奋得不听劝阻，从三米高的岸边跳了下去，结果这是一个废弃的游泳池，里面没水，导致小明摔断了腿。简言之，小明是一个典型的想到什么就做什么的孩子，从不计后果。

但小可与小明做出冲动行为的原因不太一样。小可是一个凡事追求完美、样样要争第一的孩子，他的冲动一部分是因为他的刻板行为（不能容忍有错误存在），一部分是要证实自己的实力（爱争第一）。小明易冲动，一是因为他非常活泼好动，喜欢做各种有挑战性的事情，而且是什么不能做就做什么；二是因为小明的语言表达有问题，他说不出自己想干什么，好不容易说出来了，又因为说出来的语言实在太不清晰，别人都很难听懂他的话，久而久之，急性子的小明就成了行动派，想做什么都是先做了再说；三是小明身边一直有阿姨陪读，陪读阿姨会采取强硬措施不让小明“干坏事”，小明也在与阿姨的一次次“斗争”经验中学会了想要做什么事就要速度快，要赶在阿姨出手制止前做，否则就没有机会做了，这也加剧了小明想到什么就做什么的冲动行为。

面对这两个孩子的问题行为，在三年级之前，我并没有采取什么特别的干预措施，只是常常对他们进行语言提醒：“小可，回答问题前先举手，不要随意走出座位。”“小明，不可以！”当时之所以并没有采取特别的措施，一是由当时的班级实际情况决定，在一二年级时，班级建设的最重要目标是建立良好的班风以及干预班级中最急需解决的问题行为；二是因为小可一直是班级中优秀学生的代表，他的很多问题被他的“光环”所掩盖，而小明身边一直有陪读阿姨。所以小可与小明的问题就被暂时搁置一边了。

到了三年级下学期，班级氛围越来越好，课堂秩序也越来越井然，小可与小明的问题的严重性就暴露了出来。越来越多的任课老师反映：“乐乐最近上课都很好了，怎么小可一点进步也没有。现在上课时，就他最喜欢乱跑出座位！”学生们对小明的任性行为也开始不满：“老师，我们听歌时，小明总是冲上来乱动电脑！”当时班级里的小朋友正在为班级演唱会做准备，学习演唱会上要唱的歌。但是小明总是冲上来在电脑里选自己要听的歌。小明的陪读阿姨看到小明急着冲出座位、把行动不便的同桌小远撞得连椅子带人一起摔倒在地后，也说：“小明力气越来越大，现在他想做什么拉都拉不住了，以后可怎么办？”

是啊，怎么办呢？对于小可和小明的冲动行为，在寻找干预策略时，我首先考虑的是，我希望小可和小明表现出什么样的良好行为？考虑到小可是一个各方面能力（包括语言理解和表达能力）都不错的孩子，所以我希望小可能够学会自我控制——上课时看见别人做错题目或者教师呈现教学具时，都能做到不离开座位。而小明由于能力相对落后，而且有长期形成的冲动习惯，想让他在短时间内学会三思而后行比较困难，而且他的冲动行为集中出现在下课无所事事时，所以我把干预小明冲动行为的时间定为下课时间；主要目标则是通过让小明参加他喜欢的活动，来减少他的冲动行为。根据上述目标，我又根据两个人的情况，具体拟定了干预措施。

1. 针对小可的干预措施

针对小可培养自我控制能力的训练内容主要包括以下三个内容：

❖ 措施一：明确行为目标

首先要让小可明白他要达成的行为目标是：上课坐在自己的座位上，不随意走出座位。小可是一个凡事爱争第一、受不得批评的孩子，所以我先跟他非常正式地交谈了一次，让他明白，上课时每个学生都要坐在自己的座位上，上课随意走出座位的行为是很不好的。小可也是一个很在意老师意见的学生，因此在跟他谈话时，我直接告诉他，语文老师、数学老师还有感知觉训练课的老师都在张老师面前批评过他了，所有老师都希望他能做到：上课坐在自己的座位上；不经过老师同意，不随意走出座位。同时我也告诉他，如果有事要离开座位，则可以举手示意。之后，我也跟所有任课老师进行了沟通，让他们在接下来的2周内，更多关注小可随意离座的行为。如果他有事要离开，则让他事先举手。之后，每个任课老师都在小可随意离座时保持一致态度，都会很严肃地批评他，并提醒他的这一行为，从而让小可牢牢记住了这一要求。

❖ 措施二：让小可学会对自己的行为进行记录

小可是一个记忆力很好、尤其是对数字很敏感的孩子。我设计了一张很简单的记录表，要求他自己记住并记录：一天六节课中，他有几节课没有随意离座；有几节课随意离座了，离座了几次。在没有随意离座的课上，让他给自己打一个勾，在发生离座的课上，在课后记录自己离座的次数。同时，为了能让他在随意离座后意识到自己违反规定了，我还跟另一位同学的陪读阿姨进行了沟通，让这位阿姨能够在这一时候提醒他："小可，你刚才随意离座了。"通过这样的记录表，小可就可以计算出自己在一天中有没有出现违规行为，违规了几次。而小可是一个很诚实的孩子，他能够如实地把自己的行为表现记录在纸上，也告诉我。

❖ 措施三：确定达成目标和没有达成目标的相应奖惩措施

在确定奖惩措施时，我先与小可进行了商谈，以确定彼此都能接受的奖惩措施，最后我们达成一致意见：如果小可做到了一天都没有一次随意离座的行为，我就给他贴一个五角星，五个五角星换一支印有《熊出没》的铅笔（当时，班级里小朋友最爱看这部动画片，有关《熊出没》的所有奖品都很受欢迎）；如果他违反了规定，出现一次随意离座行为，则在班级反省区站2分钟，出现2次则站4分钟，以此类推。小可是一个非常在乎荣誉的孩子，有关《熊出没》的奖品对他很有诱惑力，而罚站这样的事对他来说简直是"灾难"。在前几次罚站时，他都哭了。但是我说："这是咱们事先说好的！"他就一边哭一边说："不可以随意离座。"

这三个措施看起来很简单，但非常有效，实施一周以后效果就显现出来了，每个老师都明显看出了小可在努力克制自己的行为。有时，他看见同学做错题了非常着急，很想冲出去纠正，但是他会捏紧拳头，嘴巴发出"嗯嗯"的声音，努力克制自己不冲出去。在小可得到三支铅笔后，我觉得即使没有奖惩措施，小可也能克制自己的行为了，就再次与小可交谈，告诉他："小可现在已经做得非常好了，老师相信不用贴五角星你也能做得很好了，因为你是我们的大队长，要为大家做榜样！"小可一开始不太能接受，不断问我："为什么不给我贴五角星了？"于是我不厌其烦地"拍他马屁"："因为小可是个了不起的大队长！不用奖励也可以做到上课坐在自己的座位上！"小可就很开心地答应了。

至于小可上课爱抢答的问题，所采取的措施比较简单，我请所有的任课老师在提问前先告知全班学生："下面我请同学回答问题，没有问到的同学不要回答。"说这句话时，眼睛看向小可，确保小可了解这一行为要求。提前提示的方法对小可比较有效，而且由于老师眼睛看向小可，对小可也有很大的约束力。因此，他急于抢答的行为也减少了很多。

2. 针对小明的干预措施

由于小明的冲动行为多发生在下课时间，因此，为小明设计的干预措施主要是尽可能在下课时间为他提供丰富多彩的活动，让他能够比较投入地参与到这些活动中，从而把小明的问题行为扼杀在摇篮之中。我为小明设计的课间活动主要包括：室内活动主要有提供图片让小明涂色，让他玩他喜欢的玩具等；室外活动则是让他骑喜欢的三轮车、玩滑梯等。

除了这一措施之外，我总结了小明经常出现冲动行为的几种情况，并根据这几种情况确定了处理措施。例如，玩电脑游戏时，小明几乎每一次都会冲上讲台要抢先玩，而且只要让他抢到电脑他就会一直玩，不让其他同学玩。针对这一情况，在玩电脑游戏之前，我将写有每一个参加这一活动的学生名字的卡片贴在黑板上，确定每个学生可以玩的时间，并告诉学生接下来的游戏要一个一个轮流地来。并且专门告知小明，轮到他时，他才能去动电脑。玩电脑游戏时，一个学生玩好之后就拿走一张名字卡片。另外，小明还喜欢乘电梯、玩水，以往只要看到电梯和水，他就会快速冲过去。我对此采取的措施也跟前面一样，如果接下来去的地方会经过电梯或者需要乘电梯，或者会看见水，就提前告诉他接下来这些是可以玩的或者不可以去玩的。如果可以玩，还会进一步提醒他要慢慢来，要等待轮到他，不能着急。如果不可以玩，在经过电梯或者有水的地方，则拉紧他的手，避免他快速走开。

上述措施看起来很简单，但对小明的冲动行为则是很有针对性的。在实施2周之后，小明冲动行为的发生频率就明显降低了。但是他的冲动行为仍旧会每天出现，怎么才能让小明在行动之前想一想，慢点做出动作呢？

我分析了小明的情况，考虑是不是可以让小明在做之前先告诉陪读阿姨自己要做的事情，来延迟他的行动。如果在他告诉陪读阿姨之后，陪读阿姨就满足了他的要求，这样的一个操作是否可以让小明知道做事情不用这么着急，慢点也是能达成愿望的。在这一考虑下，我与小明的陪读阿姨进行了沟通。这个阿姨已经陪伴小明6年了，对小明非常了解，小明也已经养成了在干坏事前先看看阿姨有没有注意他的习惯。如果阿姨在注意他，他就会先试探试探阿姨的反应，看看她是不是同意；如果发现阿姨没有在注意他，他就会立刻付诸实施。为了让小明慢点做出行动，现在，我们采取的措施是：只要小明看向阿姨，阿姨就会看着他问："你要做什么？"

小明只有说出自己的要求，阿姨才会给出答案。比如，如果小明要吃薯片，他就必须说出“我要吃薯片”，而阿姨则回答他“薯片是老师的奖励物，做对了老师才会奖励给你吃。”（这时，老师会配合问小明一个问题，让他能够通过回答正确得到奖励物薯片。）又如，如果要去喝水，他要说“我要去喝水。”阿姨则回答“你去喝水吧。”我们总结了小明在学校里可能有的几种要求，并根据具体情况给出了相应的反馈，如：

“我要出去玩。”“等一会，等大家一起出去玩。”

“我要听《颠倒歌》。”“还没轮到你，先听完佳佳的歌。”

“我要玩巧虎数字连线。”“现在不可以玩电脑游戏，你来涂色吧。”

采取这一措施之后，小明与阿姨之间像这样的对话每天会发生很多次，而这样的对话让小明的行动明显慢了下来。当然，阿姨并不是每一次都能听懂小明的回答，而当阿姨听不懂时，小明就会表现得非常着急，还会急得哭起来。这一情况的出现与小明的言语表达能力有限有关。为此，我们打算为小明安排语言训练，让他更清晰地表达自己的要求。但是在小明身上，我们也明显看到，让小明在行动之前先说出自己要做什么的措施，让他的冲动行为有了很大的变化，小明的行动开始慢下来了。因此，老师们也相信，随着小明的能力进一步提高，他的冲动行为还会进一步减少。

两个急性子的孩子，在老师和阿姨联合采取有针对性的措施之后，都明显改善了自己的行为。小可已经把“冲动”关进了笼子里，而小明则正在把“冲动”往笼子里赶。

案例二　我的“野蛮女友”

“老师，老师，欣欣把水桶打翻了，你快去看看……”这是学生在向老师告状。

“老师，欣欣手上的疤是昨天抢弟弟的玩具时弄的，我们都看不住她。”这是欣欣的妈妈说的。

“杨老师，你们班的欣欣实在让我吃不消，动作快得很，我还没说完一句话呢，她就冲上来了。”这是任课老师碰到我时常常挂在嘴上的。

这个让同学、家长、老师常常挂在嘴边的孩子名叫欣欣。智商测试结果显示，她的智商分数小于40。她是家里三个孩子中的老大。在一般印象中，女孩总是文静又温柔的，但欣欣却不是这样的一个女孩。她做事莽撞冲动，想什么做什么，像安插在教室里的一枚炮弹，似乎随时会被点燃引爆。下面的这些描述只是欣欣常常在学校里出现的一些行为片段：

片段一 因为欣欣上课时常常会从座位上冲出来，所以这一天上课时，我有意将欣欣的座位调到了靠墙的位置。上课后不久，我发现邻坐的小徐坐在位置上扭来扭去，于是就提醒小徐坐好。等小徐坐端正之后，我刚转过身，欣欣就突然把小徐拉倒在地，我立即上前制止。过了一会儿，她又去拍打小徐，小徐被欣欣的举动搞得丈二和尚摸不着头脑，指着欣欣说“不可以”。欣欣这下来劲了，跳起来“哇啦哇啦”地大声说了一通。我只好将欣欣的座位挪到靠讲台边，想来这下她能安静一些。冷不防，她就把放在课桌里的书包、衣服、饭袋都扔了出来，气冲冲地趴在桌上。我想带她把东西捡起来，却怎样也拉不动她，她冲着我大声说：“欣欣不要了，不要了。”这次事件后，小徐再也不愿意和野蛮的欣欣坐同桌了。

片段二 课间的时候，同学们都习惯倒茶喝水。有一次，欣欣拿着水壶倒了满满一桶回来，将同学的茶杯一个个倒满放到桌上，然后又兴冲冲地跑出去接水，一路湿哒哒地进到教室。同学们正拿着自己的杯子在喝水，欣欣一把抢过同学的杯子就将水壶里的水倒在他们的杯子里，几个脾气急的孩子马上就对着欣欣大叫：“不许拿我的杯子，还给我！”欣欣则独自哈哈地笑。

片段三 有一次，早自习时间，同学们正几人一组在教室里玩桌面游戏，这次玩的是一个新的游戏，老师一边演示一边指导同学们玩。欣欣却怎么也坐不住，她先是快速地跑到放玩具的地方，将橱里的玩具统统翻了一遍，然后将玩具拿出来一样样发给同学，可是不大一会儿她又抢过刚发给同学或者同学正在玩的玩具，把自己手里的塞给了他们，并把他们的玩具都塞回了玩具箱子里。很快，被抢了玩具的同学就反应过来，与她为了玩具争抢起来，一下子教室的地面上到处都是雪花片、积木和串珠。而这一切仅仅发生在两三分钟的时间里。

上述的情况几乎每天都在发生，学生和老师告状已经不是一次两次了，家长也对之感到非常苦恼。欣欣的举动让大家都很伤脑筋，但最令我感到担心的则是欣欣的行为可能带来的班级安全问题。万一哪一次她力道把握不准，将人拉倒在地、伤到了人可不是件小事情。可是，有什么办法可以帮助欣欣改变这些行为呢？她为什么会这么冲动地做事情呢？

一开始，我根据欣欣妈妈的介绍以及欣欣平时的表现，认为欣欣就是一个性子很急的孩子，如果有个人能够时时约束她，那么她的冲动行为就会得到控制，慢慢也就能养成良好的习惯。因此，我决定经常将她带在身边。比如，上课时将她安排在最靠近我的位置，课间时也将她安排在教室里我的办公区域的边上；或者是我去哪里，她就陪我去哪里。这样的做法虽然很麻烦，但是能够防止她冷不丁地做出什么动作，妨碍到其他同学。而且将欣欣带在我的身边也能让我有更多的机会对她进行观察，以了解更多情况。这段时间，其他老师都笑称欣欣是我的“野蛮女友”。

这样做的头两天，我看到，欣欣坐在自己的位置上显得非常坐立不安。班上一有风吹草动，她就会迫不及待地站起来，想冲出去，但是我一看到她站起来，就抓住她的胳膊，并看着她说：“欣欣，不可以”或“欣欣，慢”。她就只好很不甘心地坐回自己的位置。如果课间我因有事情没坐在她身边，也要求她听到我叫“欣欣”时马上回答。一段时间后，我发现欣欣能比较安静地坐着了，而且在冲动行为出现的时候，听到我喊“欣欣”或者说“欣欣，不可以”、“欣欣，慢”就能够跑回我的身边，有时自己也会跟着我说“不可以”、“慢”。比如，课间玩电脑游戏时，欣欣冲到讲台边，去按电脑键盘、抢鼠标，但听到我叫她名字之后，就跑回到了我的身边。有一次早晨锻炼时，同学们正在玩皮球，她又跑到一个同学旁边，伸手去拿那个同学的皮球，我看见了马上就喊“欣欣”，她回过身一边对我说：“欣欣，要慢”，一边就放慢了速度。

在这一段时间，我发现，欣欣对老师的指令还是愿意听从的。当欣欣冲动地去拿、抢一些物品的时候，简单的指令“欣欣，不可以”、“欣欣，要慢”就能对她的冲动行为起到约束的作用。实施一个月之后，我将这一措施与其他任课老师进行了分享，老师们统一了意见，也尝试将这一方法用到他们的课上，每次给出指令时会专门对欣欣说“欣欣，等一下要慢一点，老师说开始再动手。”当欣欣出现冲动行为时也跟她说“欣欣，不可以”。慢慢地，欣欣看到老师就会说：“欣欣，要慢一点”。或当她要冲动地去做事情时，看到老师的提示动作，也会说：“欣欣，不可以。”

正当欣欣的冲动行为似乎渐渐地得到控制而我也为之感到有点“沾沾自喜”有所放松之时，欣欣却做了一件令我至今想来都觉得后怕的事情。那天中午，我带同学去操场散步。班级里的学生拉着自己“结对子”的好朋友一组组地下楼。欣欣却在大家都没注意的情况下快速地拉起一个行动不便的孩子就要往外走，那个孩子完全跟不上欣欣的速度，没走两步就很快地被桌脚绊倒，摔在了地上。幸好仅仅是撞到了额头，肿了一个包。这件事的发生让我意识到，之前我让欣欣跟在我身边，让她能够根据“欣欣，不可以”、“欣欣，要慢”的指令约束自己的行为并没有真正改变欣欣的冲动行为，欣欣并没有真正意识到自己应该做什么，什么样的行为是好的、适当的行为。

之后，我根据这一段时间内收集的资料仔细地对欣欣的行为及其可能的原因进行了分析，结果发现欣欣每一次的举动似乎都事出有因。比如，前面提到的那一次与同学小徐的争执事件，在欣欣拉倒小徐之前，老师因为小徐在乱扭身体批评了小徐。那么，欣欣拉小徐是不是想着要帮老师教育小徐呢？又如，那次桌面游戏时间，她冲动地去玩具橱拿玩具，后来又抢同学的玩具，将自己的玩具塞给他们，是不是只是想将玩具分发给同学，想和同学一起玩呢？又如那次倒水的事件，她是不是只是想给同学们倒水，想帮助他们呢？而她拉那位腿脚不便的同学实际就是想帮他下楼去操场。如果是这样，那么欣欣做的事情实际都出自她的“好意”，但全因她的莽莽撞撞变成了“坏事”。而我要做的，就不是先前那样约束她的行为，而是教她如何正确地表达自己，以及用恰当的行为去帮助同学。

在此基础上，我根据欣欣的情况从两方面入手，来让欣欣明白怎么样做才是真正地帮助同学：

❖ 措施一：采用情境训练法，教欣欣在行动之前恰当表达自己的想法

虽然欣欣智力落后程度较严重，但可以学会说简单的句子。之前，对于欣欣做的事情，实际上大家都不了解她的想法。我采取的措施就是，在真实的环境中，比如遇到交作业、倒茶、拿饭、发玩具这些活动而欣欣常常愿意帮助同学们做这些事情的时候，教欣欣说：“欣欣，我来”，或者其他征询意见的话语，如“欣欣去？”“欣欣拿？”“欣欣做？”然后教她等到别人给了肯定答复之后才行动。这些表达用语非常简单，对于欣欣来说，是她可以学会并能使用的。

❖ 措施二：利用伙伴教育法

安排几个能力较强的小伙伴对欣欣的行为进行监督，在老师不在的时候能像老师一样提醒欣欣。比如，当欣欣没有征求别人同意就拿玩具的时候，就叫住她：“欣欣，老师说要干嘛？”并提示她：“老师没说动，不可以动。”欣欣实际上是个很在意同学意见的孩子，当能力比她强的同学提醒她要听从老师的要求时，她是可以控制自己的行为的。

慢慢地，欣欣的行为有了变化。她在学校里征求别人意见的话语越来越多了。比如，午间打扫时，从她的面部表情可以看出她非常着急地要去拿水壶装水，但是她还是转身问我：“欣欣去？”上课时，老师请同学发本子，她也会举手说：“欣欣，我来。”同学拿球拍玩的时候，她会说：“欣欣玩？”欣欣开始学会用这些简单的句子来表达自己的想法，同时也能够等待老师和同学给予她反馈，然后采取行动。虽然她仍旧表现得很着急，但是她开始能够控制自己先去征询别人的意见并等待别人的答复了。一学年过去了，欣欣已经不用做我的“跟屁虫”了。上课时，她能根据老师提出的指令行动；下课时，她能找到自己喜欢的拼图、扑克玩。我教给她的那两句话“欣欣，慢一点”、“欣欣，我来”成为了她的口头禅。我听到了老师、同学、家长对她越来越多的表扬，她不再是那个野蛮的丫头了。由于她的动手操作能力挺强，而且很愿意帮助其他人，因此欣欣开始成为我的好帮手了。

反思对欣欣冲动行为的干预过程，我感到下面几点十分重要：

(1) 要对学生的冲动行为进行详细分析，只有了解了引起孩子冲动行为的真正原因，才能对症下药。在欣欣这个例子中，我们可以看到，她的行为目的是要帮助老师和同学做好事，但由于她的方式方法不对，才好心常常办成坏事。而当她掌握了如何表达自己的想法并能在行动之前征询他人意见的方法之后，她也就能慢一点、小心一点做事情了。她的好意也自然被大家接受了。

(2) 对学生的冲动行为要有明确的指令，并尽可能将这些指令内化为学生自身的需要。欣欣是一名重度智力落后儿童，她对复杂语言的理解很困难，因此我对她发出的指令尽可能简单、清晰、易行。我对她的要求首先是叫到名字要回答，其次是说到停就要停，再是做到“慢一点”。同时当我发出指令之后，要求欣欣能够重复指令，这样久而久之，指令就内化为欣欣自己的语言，并开始约束她的行为。比如，当她开始有冲动的举止时，老师只要说“欣欣，怎么样？”她就会放慢脚步，回应老师：“欣欣，要慢一点。”

(3) 要控制环境中的一些干扰因素。欣欣是个易受环境影响的孩子，在吵闹、嘈杂的环境中很容易变得坐立不安，一有导火索就会引发她的冲动行为。因此，在对欣欣的冲动行为进行干预时，除了前面所提到的措施之外，我还非常注意教室环境的布置与噪音的问题。有意识地对这种不良因素加以控制，尽可能为学生创造一个安静、有条理的环境，这可以让他们表现得更好。另外，在欣欣这个例子中，我还会根据教室里的情况给予及时的提醒，必要时也会做一些安抚工作，对欣欣的行为也会特别注意。

(4) 要统一行为发生之后的处理方法。在欣欣这个例子中，我和各任课老师在处理欣欣的冲动行为时，基本上都做到了态度一致，反应一致。为了统一老师们的意见，学校还为此专门召开了一个班级会议，统一了对欣欣冲动行为的处理态度和方法。这样的做法让欣欣快速地知道怎么做是对的，而且不会有第二个答案，因此能够起到巩固、强化的作用。我同时让几个同学做了监督员，而他们的做法也基本做到了与老师一致，因此对于欣欣来说，效果自然很明显。

（此案例由上海市董李凤美康健学校杨健老师提供）

第六章

自我伤害行为

自我伤害行为，顾名思义就是个体故意伤害自己身体的行为。在特殊教育领域，老师们有时会看到，一些特殊儿童的自我伤害行为甚至可以严重伤害到他们的身体。一些研究者认为，自我伤害行为是那些没有自杀意图、但行为目的不为社会所认可的、个体所做出的有意图地伤害自己身体的行为。但也有研究者将自杀也纳入到自我伤害的范畴。在日常生活中，自杀是一种非常极端的自我伤害行为，通常有直接的不良生活事件存在，因此本章中不将自杀作为讨论的范畴。本章所指的**自我伤害行为**是儿童故意伤害自己、但没有自杀意图的行为。（虽然也有可能出现意外，但从儿童的意愿来说，这里所指的自我伤害行为并没有结束自己生命的意图。）本章中所指的自我伤害行为也与自虐行为不同，虽然广义的自虐行为也应该包含在自我伤害行为之中，但自虐行为主要出现于成人身上。成人会采取抽烟、吸毒、剥夺自己的睡眠、过度进食等行为故意伤害自己，严重的甚至会尝试自杀。本章中所讨论的自我伤害行为不涉及这类自虐行为。

由于儿童出现的自我伤害行为明显会对他们的身体安全造成危害或者带来危险，因此很容易被父母及其他人注意，并引起教养方面的焦虑。学龄儿童若在教室或者学校里出现自我伤害行为，给教师带来的压力也相当大。对于教师来说，保证每个学生在学校的安全是他们首要的责任。因此，一旦儿童出现自我伤害行为，教师会努力去制止。从自我伤害的发生情况来看，一些特殊儿童，比如智力落后儿童以及自闭症儿童，出现自我伤害行为的概率要比其他儿童高。因此，承担这些障碍儿童教育教学任务的老师在此方面的压力也比较大。总之，自我伤害行为对于父母或者教师等人来说，是一种非常严重的、极其具有挑战性的行为。

自我伤害行为的常见表现

目前在研究领域，常常被提到的、尤其是自闭症儿童和其他发展障碍儿童常常出现的自我伤害行为主要有：重复地拔自己的头发、打头、用头撞墙、打脸、咬自己、抓自己、掐拧自己、割伤自己等。也有一些研究者将儿童的忧郁、喜欢做出违规行为以及让自己生病之类的行为也归为自我伤害行为。台湾的吴英璋根据儿童的自我伤害行为表现，将出现这类行为的学生分成以下几类：

（1）**直接做出伤害自己的行为的学生**。学生做出伤害自己的行为可能是有意识的，但也可能是下意识的。

（2）**容易发生意外的学生**。这类学生非常容易在日常生活中发生意外，比如出现运动伤害、从高处坠落等事故。一些研究者认为，从心理学角度来说，这类学生虽然表面上没有做出伤害自己的行为，但可能是在潜意识中倾向于伤害自己，但又不能为其意识所接受，因此将伤害自己的行为通过发生意外的形式表现出来。

（3）**有忧郁或者无助情绪的学生**。这类学生常常出现情绪困扰，比如忧郁、不开心、生气、愤怒等，他们常常觉得生活或者学习没有希望，也因此常常做出伤害自己的行为。

（4）**喜欢或者容易做出违规行为的学生**。这类学生也被称作有攻击性的儿童，他们常常出现暴力行为，或者违反学校规章制度的概率较高，逃课旷课的次数较多。之所以将这类学生的违规行为也归于自我伤害行为，是因为当他们出现攻击别人或者违纪的行为时，也等于让他们自己处于不利的位置。这一类行为属于广义的自我伤害行为范畴。

（5）**比较容易生病的学生**。这类学生常常处于不利于自己的环境之下，容易产生强烈的情绪反应，承担较大的压力，久而久之则导致身体免疫力下降，因而很容易生病。他们因为生理病痛请假、休息在家的次数也比较多。

在上述几类自我伤害行为中，尤以直接伤害自己的行为最被父母或者教师所关注和烦恼。而对于常常发生意外、具有忧郁或者无助情绪、有违规行为或者容易生病的学生，父母或者教师很少将学生的行为与他们下意识或者潜意识中存在的自我伤害欲望联系起来。

从行为的后果来看，不同的自我伤害行为对儿童身体所造成的危害程度可以从轻到重，由此给周围人带来的教育压力也会有所不同。在直接伤害自己的行为中，重复地拔头发的行为比其他几种自我伤害行为造成的危害轻微一些。有拔头发行为的儿童会不由自主地拔自己前额的头发，严重的拔头发甚至会造成儿童前额的头发变得稀少，因而影响到儿童的外表。而且拔掉头发之后，儿童的头皮也很容易出现发炎等现象，令父母或者教师感到很烦恼。而抓、掐、拧自己或者咬自己的行为相比撞头、打头等行为要轻微，但若在生活中发生频繁，就会给儿童的身体带来严重危害。这在一些自闭症儿童身上尤其常见，一些自闭症儿童的裸露皮肤甚至会出现青紫块、疤痕累累的状况。在上述自我伤害行为中，用头撞墙或者撞家具、打头等行为的后果最为严重。除了上述自我伤害行为之外，吮手指、咬指甲等行为则属于给身体带来轻微影响的自我伤害行为。

出现自我伤害行为的常见原因

由于自我伤害行为对个体的身体会产生或多或少的不良后果，因此当儿童出现此类行为的时候，不管其发生频率如何，父母或者其他人都应该尽早对这一类行为的发生原因进行分析，以尽早对其开展预防或者干预。一般来说，儿童如果出现自我伤害行为，往往意味着其负面的情绪压力过大，以致其有意识或者下意识地做出自我伤害行为。因此，对儿童出现自我伤害行为的原因进行分析，也有助于为儿童构建健康成长的客观环境。从当前的实践和研究来看，儿童出现自我伤害行为的原因可能有：

与儿童自身有关的因素

1. 自我伤害行为是一种表达方式

在特殊儿童尤其是表达能力严重落后的儿童、自闭症儿童身上，自我伤害行为常常是儿童用来表达自己内心想法的一种方式。特别是当儿童对父母等人有某种需求或者要求不被满足的时候，自我伤害行为的出现很容易迫使父母等人满足他们的需求或者放弃对儿童的要求。比如，当父母拒绝让小风吃冰激凌的时候，小风除了哭闹之外，还会不断地打自己的头，父母担心小风会打伤自己，只好满足小风的要求。

用来表达需求和内心想法的自我伤害行为，往往表现为用头撞墙壁、家具或者打头、掐自己的身体等容易对身体产生直接伤害的行为。如果父母等人不进行制止，很容易产生比较严重的后果。也正因为如此，父母及其他人都很容易去满足儿童的需求。但是满足儿童需求的举动也恰恰进一步强化了儿童的自我伤害行为，让他们知道这一行为可以迫使父母或者其他人妥协。

如果是特殊儿童，他们通常在表达沟通能力方面非常受限制，他们大多没有可以用来表达内心需求或者想法的口语，也没有学会用一般的手势或者使用图片与他人进行沟通。因此，当父母或者其他人拒绝他们的要求的时候，他们就倾向于采取这种原始的伤害自己身体的行为，来迫使他们妥协。

2. 自我伤害行为是舒缓身体不舒服的一种方式

一些儿童之所以出现自我伤害行为可能与他们身体所存在的不舒服等特殊的生理状况有关。对大多数人来说，当身体出现头痛或者其他部位有疼痛、不舒服情况的时候，常常会采用敲头、按压身体的疼痛部位等方式，来舒缓疼痛或者不舒服的感觉；当眼睛不舒服的时候，人们也会不断地通过揉眼睛来减轻眼压带来的不舒服感。一些有视觉障碍儿童会比较多地出现揉眼睛、抠眼睛之类的行为，这些行为可能与他们的眼睛不舒服有关。

对于普通人来说，当身体的某一部位很痒的时候，会使劲地抓、挠皮肤，甚至当皮肤破损的时候还会继续。一些儿童之所以出现抓、挠皮肤或者抠皮肤之类的行为，也可能与皮肤过敏或其他不舒服的感觉有关。

如果在分析儿童的自我伤害行为原因时，没有明显的外部不良事件或者其他原因时，有必要怀疑儿童的身体是否有特殊的状况，有效采用医学的手段等措施有助于减少由这一原因导致的自我伤害行为。

3. 自我伤害行为是吸引他人关注的一种手段

一些儿童可能生活在缺乏爱和关注的环境中，他们对他人的关注有着过度的需求。但是由于多种原因，他们可能很难通过恰当的行为获得他人的关注，而表现出自我伤害行为可以让他们快速地获得关注的满足。

在学龄儿童心理咨询实践中，常常会发现一些父母因工作非常繁忙而无暇关心照顾孩子的情况，他们的孩子又总是反复地出现违规或者生病等的问题。当孩子违规的时候，他们的父母就会被教师叫到学校，虽然孩子可能因此被父母教训、批评一通，但对孩子来说，这总比看不见父母、得不到父母的关爱要好。对这些孩子来说，被父母教训、批评也意味着他们仍旧是被父母在意的孩子。也有一些孩子则会常常生病甚至故意让自己生病。比如，晚上睡觉时揭掉被子让自己受凉、感冒等。对年幼的孩子来说，生病就意味着父母会在自己身边照顾自己。

外界刺激和不良的环境因素

正如前面提到的，如果儿童出现自我伤害行为，不管儿童自身是否存在不良因素，也都意味着在儿童成长的环境中存在一些不良刺激或者因素。常见的不良因素有：

1. 家庭缺乏对儿童的关注和爱

如果儿童用自我伤害行为作为获得他人关注的方式，在大多数情况下，这也意味着儿童所成长的环境尤其是家庭环境对儿童来说是缺乏爱和关注的。出现这种情况的原因也有多种，比如，父母因工作性质或者经济原因工作繁忙，没有时间陪伴孩子，或者将孩子交由保姆喂养；因孩子能力发展落后，父母不知道或者不愿意花很多时间、精力教养孩子；家庭成员之间（尤其是父母之间）的关系冷漠，存在纠纷，在教养孩子方面存在矛盾，导致忽视或者放任孩子不管，等等。

对于一些特殊儿童，尤其是自闭症儿童来说，有些父母往往由于多种原因对教养孩子力不从心，以至于对孩子的教养简化为吃饱穿暖就可以了；有的则把孩子托给老人、保姆或者其他人员教养。这类孩子往往过度需求他人的关注，尤其是他们喜欢的人的关注。如果不能用正常的行为获得这些人的关注的话，自我伤害行为或者其他问题行为就可能成为获得关注的一种方式。

2. 外界缺乏有意义的适当刺激，儿童处于无聊状态

在日常生活中，我们也常常会看到，如果儿童总是很无聊、没有什么有趣的事情可做，那么他们就很容易无事生非，故意寻事。如果一些儿童不断地出现违规行为与寻找刺激有关，这也表明他们日常生活中的空闲时间太多、没有有意义的事情可做。

一些后果轻微的自我伤害行为，比如咬手指甲、吮手指等，也常常是个体在无聊时候做出的动作。

3. 过多的负性生活事件导致儿童不良情绪堆积

自我伤害行为也可能是儿童宣泄负面情绪的一种手段。这类儿童可能在生活中遭遇了过多的负性生活事件，有时甚至会觉得生活无望或者无助。若长期经历学业挫折，内心压力较大，且没有正常渠道宣泄，或不能与家人沟通，儿童可能

会对自己感到非常不满意，因而做出自我伤害的行为。而自我伤害行为又可以帮助他们暂时缓解家人对他们学业的关注，有时也可以得到暂时的快感，反而强化了儿童的自我伤害行为。随着时间的推移，儿童很容易在情绪不良或者遇到挫折等负性生活事件时，表现出自我伤害行为。

一些特殊儿童，比如自闭症儿童，由于语言发展迟缓以及语言沟通能力的限制，常常在遇到负性生活事件时难以表达自己的想法以及所出现的不良情绪，因此较多出现借助自我伤害行为发泄不良情绪的情况。

处理自我伤害行为的常见措施

对于儿童出现的自我伤害行为尤其是后果严重的自我伤害行为，父母及教师等人在处理时，首先要态度冷静，不要因为儿童出现的行为可能对身体造成的危害而惊慌失措。冷静、理智地分析儿童出现这一类行为的原因，才有可能找到有效的干预措施和教育方法。对于自我伤害行为，常见的处理措施有：

及时制止儿童直接的自我伤害行为

当儿童出现直接伤害自己身体的行为，尤其是可能对身体造成严重伤害的行为时，父母、教师或者其他人首先要采取有效措施及时制止他们的行为。一般来说，采取身体限制的方法，比如抓住儿童的手、按住他们的身体等，都可以用来控制儿童，防止他们继续做出抠眼、用头撞墙、咬自己或者其他伤害自己身体的行为。

不过，要注意的是，在对儿童采取身体限制的措施时，父母、教师或者其他人情绪应稳定，说话的声音要平稳，要尽可能理智、冷静地处理儿童出现的自我伤害行为。对儿童来说，周围人的情绪激动也可能是对他们自我伤害行为的一种强化。

教儿童用恰当的行为获取关注、表达想法或者愿望

儿童出现的自我伤害行为，比如常常让自己生病、违规或者做出其他直接伤害自己的行为，是儿童用来获取关注、表达自己想法或者愿望的一种方式。有的

儿童可能还会伴随有伤心、愤怒等不良情绪，那么他们用自我伤害行为来处理自己的不良情绪时，可能是在潜意识层面上向其他人传达“我很难过，安慰我吧，关心我吧”这样的愿望。按照弗洛伊德的精神分析理论，这样的方式也是个体对自我的一种保护。但是当自我伤害行为成为个体保护自己的一种自我防御机制时，儿童希望获取他人关注、希望他人关爱自己的想法也会变得难以为周围人所觉察。

对于这类儿童，父母或者教师需要教他们用恰当的行为表达自己。在这类儿童身上，沟通技能的缺陷是其出现自我伤害行为的最重要原因，因此需要开展沟通能力的训练，以提高儿童表达个体内在想法与愿望的能力。在这一类儿童身上，沟通能力的训练应该是最主要的措施之一。父母或者教师可以根据儿童沟通技能的发展水平为儿童设计恰当的行为，并通过现场示范、社会故事法等方式来教儿童学会这一恰当行为。如果儿童拒绝用这一行为进行表达，那么手把手地引导或者辅助其使用这一行为也是有必要的。

让儿童有事情可做

让儿童有感兴趣的事情可做看起来简单，但实际上很容易被父母、教师或者其他人所遗忘。尤其当儿童的能力非常落后于其他同龄儿童的时候，父母或者教师常常不知道什么事情是儿童感兴趣的；或者可以学习什么，并能对儿童的能力发展有帮助。如果某个特殊儿童在无聊的时候用伤害自己身体的行为来寻求刺激，那么在大多数情况下，这说明该特殊儿童的能力发展水平可能与其他同龄儿童有很大的差距。对于这类特殊儿童来说，父母或者教师要尽可能合理安排他们的每日活动，教他们如何玩一些玩具和游戏，从而尽可能减少用于自我刺激的伤害身体行为。

当然，如果儿童表现出来的是违规的行为，尤其是主动违规的行为，儿童的能力发展水平一般与其他同龄儿童类似，但在学业成就方面大多会远远落后于班级同学，且学业不良的情况一般已经持续较长的时间了。这样的儿童的自尊水平一般会比较低，他们可能对因违规而受到惩罚之类的结果习以为常。因此，要找出对他们来讲有意义的事情，其难度也会很大。但不管难度有多大，父母或者教师要尽可能根据儿童的能力发展情况找到其感兴趣并对其能力发展有帮助的事情。这些事情可以是跟学业无关的事情，同时也要对儿童努力从事这些事情的行为给予奖励。仅仅对他们的违规行为进行惩罚一般很难对这部分儿童产生效果。

采取恰当的措施纾解儿童身体的不舒服

对于有生理原因存在的自我伤害行为，父母需要征询医生的意见，尽可能采取药物等医学手段来减轻他们身体上的不舒服。比如，头痛的儿童可以在医生的建议下服用止痛药等药物；或者用其他对身体更少危害的行为来代替原有行为，比如对于皮肤过敏、发痒的儿童，教其用手指触摸皮肤、轻揉皮肤等方式来代替原来的使劲抓的行为。对这类儿童来说，采取恰当的措施纾解他们身体的不舒服是减少儿童自我伤害行为的关键。

教儿童用恰当的行为应对不良情绪

儿童采取自我伤害行为来发泄不良情绪的做法有点破罐子破摔的感觉。但是这种做法只能给儿童带来短暂的快感，他们之后仍旧会很容易再次落入不良情绪的罗网。父母或者教师等人要细致分析儿童不良情绪的来源，要尽可能减少生活中不良刺激给儿童带来的负面影响；如果有可能，则最好消除这些刺激。除此之外，儿童也需要学会用恰当的方式发泄、控制自己的不良情绪，要让儿童知道不良情绪不能成为伤害自己身体的理由，并学会不让自己的不良情绪影响自己正常的学习和生活。

切断由自我伤害行为带来的身体刺激或者愉悦感

对于某些特殊儿童，我们有时可能需要采取一些特殊的方式来切断他们通过自我伤害行为获得身体刺激或者愉悦感的途径。比如，如果自闭症儿童通过打头或者用头撞墙获得头部的某种刺激，那么为其戴上头盔是必要的。这样，即使儿童仍旧出现了打头或者用头撞墙的行为，头盔也能很好地隔绝这类行为所带来的振动刺激或者其他刺激，从而撤销行为原来具有的自动化强化效果。

这种采取特殊方式切断行为带来的自动化强化效果的措施也可以用于吮手指、咬手指、咬手腕之类的行为。父母可以在儿童常咬的地方上涂抹黄连、胡椒等味道苦辣的东西，这样等儿童出现咬的动作时，苦辣味道就会让其产生厌恶感，从而停止咬，继而减少这一类行为的出现。也可以给儿童戴上手套或者护腕等物，这样当儿童出现咬之类的动作时，他们也很难从与原来相同的行为中获得刺激或者愉悦感。

对于有拔头发癖的儿童，有时，改换发型甚至剃光其头发是一种很不错的措施。头发被剃掉之后，一些对此行为成瘾的儿童可能会不断地吵闹，就如有毒瘾的个体毒瘾发作一样。但由于头发很难在短时间内长出来，儿童即使发再大的脾气，周围人也对之毫无办法，这样等到其头发再长出来，儿童的拔头发行为也就不再出现了。

不过，要说明的是，在日常生活中，我们不一定每一次都能成功地找到切断自我伤害行为带来的强化结果的特殊方法。在这一点上，父母或者教师有时需要“创意”，因为来自行为本身的强化确实很难撤销。

创设安全的、有丰富刺激的环境

如果儿童常常用一些器具弄伤自己或者做出某些违规的行为，那么对于父母和教师来说，合理安排家庭、教室等区域内的物品也是必要的措施，要尽量不让儿童随意接触到可能伤到儿童身体的物品，如剪刀、铁钉、刀具、棍棒等。如果在就餐或者活动中需要用到这些器具，儿童也最好能够在父母或者教师的指导下使用。一但使用完毕，家长要及时、妥善地将器具放到安全的位置，以确保儿童的人身安全。

建设和谐的家庭环境，给儿童充分的关爱

一些儿童之所以出现自我伤害行为，与其缺乏家庭的温暖有密切的关系。对此，父母应承担起重要责任。改变家庭成员之间的关系，让儿童成长的家庭环境更加温暖、和谐，让儿童能从父母以及其他家庭成员身上获得更多的温暖与爱。一般来说，在家庭生活中缺乏爱与温暖的儿童会比其他儿童更多地经历忧郁、伤心、愤怒等负面情绪。而且由于父母的照顾与喂养不力，这类儿童也更有可能在生活中遭遇意外事故。因此，让父母真正承担起教养孩子的责任，给儿童充分的照顾与关爱是非常重要的。

对于自我伤害行为表现为身体免疫力下降、总是生病的儿童，父母等人也需

要反思儿童在日常生活中的身体健康状况变化的模式，也就是生病的模式，是否与父母陪伴儿童的时间有一定的关联；要对儿童的身体、生活、学习给予充分的关心。只有这样，才能预防儿童通过自我伤害行为来获得父母等人的关注和爱。而且，对于总是生病的儿童，由于生病的原因，他们的身体常常会处于不舒服的状态，在营养方面要更加注意。父母也应尽可能通过每日合理的饮食来保证儿童有充足的营养，督促儿童每日进行体育锻炼，并结合医学治疗让儿童的身体更加强健。

案例一　让秀发飞扬

放学了，送走了第一批学生，班级中只有两个上晚托班的孩子，我松了一口气，坐在办公桌前想要稍微休息一下。这时，我听到陪读阿姨月月的声音："苗苗，这些字又写得太大了，擦掉重写！"我一听到这个声音就知道要坏事了，刚想阻止，耳边就传来苗苗的嚎啕大哭声。原来苗苗看到月月把她辛辛苦苦写的一排字擦掉以后，又开始发脾气了。她大力揪自己的头发，并开始咬自己手腕。月月看到这种情况，方寸大乱，不知如何是好，只能在一旁跟着哭起来。此时，我知道任何话语都已经不起作用了，只能站起来，用手指小力敲苗苗头，帮助苗苗放松情绪。十分钟后，苗苗才逐渐稳定，但此时，苗苗的手腕上又出现了一道淤青，两只手上各握了一把头发，头顶上方被揪秃的两块地方又变大了。看着苗苗的头发已经被剪短像个小男孩，我就想：苗苗的头发到底什么时候才能恢复成小女孩的样子，也能秀发飞扬？

苗苗是一名六年级的女生，伴有严重的自闭症症状。她的爸爸妈妈都很有学问，在苗苗很小的时候就发现了苗苗的异常。在苗苗被确诊为自闭症后，他们翻阅了很多国内外的资料，知道自闭症儿童越早干预效果越好，每周干预时间不能少于40小时。他们还学习了很多针对自闭症儿童的干预方法。从此，他们就开始了针对苗苗的不间断干预。妈妈为她制订了详细的干预计划：认字、写字、拍球、数学、剪纸，等等。在发现苗苗容易冲动、静不下来之后，为了让苗苗能静下心来，妈妈还让苗苗学习刺绣，来磨练她的耐心。在听说自闭症儿童对很多食物都容易过敏、很容易引起他们情绪亢奋之后，就开始对苗苗实行严格的饮食控制。这些措施在小学三年级之前，发挥了积极的作用，苗苗学到了很多本领，在认字、写字、做计算题等方面比以前进步了很多。但她好动的情况一直没有得到改善，上课时，苗苗会一直不停地在教室里走来走去。

为了让苗苗的学习更加有效，从四年级开始，苗苗身边开始有人陪读。有了陪读之后，苗苗在参与课堂、情绪控制等方面也有明显的进步。进入六年级之后，由于各种原因，苗苗换了一名陪读人员，由一名刚刚初中毕业、很认真负责的小女生来陪读，班级小朋友都亲切地称呼她为月月姐姐。我也是在这时作为苗苗的副班主任，开始接触苗苗并担任苗苗的个训老师的。

通过一段时间的了解，我发现苗苗的优势是能在不知不觉中记住听到过的信息，在老师提问时能反馈出来，如老师在语文课上反复强调的一首诗中的一些句子；能背诵数学乘法口诀表（当然她只能记住其中的一部分）；对自己感兴趣的东西记忆力很好，如食物的名称和摆放的位置，音乐室的位置等；能理解常用的指令性语言，如坐下、拿杯子、把鞋子穿上；心情平静时能安静听课；能看着字模仿书写；会计算10以内的加减法。苗苗的不足是语言表达能力不佳，只能说出想要吃的有限的几种食物名称，如饼干、巧克力等；记不住老师和同学的姓名；有情绪行为方面的问题，在心情不佳时会使劲拍打自己的头部、拔自己的头发、咬自己胳膊等；行为自控能力差，看到自己喜欢的食物、玩具，会用尽全力抢到，抢不到时容易发脾气，一发脾气就拔自己的头发、咬自己，等等。目前，对于苗苗来说，最令我们感到头疼的就是她拔自己头发、咬自己等行为了。

苗苗在换陪读阿姨之前也偶尔出现过这一类的自我伤害行为，但远没有现在这么严重。现在，苗苗的陪读月月是一名来自农村的初中毕业生，她憨厚而又认真，对待自己的第一份工作，月月拿出了全部的热情。她绞尽脑汁，想要把自己的工作干得更加出色，想让苗苗有更大的进步，这一点从她为苗苗制订的学习表就可以看出来。这份学习时间安排表涵盖了苗苗从放学回家到晚上睡觉前这段时间的分分秒秒。例如，在晚上六点到七点之间的安排是：15分钟绣花，5分钟休息，15分钟抄写汉字，5分钟休息，15分钟上下爬楼梯，5分钟休息。月月认为，这是她对工作认真负责的表现，认为苗苗一定会取得很大的进步。但是对苗苗来说，这似乎是一场灾难。因为她没有多少自由时间，要不断完成各种任务；而且在耐着性子，好不容易完成任务后，不但没有任何喜欢的奖励（苗苗最喜欢吃零食，但是因为严格的饮食控制，她得不到零食作为奖励），还会有一项新的任务等待着她。

对自闭症儿童来说，更换陪读本来就是一件较难适应的事情，之后无休止的任务更是让苗苗难以忍受，苗苗的情绪终于开始大爆发。在月月之前，苗苗的陪读采取的是高压政策，苗苗发脾气时会责打苗苗。在高压之下，苗苗的情绪暂时稳定了下来，但是那时的苗苗似乎就是一座沉睡中的火山，而现在苗苗最终将这些压抑的情绪爆发了出来。当苗苗情绪爆发时，通常会嚎啕大哭，大力拔头发、咬自己。毫无经验的月月完全无法应对，一开始还想制止，但只比苗苗大三岁的她，在体力上完全不是苗苗的对手，所以每次都败下阵来，之后就只能陪在一边哭了。

苗苗的这种情况在特殊儿童尤其是自闭症儿童身上并不少见，他们共同的特点是在很小的时候，就接受长时间的早期干预，而且很多是在小教室的桌子边进行一对一的强化训练。具体来说，就是训练人员给出一个指令，儿童就对指令做出相应动作或说出相应语言。如果儿童做对了，训练人员就奖励；若没做对或没反应，训练人员就纠正或辅助他完成。这种方法能有效提高特殊儿童的认知能力、动作能力、自理能力等，但是也存在一些不足。例如，如果训练人员对这种方法掌握得不是很到位，无论对什么样的儿童都采取一样的教育目标、教育方式，针对性就不是很强了。而且这种训练通常是一种高度结构化的训练，孩子通常会学得很辛苦，久而久之，很容易失去对学习的兴趣，产生厌学情绪。另外，这种训练方法对儿童的语言表达和语言理解能力的提高很缓慢，通过这种训练方式掌握的词汇并不能真正提高儿童的语言能力，尤其是语言表达能力，儿童仍旧无法有效地表达自己的需求，也无法明白其他人到底对他们有什么要求。这些不利因素累积的负面影响经常会在儿童青春期时暴露出来。

苗苗也出现了类似情况，她厌恶学习，但是她没有办法表达，即使有时用动作表达出来，她的要求也大多被忽略了。此时的她面对新的陪读，需要应付更高的学业要求，还有青春期的无所适从，最终让她之前就已经存在的自我伤害行为以更加激烈的方式表现出来了。这种方式自然让她从无休止的学习任务中暂时解脱出来了。一旦苗苗出现上述行为，陪读的月月就不敢再要求苗苗完成任务了，于是苗苗的自我伤害行为越来越频繁，越来越激烈，而且逐渐蔓延到各种情况下。例如，得不到喜欢的零食时，她会发脾气、伤害自己；遇到不喜欢的变化时，她也会发脾气、伤害自己，比如，从班车走到教室或从一个教室换到另一个教室时，从一个任务换到另一个任务时，如果她感到不喜欢，就会不高兴，就会开始发脾气、伤害自己。

面对苗苗的自我伤害行为，我们一开始的策略是立即制止，但是这一策略并没达到很好的效果，而是反而让处于情绪爆发中的苗苗更加不安，她哭得更加大声，反抗也更加激烈，持续的时间更长。而且苗苗的力气很大，情绪爆发时，即使是力气大的男教师有时也无法制止她的自我伤害行为。此时，经验丰富的老师告诉我，如果学生的自我伤害行为不会造成特别严重的后果，那么采取冷处理的方法会更加有效，此时让她独处效果可能更好。于是在接下来的一段时间里，我改变了处理的方法，每当苗苗发脾气出现自我伤害行为的时候，老师、月月和其他人就都离开苗苗，让苗苗有独处的空间。经过观察，我发现冷处理的做法的确比较有效。之后，我又发现，当苗苗情绪爆发时，对她的头部进行轻轻敲打、按摩也是比较有效的方法之一，但这一方法并不是每一次都有效。有时，苗苗会拒绝他人接近。但不管怎么说，采取了这些措施之后，苗苗的自我伤害行为能够比较快速地被制止。

但是，让苗苗独处或者轻轻敲打其头部按摩的方法都仅仅是让苗苗的自我伤害行为暂时停止下来，并没有从根本上解决问题，苗苗情绪爆发的频率并没有减少。到底应该怎么办呢？

之后，我们认真分析了苗苗的自我伤害行为以及每次的情况，发现苗苗自我伤害行为的目的非常明显，最主要的就是逃避她不喜欢的任务。只要没有对她提出任务要求，她就很少出现自我伤害行为。可是对苗苗提出的这些任务和要求是否可以撤销呢？或者说，是否可允许苗苗不完成这些任务呢？根据苗苗的实际能力发展情况，老师们认为，写字、算术、绣花等项目对苗苗今后生活质量的提高并没有明显的帮助，属于可以不完成的任务；相对而言，苗苗急需提高的是理解他人话语、表达自己的能力，而且这一能力是在苗苗每日生活中从早到晚都需要的。另外，苗苗虽然学习了很多东西，但是她的兴趣仍旧非常狭窄，几乎没有什么喜欢的项目，而且她现在几乎什么也不愿意做，所以开发苗苗感兴趣的活动也是非常重要的。为此，我与苗苗的父母、陪读的月月进行了进一步沟通。大家一致同意对苗苗的培养目标进行修订，最终确定了苗苗每日生活中的学习内容，主要为增加大运动活动项目的比例（如玩抛接球、散步等），减少认知训练的项目（如认字、写字、计算等）。同时，在日常生活中，让月月多与苗苗沟通，让她理解更多日常指令的意思。同时，鼓励她用语言表达自己更多的需求。在学校里，老师们也在不同的课程里摸索苗苗可能感兴趣的活动，以及可以舒缓她情绪的方法。经过一段时间尝试之后，我们发现，当苗苗情绪有一点紧张时，引导她去折叠硬纸质的小纸条，有助于她将注意力转移到折叠任务中，能够有效地缓解她的紧张情绪，最终慢慢让她恢复到平静的状态。这一方法比前面所采用的让她独处或者轻轻敲打头部按摩这两种方式更加有效。

我们变换了对苗苗的任务要求，月月在陪读过程中也不再强行要求苗苗写字、做计算题了，而是让她参与其他更多的动手操作的活动。之后，苗苗抗拒任务的负面情绪越来越少，拔头发、咬自己等自我伤害行为也就越来越少了。她前额上变秃的地方也慢慢长出了头发，苗苗的秀发终于又飞扬起来了。

案例二　嘉嘉的故事

在八年级的课堂上，老师正在上课，一切看起来与往常没什么区别。突然，坐在教室最后方的嘉嘉开始大力拍打桌子，然后站起来，使劲用后脑勺撞板报，只听见“砰砰砰”的巨响。其他学生听见之后，有几个反应迅速的学生则快速地离开了自己的座位，跑到讲台前，老师也迅速地行动起来，把几个行动迟缓的学生转移到了安全的地方。之后，老师就远远地用语言安抚嘉嘉，不敢靠近他。

嘉嘉目前就读八年级，他有一米八几的个子，250斤左右的体重，皮肤黝黑，面部看起来有点僵硬，缺乏表情，极少说话。第一眼看到嘉嘉的人都会心生畏惧，而实际上，他的确是一个让全班同学感到畏惧的学生。嘉嘉脾气不是很好，有时会突然暴起，大力拍打桌子，用头撞板报、撞墙，而且嘉嘉人高马大，力气惊人，拍打桌子、撞板报、撞墙的动作总是看起来力气很大，发作时让人看得心惊胆寒。严重时，他还会大巴掌扇人，所以同学们非常防备他，只要嘉嘉一出现用后脑勺撞墙、撞板报的行为，大家就开始躲避。

翻开嘉嘉的档案，上面记载着：自闭症，智商小于40，社会适应能力极重度异常。熟悉嘉嘉的老师在描述嘉嘉时，都认为嘉嘉最大的特点就是“自闭”，他总是待在教室后面的角落里，把家长为他准备的零食摆在课桌上，想吃的时候就吃，其余时候就如老僧入定，对教室里发生的事情毫不关心，也几乎从不说话。据班主任反映，他一般只说三句话：“吃饼干”、“拍拍手”、“背书包”。其中“拍拍手”是他与人互动的唯一形式：把手伸出来，让他喜欢的人拍一拍；“背书包”其实是指上厕所，没有人知道他为什么这么表达。老师同他说话时，他也没什么反应，因为嘉嘉除了简单几个指令，几乎听不懂别人所说的话。

嘉嘉无缘无故用头撞墙的行为实际上由来已久，家长和老师也想了各种方法来改善他的这一行为。在七年级时，新接手班级的班主任面对嘉嘉的情况，想了很多办法：

- 办法一：让嘉嘉多参与班级活动。考虑嘉嘉的实际能力，让他在早晨锻炼时、下课时多和同学一起玩，散散步，这样可以让嘉嘉有愉快的心情，转移一下注意力。但是一向不爱动的嘉嘉总是一屁股坐在地上，拒绝运动。

- 办法二：让同学多与嘉嘉沟通。希望良好的氛围能让嘉嘉感受到温暖，不要动不动就跟自己的头过不去。但是大家对嘉嘉畏惧已久，加上嘉嘉也不理睬人，同学们大多铩羽而归，只有特别热情又有办法的小赵同学偶尔能牵着嘉嘉走走路，其余时候嘉嘉还是独自一人。
- 办法三：老师布置一些适合嘉嘉的简单活动，让嘉嘉能够通过参加这些简单的活动慢慢提高语言理解能力、与他人的沟通能力以及动手能力，但是嘉嘉还是不感兴趣，被逼迫狠了，撞墙的行为则反而会加剧。

上述的方法看起来对嘉嘉似乎没有多大的用处，当嘉嘉出现自我伤害行为时，老师和同学只能干着急，因为嘉嘉此时既听不懂话，又拉不住，只能让他自己慢慢平复。等他的情绪平复之后，老师虽然也会与他慢声细语地说道理，但是他仍旧什么也听不懂，于是老师只能严肃告诉他："嘉嘉，不可以！"这样几次下来，老师就拿嘉嘉没办法了。而家长这边也毫无办法，面对嘉嘉的这种情况，家长对嘉嘉的学业已经没有任何要求，只要求他能够每天情绪平稳。他们在日常生活中发现，吃东西能够缓解嘉嘉的自我伤害行为，于是从很小的时候起，嘉嘉每天上学的时候，家长就会在他的书包里放一大堆零食。家长也跟老师们说，让他想吃的时候就吃，这样能让他的情绪平静。这也导致嘉嘉的体重极度超标，变成了一个绝对的"大块头"。

面对嘉嘉的自我伤害行为，老师们感到非常烦恼，每天都要担心他是否会伤害到自己，是否会伤害到其他同学，而嘉嘉的表现也让同学们感到很惶恐。嘉嘉出现这些行为的原因到底是什么呢？

为此，老师们再次组织了观察，对嘉嘉发生这一类自我伤害行为的情况进行了更仔细的分析。所收集到的材料显示，嘉嘉出现自我伤害的行为大多没有什么明显的前因后果，但似乎有一些生理上的原因存在。例如，课间活动时，教室里学生们都在玩耍，声音听起来有点嘈杂，这个时候嘉嘉就会大力地拍打桌子，而那一天接送嘉嘉的家长则说，嘉嘉头一天晚上没有睡好。之后老师们发现，如果嘉嘉父母说嘉嘉头天没有睡好，第二天嘉嘉拍打桌子、撞墙的行为就会比较多发。嘉嘉的妈妈还报告说，嘉嘉长有痔疮，有一段时间，他的痔疮正好发作；我们也发现，嘉嘉在这段时间撞墙的行为明显增加。类似的情况还有很多，最后老师们猜想，嘉嘉用头撞墙、撞其他东西的行为是否与他的身体不舒服有关呢？虽然我们不知道他为什么会突然感到不舒服以及在哪些方面感到不舒服，但是每一次情绪发作似乎都有他身体不舒服的情况存在。

这个推论是否成立呢？班主任将这一分析结果报告到了学校，学校再次指派心理老师进入班级又继续观察了两个星期。心理老师的观察结论也与班主任的推测结果一致，认为嘉嘉出现这些行为的确是生理原因居多，而嘈杂的环境则进一步加剧了嘉嘉的不舒服感。如果是这一原因的话，那么，我们可以采取哪些措施来改善嘉嘉的行为呢？我们主要采取了以下三条措施：

❖ 措施一：尽可能保持教室安静

对于嘉嘉来说，嘈杂的环境让他感到烦躁，而想让嘉嘉学会适应嘈杂的环境，心理老师和班主任都认为难度很大。嘉嘉是一个能力很弱的学生，有什么不舒服、不开心就会马上、直接表现出来：不高兴了就拍打桌子、撞墙；开心了就让喜欢的人拍拍手。他就是这么一个简单直接的学生。所以，在嘉嘉的字典里是没有“适应”二字的，与其让嘉嘉学会适应环境，不如创设一个让嘉嘉感到舒服的环境。为此，班主任与任课老师、同学们都进行了沟通：在每日的学习、生活中都尽量做到在教室里不大吵大闹，说话、走路都压低声音，以便给嘉嘉创造一个相对比较安静的环境。

❖ 措施二：到音乐治疗室听音乐舒缓情绪

虽然我们采取了一些方法尽可能保持教室的安静，但是班级里学生多，尤其是课间活动时，教室环境嘈杂常常在所难免。为了避免嘉嘉因适应不了这一环境而出现情绪爆发，心理老师建议每天让嘉嘉在固定时间去音乐治疗室听音乐。嘉嘉非常喜欢听音乐，而且轻缓的音乐可以用来舒缓人紧张的情绪，而音乐治疗室的环境也非常安静、舒适，很适合嘉嘉。

在实践了一段时间之后，我们发现这一措施非常有效。由于嘉嘉非常喜欢听音乐，所以他很喜欢去音乐治疗室听音乐，而且嘉嘉通过每日的这一活动慢慢地学会了在烦躁时自己去音乐治疗室找心理老师听音乐。这对嘉嘉来说是非常大的进步，因为“自闭”的嘉嘉几乎从不主动走出教室，也几乎没有什么兴趣爱好。如今，他终于找到了一个自己喜欢的方式来排解烦躁情绪，而且能主动地表现出来，老师们都认为他非常了不起！

❖ 措施三：采取措施减轻嘉嘉的身体不适

嘉嘉身上长有痔疮，不宜吃容易上火的食物，但是家长每天为他准备的奥利奥饼干则是一种非常容易让人上火的食物，嘉嘉每日又吃得很多，这加剧了他的痔疮发作。有一段时间，身体不适的嘉嘉几乎每天都会用手去抠大便，弄得教室里臭烘烘、自己身上也脏兮兮的；他也会更多地发脾气，用头撞墙，使劲拍打桌子；同学们更加不愿意靠近嘉嘉。班主任怎么教导嘉嘉也不起作用。在实在没有办法的情况下，他为嘉嘉设计了一件特殊的衣服，这件衣服类似于简易背带裤，穿上之后可以让嘉嘉的手伸不进裤子里，这才解决了嘉嘉抠大便的问题。但是这并没有解决嘉嘉痔疮发作所造成的身体不适，嘉嘉因此不断地发脾气，拍打桌子、用头撞墙或者撞其他东西。

为此，老师们觉得，只有改善嘉嘉的饮食，不让他的身体总是处于上火状态，才能减轻他的身体不适。于是，班主任与家长进行了沟通，试图调整嘉嘉的饮食结构，特别是不能让他整天吃一些容易上火的零食。但是很遗憾的是，家长虽然口头上表示愿意配合，却没有付诸行动，他们仍旧每天给嘉嘉带很多的奥利奥饼干。家长担心的是，嘉嘉在失去爱吃的零食之后，自我伤害行为会发生得比以往更加频繁。班主任也尝试把嘉嘉的零食收起来不给他吃，但嘉嘉已经养成每天吃零食的习惯了，知道书包里有零食但被班主任拿走了之后，果然出现了用头撞墙的行为，因此这一措施很快就停止了。

经过前一段时间的仔细观察分析，老师们都认为嘉嘉身体上的不舒服是他出现自我伤害行为的最重要原因，但是不清楚他到底都有哪里不舒服。因此，老师们觉得可以让嘉嘉去医院检查下。于是，班主任与家长进行了反复沟通，家长几经思考之后带着嘉嘉去了医院，检查嘉嘉在生理上是不是存在一些问题，有没有什么原因让他经常感到不舒服、烦躁。经过检查，医生发现，嘉嘉有高血压、高血脂的情况，而这可能会导致嘉嘉出现头疼、眩晕，难怪嘉嘉会经常撞头。医生根据嘉嘉的身体情况给他开了降血压和血脂的药物。自此之后，嘉嘉每天都服药。而老师明显感觉到，嘉嘉的自我伤害行为出现得少了。从此推测，嘉嘉经常撞头的行为果然与他的身体不适有关。而服用药物让嘉嘉的身体舒适之后，他的自我伤害行为也就自然减少了。

就嘉嘉的情况，之所以采取上述的三条措施，其原因都是为了减缓嘉嘉生理上的不舒适。而这些措施看起来也起到了不错的效果。嘉嘉使劲拍打桌子、用后脑勺撞墙或者其他东西的行为虽然依然存在，但是出现的次数已经大大下降，老师和同学们不需要每日都担惊受怕了。而且嘉嘉也学会了在自己感到烦躁的时候跑到音乐治疗室听音乐。

另外，老师们也尝试了一些办法，以便在嘉嘉出现自我伤害行为时快速制止他的行为。这几年，每当嘉嘉出现撞头之类的行为，班主任都会不厌其烦地一遍遍跟他说“嘉嘉，不可以！”随着嘉嘉能力的提升，他现在在班主任面前也开始能够稍微克制下自己的行为了。

从嘉嘉这个例子我们可以看到，对于有严重障碍的儿童，如果他的自我伤害行为是有特定的生理基础的，那么想要改变或者彻底消除他们的自我伤害行为就会非常困难。对于这类孩子，“医教结合”则会显得非常重要。通过药物等医学手段改善他们的身体状况，有助于减少他们的自我伤害行为。老师和家长在此方面要寻求医生的帮助。另外，老师、家长以及班级同学的容忍也是非常重要的。只有建立一个支持的环境，他们的行为才能被大家所接受，远远避之不及则会让他们更加孤立。

第七章

攻击行为

在所有问题行为中，除了自我伤害行为，攻击行为是另一类最容易受到父母和教师等人关注并令其感到烦恼的问题行为。在心理学研究中，人们常常是从行为意图和行为后果两个角度来对攻击行为进行定义的，前者更多指的是个体有伤害别人的意图，而后者指的是行为会对他人造成伤害性的后果。不管是行为意图，还是行为后果，攻击行为指的都是针对他人的行为。但也有一些研究者将指向物体的行为也纳入到攻击行为的范畴，他们认为砸、扔物体等行为也是攻击行为。而之所以将这类行为也列入到攻击行为的范畴中，则是因为当一些个体砸或者扔物体时，他们常常是将物体砸向他人的，因此也有对他人身体造成危害或者危险的可能。也有一些研究者则认为自我伤害行为也是一种攻击行为，只不过这一类攻击行为的对象是自己。但本章中所指的**攻击行为**是那些可能伤害他人或者导致财产损坏的行为，不管个体是否故意为之。因为在日常生活中，人们在指攻击行为时，考虑更多的是行为的后果而非行为的意图。

攻击行为的常见表现

在日常生活中，从儿童行为的外部表现形式来看，针对他人的攻击行为可以分为身体攻击（或肢体攻击）和言语攻击两种。但一般来说，身体攻击行为更容易被周围人所关注，由于这一行为比言语攻击行为更有可能给他人的身体带来危害或者危险，因此也更可能引发父母、教师或者其他人的焦虑。

从“身体攻击行为”、“言语攻击行为”这两个名称，我们很容易区分儿童的攻击行为是怎样表现的。所谓**身体攻击行为**，指的就是个体以躯体的行为直接或间接地伤害他人的行为，或给攻击者带来一定的利益的行为。比如，通过攻击别人将别人的东西抢来了就是一种获得利益的表现。儿童的身体攻击行为常常表现为对他人拳打脚踢、推拉拧掐、用牙齿咬、抢夺他人物品、向他人投掷物品等形式。在大多情况下，儿童的身体攻击行为指向的是他人的身体。儿童在出现这一类行为时，有时会与他人的身体发生密切接触，继而危害或者威胁到他人的身体安全。但有时候，儿童的身体攻击行为可能指向物体，如向他人投掷物品，或者扔、砸、踢等破坏物品的行为。如果这些破坏物品的行为仅仅是针对物体的，并没有将物品投向、砸向他人，我们就可以将这类行为从攻击行为中分离出来，将之称为**破坏物品的行为**。对于很多儿童来说，破坏物品的行为更多是一种发脾气的行为，是当他们的要求没有得到满足或者受到他人批评、惩罚之后发泄不良情绪的一种行为表现。在日常生活中，人们并不常常将破坏物品的行为纳入到攻击行为中，只有当儿童的行为针对的是其他人时，才将他们的行为称为攻击行为。

而**言语攻击行为**则是指个体使用不恰当的社会语言直接或间接地对他人造成伤害或者给攻击者带来一定利益的行为。一些研究者列举了几种常常出现的言语攻击行为，包括：专横的言语、嘲笑他人、搬弄是非、非建设性地批评他人的工作、指责他人和讽刺等。在儿童身上，常见的言语攻击行为有：命令同伴、模仿批评、骂脏话、威吓、取笑同伴和故意激惹同伴等。在智力落后儿童的身上，言语攻击行为相对要少；智力落后程度越严重，儿童这一类行为出现得则越少。对于儿童来说，运用言语攻击行为来表达自己的情绪或者表现对他人的不满等，是需要一定的智力发展水平以及语言表达能力来支撑的。因此，对于能力受限制程度比较重的儿童，尤其是表达能力有限的儿童，他们的攻击行为更多会是肢体攻击行为，而非言语攻击行为。而当智力落后儿童随着年龄增加，能力提高之后，言语攻击行为有时会更多地表现出来。表现在学校里，则是低年级段的智力落后学生很少表现出言语攻击行为，而高年级段学生出现这一类行为的概率会相对增加。

出现攻击行为的常见原因

根据儿童的行为是主动攻击他人还是被动反应这一角度，我们可以将儿童的攻击行为分为主动性攻击和反应性攻击两种。分析儿童出现的这两类行为，我们还可以发现，它们具有非常明显的不同原因，儿童通过这两种行为所要达到的目的或者所具有的行为功能也明显存在差异。

如果是**主动性攻击**，一般来说，儿童的行为会具有比较明显的目的，或者说儿童能够意识到自己的攻击行为与可能获得的行为结果之间的联系。通俗地来讲，就是儿童可以通过攻击性行为获得某些预期的结果。比如，别人拿走了儿童喜欢的玩具，儿童就动手打小朋友。这个动手打的目的是非常明确的，就是希望拿回自己的玩具。因此，一些研究者也将主动性攻击称为是**工具性攻击**，也就是说，这种攻击行为具有工具性目的，即个体之所以出现这一行为与行为之后可能获得的某种奖励有关。而**反应性攻击**则往往是儿童受到外部刺激之后，情绪被激发或者知觉到外部环境存在某种危险而做出的反应，这一种行为的发生有着非常明显的外部原因。

综合来说，儿童出现攻击行为的可能原因具体包括：

与儿童有关的因素

容易出现攻击行为的儿童，一般个性比较急躁，情绪很容易在外界不良因素的刺激下受到激发，因而出现攻击性行为。与儿童自身有关的因素可能有：

1. 攻击行为是获取他人关注与爱的一种方式

由于多种原因，儿童难以从父母等家庭成员那里获得足够的爱与关注，对周围人的关注有过度的需求。如果遇到其他人不给予关注的情况，他们有可能采取攻击行为来获取其他人的关注，虽然后者的关注通常是一种负面的关注。

比如，班级小朋友一起在玩积木游戏，小亮发现其他小朋友都是三三两两一起在玩，但是没有人理睬自己。于是他就放下自己的积木去抢别人手中的积木，抢不过就将对方推倒在地上，嘴里还在讲着“你的积木借我玩，我要你跟我一起玩”。这种情况在儿童身上比较常见，一些儿童为了吸引别人的注意，会故意去推、打别人，用语言讽刺别人，等等。而当这些行为出现时，别人很自然地会对儿童生气，批评他们，而周围人对儿童的负面关注事实上就是对他们的攻击行为给予强化。

2. 攻击行为是获取喜欢物品的一种方式。

当儿童对其他伙伴的玩具等物品感兴趣、但是又不可得的时候，一些儿童可能会通过攻击行为去获取这些物品。比如将其他孩子推到，继而自己拿到玩具。在日常生活中，我们也会看到这样的事情，比如，几个小朋友在一起玩，小亮想要小风手中的变形金刚，而小风不给，小亮就过去抢小风手里的玩具，并将小风狠狠地推到在地上，小风就哭了。这时候，大人可能会说“小风，别哭了，我们玩另一种玩具吧”，或者“小亮，你怎么可以抢小风的玩具呢”。但是小风的变形金刚最终留在了小亮手里。对于小亮来说，大人说的那些话虽然是批评自己不对，但是他最终还是通过这一方式抢到了玩具。而对于小风来说，虽然大人安慰了自己，但变形金刚还是给小亮拿走了。大人处理小亮抢夺并将小风推到在地的行为的方法并没有让小亮有什么实质上的损失，反而是对他给予了强化。因为对小亮来说，变形金刚在自己手中是其最终的目的。

3. 攻击行为是应对不良刺激、发泄不良情绪的方式

对于儿童来说，他们生活的环境中有很多刺激都会激发他们的不良情绪，比如要求得不到满足，别人拿走他们喜欢的东西，被别人忽视，等等。如果这样的不良生活事件过多，儿童的不良情绪就很容易堆积。如果没有很好的发泄渠道，不良情绪一旦爆发，儿童就很容易出现攻击行为。另一方面，如果遇到的不良生活事件给儿童带来的压力过大，儿童的情绪也很容易被马上激发到某种程度，因而可能表现出攻击行为。

这样的场景在儿童的生活中也比较常见。小朋友正在玩折纸的游戏。小风玩了一会儿，觉得小亮的折纸更好看，就去抢小亮的；而小亮不想给小风，就重重地把小风推到了。小风从地上爬起来之后就去打小亮……他们两个人就纠在一起打起来了。在这个事件中，不管是小亮还是小风，他们都遇到了要求无法得到满足的事情，小亮的折纸被小风抢，而小风不仅没拿到折纸，还被小亮重重地推倒在地。小亮之所以会去推小风和小风反过来去打小亮，都与他们遇到的这个不良生活事件有关：他们两人的攻击行为一方面发泄了他们由于这个生活事件而导致的生气、愤怒等负面情绪；另一方面也是他们应对这些生活事件的一种行为方式，他们两人都希望通过这样的方式达到最初的目标。

4. 攻击行为是儿童表达需求的一种方式

儿童之所以会在缺乏关注或者想要别人手中的玩具等情况下采取攻击行为去达到目的，有时与他们的言语沟通能力有限、难以表达自己内心的愿望和想法有关。这在一些言语沟通能力严重落后的儿童或者很年幼的儿童身上会更加明显。这个时候，儿童表现出的攻击行为都具有表达的功能。

比如，小列是老师指定给小强的帮助对象。小列在课间常常不知道要去上厕所或者做老师要求的事情。小强一到下课，就会拉着小列去上厕所或者做其他事情：在整个课间休息时间里，小强都紧紧地拉着小列。大多数时候，小列表现得都比较温顺，但有时小列也会使劲甩开小强的手，甚至推小强、打他的手，小强有时候就觉得特别委屈。在这个事例中，小列之所以出现推小强、打他手的行

为，与小列不愿意跟小强一起去玩课间游戏或者上厕所有关。但是由于小列能说的词语非常有限，每次都难以表达清楚，而小强又坚持拉他去，这个时候，小列就会做出类似的行为。这样的攻击行为明显具有表达的功能。因此，儿童之所以出现攻击行为，与儿童的表达能力有限、难以向其他人说清楚自己的要求和愿望密切相关。

5. 攻击行为是儿童大脑神经发育的一种结果

一些儿童尤其是特殊儿童可能由于大脑神经发育的特殊问题，比如精神障碍等，而出现攻击行为。这类儿童发生攻击行为时可能没有明显的外部原因，但总是不由儿童自主控制地出现攻击行为，在季节、天气等出现变化时尤其明显。

外部不良的环境因素

导致儿童出现攻击行为的外部不良环境因素主要来自于家庭和学校这两个环境。具体包括：

1. 家庭成员采取暴力等惩罚方式管教孩子

家庭教育方式会直接影响孩子的行为。如果儿童常常出现攻击行为，他们的父母在管教孩子时可能也是经常采取打骂之类的方式。从亲子关系的角度分析父母家庭教育方式，则主要可分为专制型、宽容型、民主型、放任型四类。专制型的父母所采取的教育方式常常是将孩子作为自己的附庸，不尊重孩子的想法与意见，对孩子的行为进行过多干涉，常常会采取强制的手段让孩子听命于父母；如果孩子不听从，则会马上遭到训斥或者惩罚。一些父母甚至会采取非常粗暴的惩罚方式。在日常生活中，专制型的父母并不一定在所有的管教领域都采取专制的方式。一些父母会在物质方面或者父母认为无所谓的领域给予孩子无限的满足，非常的纵容；但在学业或者父母非常在意的其他领域，则采取非常严格的管教方式。当孩子未达到父母的要求或者稍微有所违背父母的要求时，父母就会采取非常严厉的惩罚。这种在溺爱和专制皆有的家庭背景下成长的儿童，其情绪发展往往非常不稳定，常常很难控制自己的情绪；父母的严厉管教有时也会激发他们的激烈反抗，因此，很容易出现攻击行为。

另外，在这种家庭环境中成长起来的儿童也很容易模仿父母的这种行为方式。当儿童遇到要求不满足等不如意的事情时，也更容易情绪暴躁，会更倾向于选择用攻击行为这样简单粗暴的方式来解决问题。

2. 家庭成员对孩子缺乏足够的爱与关注

如果孩子成长在缺乏爱与关注的家庭环境中，他们有时会对他人的爱与关注产生过度的需求。攻击他人可能会成为他们寻求他人关注的一种行为方式。这在特殊儿童身上尤其常见。这类儿童在生活中经历了较多的负性生活事件；在成长过程中甚至很难在基本需求方面获得较好的满足，比如，马斯洛所说的生理需要、安全需要等方面的满足；他们又没有学会用恰当的行为获得他人的关注，有时就会采取攻击行为来获取他人的关注。相比其他行为，攻击行为更容易为他人所瞩目，因而可以更轻易地达到儿童想要他人关注的目的。

缺乏父母抚养或者实质上缺乏父母抚养的环境常常是让儿童没有获得充分的爱与关注的重要原因。由于多种因素，有的父母将孩子交给长辈或者保姆等抚养和照顾，而自己平时缺乏与孩子相处的时间；一旦孩子有事情，又选择简单粗暴的方式加以管教。这样就很容易导致孩子脾气暴躁，心灵敏感而脆弱，过分在意别人对自己的态度，为引起别人更多的关注，有时就会表现出攻击行为。

3. 生活中缺乏有意义的事情，儿童常处于无聊状态

儿童如果觉得生活很无聊，无事可做，也可能会用语言或者行动激惹别人。攻击他人也是他们寻求乐趣的一种方式。通常，这类孩子也是我们前面所提到的在成长过程中缺乏爱与关注的孩子。他们在成长过程中一般经历了比较多的失败，很难在其他孩子觉得有价值的领域找到令他们有自我实现感觉的事情做，也可能缺乏感兴趣的事情，常常处于无聊之中。

4. 周围人嘲笑、不接纳儿童

一些特殊儿童由于长时间地被人嘲笑或者被同伴拒绝，也会积累起较多的负面情绪。比如，智力落后或者有其他障碍的儿童，在普通学校里很容易因为他们的残疾而被其他同学嘲笑、讽刺、被取绰号，等等。如果长期处在被同学拒绝的氛围下，儿童可能因为某个外部的小小事件而情绪爆发，出现攻击他人的行为。

比如，自闭症儿童小亮在体育课玩篮球的时候，因为同学对他说了“快点把球给我，笨蛋”之类的话，就一下子冲上去将说他的同学揍了一顿。打完之后，他还觉得同学不应该这么说他，感到非常生气、愤怒，觉得就是想揍他。被周围人长期拒绝的氛围使得孩子很容易觉得自己是不被他人爱的，很难体会到情感的

温暖，会对自我感到厌弃，甚至会做出破罐子破摔的行为，而攻击行为就是这样一种破罐子破摔的行为

5. 成长过程中遇到创伤性事件

有些儿童会在成长过程中遇到一些创伤性事件，比如受虐待、被遗弃、意外创伤事故等，而这些创伤性事件会给他们的情绪情感发展带来严重的负面影响。有时，严重的负面情绪甚至会让儿童难以承受，而以攻击他人或者破坏物品等方式发泄出来。这类儿童通常缺乏严重的安全感，对外界发生的小小的负性刺激也会产生过度反应，因此很容易出现攻击行为。按照弗洛伊德精神分析理论，这种行为有时也是儿童对自我进行保护的一种方式。

处理攻击行为的常见措施

父母、教师或者其他人员对儿童的攻击行为进行处理时，要仔细分析直接导致儿童出现攻击行为的外部环境因素以及行为之后可能强化了儿童攻击行为的结果。也要认真分析与这一类行为有关的其他因素，如家庭教养方式、儿童本身个性特点、成长史中可能存在的创伤性事件，等等，然后找到可能的针对性措施。处理儿童攻击行为的常见措施有：

及时制止儿童的攻击行为

不管儿童的攻击行为出于何种目的，有何种功能，由于这一行为（尤其是肢体攻击行为）会给他人带来伤害或者危险，因此，当儿童出现这一行为时，父母或者其他人就要及时采取有效措施制止这一行为。身体限制措施是用来制止儿童攻击行为的一种方式，尤其是当儿童处于情绪爆发状态时。

开展沟通能力训练

如果儿童的攻击行为具有表达功能，对于这部分儿童可通过沟通能力训练提高他们的表达能力水平，以促使他们用恰当行为表达自己的想法和愿望。儿童期望用攻击行为达成的目的可以是获得他人的关注、获取喜欢的玩具或者逃避做作业等。父母或者教师等人可以根据儿童的具体情况向儿童示范恰当的行为，甚至

手把手地辅助儿童表现出这一恰当行为。而当儿童表现出这一恰当行为之后，则要对其进行强化，以促使儿童更多地使用这一行为与人进行沟通。

开展自我控制能力训练

儿童的攻击性行为，尤其是反应性攻击行为，显示了儿童的自我控制能力水平较低。一些儿童在遇到外部不良刺激之后，比如父母的粗暴式教育，可能会出现情绪高涨因而导致攻击行为的情况。因此，对这类儿童进行自我控制能力训练是非常重要的。

父母或者教师可以设计一定的活动，引导儿童注意在攻击行为出现的这些情境中，自己的情绪是如何被激发的，以及为什么被激发。同时与他们探讨或者教他们用恰当行为对当时的情绪进行控制。比如，如果儿童意识到自己处于某种情绪激惹状态，于是能够开始声音平稳、缓慢地数1、2、3，或者深呼吸几次，从而让自己的兴奋水平降下来；也可用语言暗示自己“不生气，不生气”等方式尽可能让自己平静；也可快速离开令自己发怒的场所，到另一个没有不良刺激的场所让自己安静下来，等等。如果儿童能够意识到自己的情绪是如何被外部事件激发的，并且能够通过一定的策略和方法让自己的情绪稳定下来，那么儿童的情绪控制能力就相应提高了。

教儿童用恰当的行为发泄不良情绪

除了提高儿童对自己不良情绪的控制能力之外，父母或者教师也需要教儿童用恰当的行为发泄自己的不良情绪。对于用攻击行为或者破坏物体等行为来发泄不良情绪的儿童，父母或者教师也可以寻找一些替代品以便让他们能够“出气”。一些可以扔、掷的沙包或者柔软的塑料包可以让儿童通过投掷到地上来发泄怒气。心理咨询室中的那些大沙包也可以用于敲打。在空旷地带吼叫也是一种发泄方式。总之，让儿童用安全的方式发泄不良情绪，对于这类儿童来说是非常重要的干预措施。洪水宜疏不宜堵，不良情绪也需要通过一定的渠道进行疏导。

什么样的行为是儿童恰当地发泄不良情绪的行为，有时也是需要一些创意的。尤其对特殊儿童来说，是需要根据他们的能力以及个性等方面的特点进行设计的。一些特殊儿童可能仅仅只是撕掉纸条或者将一张张纸揉皱、折叠就能发泄，但另外一些儿童则可能需要套上拳击手套狠狠地击打沙包才行。

让儿童适当地承担攻击他人的行为后果

教师可以根据儿童的情况确定如何让儿童承担攻击行为的后果，建立奖惩机制，让儿童能够为自己的行为负责任。目前，特殊学校有不少学生存在严重攻击的行为，但教师缺乏非常有效的应对方式，有时只能无可奈何地教学生“当其他学生打了你们之后，你们就打回去”，试图通过这种方式让学生承担后果。当然这种做法不太可取。剥夺儿童游戏的时间或者儿童喜欢的某样东西，在学校里是更容易被教师采取的方法。

教师或者家长可以根据儿童的情况制订攻击行为的记录表（见表7.1），或者与儿童一起制订这一记录表，并指导儿童对自己在学校里或者家里出现的攻击他人的行为进行记录，让他们意识到自己在做什么。相应地，还可建立奖惩机制，以对儿童的攻击行为进行更好地约束。

表 7.1 ________年____月____日 ××× 攻击行为记录表

时间	攻击行为表现	次数	自我评价（1，没有攻击行为，很棒；2，少了很多，进步很大；3，有进步；4，需努力）	星星数

让儿童有感兴趣的或有价值的事情可做

对于寻衅滋事、因生活无聊而找寻乐趣的儿童，让他们能够在平常的生活中找到感兴趣的事情做，并因此感到有价值、被尊重，是最关键的。如前所说，这类儿童常常在生活中过多地遭遇挫折，导致他们对日常生活或者学习中的很多事情都失去兴趣。因此，如果要改变他们这种无所事事、到处寻衅的行为，父母或者教师需要改变原有的做法，尽可能在日常生活中提供让他们感觉有意义的活动或者刺激，让他们能够在每日生活和学习中感受到乐趣，从而减少通过违规或者寻衅滋事等方式找寻乐趣的可能性。

调整家庭成员的关系，给予儿童关注和爱

对于脾气容易暴躁、常常有攻击行为的儿童来说，父母或者其他家庭成员可能存在关系不够和谐的情况，尤其在管教儿童方面大多存在态度不一致的地方，在日常生活中常常因各种家庭琐事（包括儿童的教育问题）而发生矛盾和争吵，甚至也会出现动手打人或者摔东西的情况。儿童生活在其中，就很容易出现情绪不稳定和攻击行为。

对于这类儿童来说，家庭成员应尽可能采取措施调整彼此之间的关系，建设温暖、平静、和谐的家庭氛围。而且彼此之间要在有关儿童的教育问题上保持态度一致。只有在这样的家庭里，儿童才能体会到充分的爱与关注，他们的情绪也更能趋于稳定。相应地，就会比较少地出现攻击行为。

提高家庭教养技能

对于脾气暴躁、常常采取简单粗暴方式管教孩子的家长，采取一定的措施提高他们的家庭教养技能是非常重要的。他们需要反思自己的暴躁脾气是如何给儿童带来了负面影响的。一些父母可能并不认为孩子的攻击行为跟自己的管教方式有关，尤其是当儿童有自闭症、智力落后等严重障碍的时候，他们更多会认为是自闭症、智力落后等障碍导致儿童出现了攻击行为。因此，在此方面，教师或者其他社工人员需要与这些家长进行反复沟通，帮助他们清楚地认识到儿童之所以出现攻击行为，与他们日常的管教行为之间的关系，并促使他们去尝试改变对儿童的态度，正视儿童在发展过程中出现的问题，包括行为方面的问题，继而用更加积极的支持性的方法来处理这些问题，促使儿童更加健康、顺利地成长。

在日常生活中，父母与祖父母等长辈之间最容易在管教孩子方面出现态度、方法不一致的问题，比如，一方非常溺爱，而另一方则非常严厉。这就很容易导致家庭成员就儿童的教育问题发生矛盾和争吵。家庭成员之间态度、方法不一致也很难让儿童形成一致的是非观念。如果他们总是在孩子面前争论和争吵，不仅会让儿童的情绪总是处于不稳定之中，同时也很难在孩子面前树立权威感。

对于来自这样家庭的儿童，家庭成员教养态度的一致性问题是干预过程中需

要解决的一个关键性问题。所有家庭成员都应该做到，在面向儿童发出指令的时候，只有一个声音是儿童需要听从的。如果各说各的，儿童就很难养成听从指令的习惯。

创设接纳的环境，杜绝对儿童的歧视

一些儿童之所以在学校里出现攻击他人的行为，与其在学校里受到同学或者教师的歧视、不被接纳有关。比如，一些就读于普通学校的自闭症儿童会被同班同学嘲笑，甚至在课间的时候被他们推搡。这样的经历很容易导致儿童出现攻击行为。对于这类儿童，教师在学校里通过各种活动创设接纳特殊儿童的环境，只有减少同伴、老师等周围人对儿童的歧视，才有可能让他们在日常生活中不再生气、怨恨和愤怒，而这几种情绪很容易引发儿童的攻击行为。

通过医疗措施改善儿童的生理状况

对一些障碍严重的特殊儿童来说，教师与家长也需要积极争取与医生合作，通过医疗措施（如服药），来改善儿童的生理状况。目前在特殊学校中，有不少特殊儿童的非常严重的攻击行为最终都通过服药得到了改善。这类特殊儿童的障碍程度一般较严重，而且其攻击行为的发生被怀疑与其生理的特殊性有密切的关系。

案例一　阳阳“发飙”记

阳阳一直是一个乖巧可爱的孩子，平时懒懒的，喜欢自己一个人坐在座位上，或是在老师的办公椅上坐下，然后晃动手玩。虽然是一个人玩，但是他很自得其乐，可以一个人玩很久，有时也会看着同学们玩。阳阳在很小的时候就被诊断出患有自闭症。虽然如此，阳阳在老师们的印象里一直是一个很开心的孩子。阳阳很喜欢笑，笑的时候，他的眼睛就会眯起来，再加上圆圆的脑袋上戴着一副眼镜，看起来格外可爱，同学和老师们都很喜欢他。

在二年级下半学期，阳阳突然一改乖巧可爱的形象，变得很爱“发飙”。刚刚开始出现

"发飙"行为的时候，阳阳每次都是先大叫，他会突然"啊啊啊"地大叫起来。如果老师对他的大叫进行制止，让他不要叫，他的大叫就会更加厉害。这样的"发飙"现象每天要出现好几次。没过多久，开始有学生来跟我告状："老师，阳阳打我了！好疼！都打红了。"阳阳打人？我的第一反应是不可能！阳阳是这么一个乖巧可爱的孩子，怎么会打人呢？于是我就问学生："是不是不小心碰到你的？""不是，他就是要打我，我让他不要打，他还不听。"接着，保育员也开始反映，阳阳常常打同学和老师，而且猜不透他为什么会这样。"我站在他旁边，一句话都没有说，阳阳突然就用手背使劲拍我肚子，拍得很用力，非常痛。打完还伸手让我打他手心一下。"接着，我自己也经历了几次保育员所说的这种情况，被阳阳莫名其妙地拍了好几次。他拍人时用的是手背，非常用力，而且每次拍打的位置都是肚子，因此被打的人总是会感到非常痛。

这是怎么回事呢？是不是阳阳在家里发生了什么事情？为此，我与阳阳的妈妈及时进行了沟通。妈妈也反映，阳阳在家里也有类似的行为，但是也没发现有什么事情发生。于是我问他妈妈："是不是最近家里给阳阳的压力大了？""没有，而且从3月份开始，我在朋友公司上班，都不怎么管他学习了。"阳阳妈妈工作了？这是一个重要信息！这对阳阳来说可能是一个很大的改变，自闭症儿童对变化通常都比较敏感。

阳阳在教室里不断地无法预料地大叫、打人，严重影响了课堂教学的秩序，也开始影响到他与其他同学的人际关系。班级里的同学害怕被阳阳打，他们都慢慢地故意躲开阳阳了。我知道必须赶快采取措施来制止这种情况，否则对阳阳的发展是非常不利的。

为了弄清楚阳阳为什么会出现这些行为，我更加仔细地观察了阳阳的日常表现。结果发现，每当阳阳"啊，啊"大叫时，即使老师发出指令"不要叫，安静"，他仍然会看着老师的眼睛继续持续大叫。如果老师同他说话，如"阳阳今天真乖"，阳阳也会看着老师的眼睛大叫："啊，啊"。而当老师非常严厉地进行制止之后，"阳阳，停"，他则会双手交叠放在课桌上，头趴在胳膊上，脸朝下停下来。每次拍打人之后，阳阳都会自动地伸出手，手心向上，眼睛看着对方，有时会说："小蚂蚁"（这是一种身体接触类游戏）。如果对方不予理睬，阳阳则会持续重复刚才的行为，并且发出"啊，啊"的大叫声。如果对方拍打他的手心，他有时会停止拍打的行为，有时会重复刚才的行为两至三次。

阳阳的这些行为让我感到很迷惑，为什么不管老师表扬他还是批评他，他都要大叫呢？为什么没人惹他，他也会打人呢？为了收集更多的资料，我让保育员、副班主任帮忙留意阳阳的行为发生的时间以及具体情况。结果发现，阳阳的行为每天发生的时间完全没有规律。

但是如果老师和同学离阳阳较近，而且看着他，阳阳出现大叫和拍打行为的概率就比较高。如果老师和同学距离阳阳有一段距离，阳阳就不容易“发飙”。而且当阳阳“发飙”时，周围人越是和他说话，则越容易引发他的问题行为。

了解了这些之后，我还是觉得一头雾水，为此我将阳阳每一次“发飙”前后的情况根据发生之前的前奏事件、行为以及行为结果记录在行为分析表中，以推测其行为发生的原因。以下是其中一天的观察记录：

观察时间	前奏事件 / 情境事件	行为	行为结果	原因推测
9:30—9:35	上课时，阳阳未起立，老师要求他起立。	阳阳开始眼睛看老师发出“啊、啊”的叫声。	老师提高音调，要求他起立。	引起关注
		阳阳停止叫声，起立。		
	老师站在阳阳前方，讲述今天的上课内容。	阳阳开始眼睛看老师发出“啊、啊”的叫声。	老师将手指放在嘴巴上示意他安静。	引起关注
		阳阳仍然大叫，并出现眼睛看着老师，用手背拍打同桌，再手心向上的动作。	老师拍打了他的手心。	
		用手背拍打了老师几下，之后再次手心向上。	老师严厉制止：“坐好，小手放腿上”。	
		将手放好，但是仍然看老师大叫。	老师说出指令：“安静”。	
9:30—9:35		持续叫了 4 声“啊”。	老师不理睬。	
		阳阳头趴下，安静下来。		
9:35—9:40	播放音乐视频。阳阳很安静地看着老师，老师表扬他：“阳阳真安静”。	笑眯眯地用手背拍打老师，之后手心向上，说：“小蚂蚁”。	老师有点生气地说：“没有，下课玩游戏”。	引起关注
		阳阳开始大叫“啊，啊”。	老师手拍桌子说：“安静”。	
		阳阳安静下来。		
9:40—9:45	老师问阳阳：“你的好朋友是谁？”	阳阳开始大叫“啊，啊”。	老师让他复述答案，然后让他坐下。	引起关注 表达
		阳阳停止大叫。		

根据这一记录和分析，结果发现，阳阳出现大叫及用手背拍打他人这样的发飙行为，其最主要的目的是想引起别人的关注，想要别人陪他玩拍手心或“小蚂蚁”的游戏，等等。而且，每次出现这类行为时，阳阳都会一边大叫，一边眼睛看着老师，表情比较专注，情绪稳定，这说明阳阳并不是在发脾气，他的这一举动很有可能是在与老师沟通。阳阳的语言和认知能力都比较落后，他会说的话很有限，只能说几个简单的词，其中说的最多是“糖糖”、“喝水”、“汤”。大多数老师同他说话时或者他想同老师说话时，他都会很认真地“啊啊啊”叫。因此，我猜测，阳阳拍打人的行为跟“啊啊啊”叫的用意可能是一样的，也是为了与人沟通。这也可以解释为什么别人离他近的时候他出现拍打人的行为的概率更高。按照阳阳平日的表现，如果别人离他近，他就会想跟这人玩；如果离得远，他就想不到与他玩。而这个学期阳阳出现大叫以至拍打人的行为，则可能与他妈妈上班有关。妈妈上班之后变得忙碌了，而减少了对他的关注，所以阳阳需要找人与他玩，需要别人的关注。

基于上述的解释和推测，我们尝试制订了针对阳阳行为的干预策略，分别从行为发生前、行为发生时、行为发生后三个角度进行全方位的应对，具体有：

❖ **措施一：教阳阳行为规则，引导阳阳做出良好行为**

我们在班级范围内，通过晨会课、社会课明确了一些行为规则，如：“上课安静，有事举手叫老师”。考虑到阳阳的语言理解能力较落后，我们制作了相关的图片，以便让阳阳理解什么是“上课安静”，什么是“有事举手叫老师”。“上课安静”的图片是一张食指放在嘴边示意安静的图片；“有事举手叫老师”则是一张举手叫老师的图片，并把图片贴在黑板上。

❖ **措施二：开展沟通能力训练，教阳阳正确表达自己的需求**

阳阳大叫、拍打人的行为明显是一种具有沟通、表达目的的行为。因此，我们开始教阳阳怎样正确表达自己的需求。先教阳阳用“妈妈”、“阿姨”、“老师”等称谓词来代替“啊、啊”的大叫声。之所以选择这些称谓词，与阳阳的言语表达能力有关。阳阳可以说一些称谓词，但很少用也常常叫错人，而且阳阳目前只会说词语，不会说句子。因此，老师们觉得，目前只要阳阳使用了称谓词就可以了，也不要求他使用得完全对。例如，他会习惯用“阿姨”来叫老师，只要他叫了“阿姨”，而不是“啊、啊”地大叫来引起注意，就可以了。因为如果对阳阳提出过高的要求，反而会让他感到灰心。而且这个称呼老师们已经教了阳阳两年，他虽然能够叫出来，但仍旧无法正确匹配，在短时间内也是不可能学会的。因此，只要他想要跟老师玩的时候叫了“阿姨”或者“老师”，就关注他。如果他叫的是“阿姨”，则用手点指自己提醒一下他：“是老师”。

除了教阳阳一些称谓词之外，我们也教阳阳学说“拍拍手”，来代替他用手背拍打同学和老师的行为。每日课间的时间，我们常常主动找阳阳，教他说“拍拍手”，然后拍拍他的手心和他玩。主动地与阳阳打招呼满足了阳阳对关注的需求，同时教他说“拍拍手”可以提高其表达内心愿望的能力。

❖ **措施三：当阳阳出现大叫、拍打人的行为时，采取忽视的态度**

因为阳阳大叫和拍打人的行为都是为了寻求他人的关注，是为了让别人与他玩拍打手心的游戏。因此，我们采取的措施是，当这一行为发生的时候，大家都采取一致的态度：不理睬他。具体是：当阳阳“啊，啊”大叫或用手背拍打同学和老师时，大家都不给予任何反馈，包括眼神的接触。因为只要有人眼睛看着他，他就会得到鼓励，会持续大叫。而完全不理睬他则使得他的“发飙”行为完全失效。久而久之，他就不会再采用这种方式与人沟通了。如果阳阳是在上课时出现这种行为的，老师就说：“上课要安静，下课玩游戏”，接着就不再关注他的问题行为了。下课时，当阳阳没有上述问题行为时，老师告诉阳阳：“下课了，可以玩游戏了”。然后陪他玩他喜欢的拍手心和小蚂蚁游戏。这样让他明白，即使不“发飙”，也会有人陪他玩。

同时，老师也告诉所有学生，阳阳大叫时，大家都不要同他说话，他用手拍打你时，也不要同他玩游戏。这样阳阳的“发飙”行为就达不到预期的目的。但是，阳阳之所以做出这样的行为是为了跟同学以及其他人玩。因此，我要求学生们在阳阳安静时要轻拍他的手表扬他：“阳阳真安静！”这样既强化了阳阳的良好行为，也让学生关注阳阳好的一面。在阳阳安静时，老师会用手摸阳阳的头，并说：“很安静，老师喜欢”，以此来强化阳阳的良好行为。

采取这些措施后，效果很明显。一个月后，阳阳的“发飙”行为就消失了。他再也不大喊大叫了，也很少用手背拍打同学和老师了，还会说“拍拍手”来要求玩拍手心。阳阳又变为原先乖巧可爱的孩子了！

案例二 打人皓皓服药记

又到了每周二下午七（2）班的科普课，我让学生们排队一起去科普室。学生们很快就排成了一列，只有皓皓还在教室后面晃悠。“皓皓，排队！一起坐电梯去四楼。”但皓皓仍旧慢悠悠地，嘴巴里一边念念有词：“排队，排队啦”，一边朝队伍走来。班级里的豆豆看见皓皓朝他走来，立刻往远离皓皓的地方躲，等到皓皓最后一个走入电梯时，豆豆更是立刻把身边的小林拉到自己身前，不让皓皓靠近。为什么豆豆对皓皓如此戒备呢？这要从皓皓三年级从普通学校转入该班时说起。

在皓皓从普通小学转入我校三年级时，班主任及各位老师对他都很关注。老师在与家长的交流中得知，皓皓在普通小学一直由奶奶陪读，家长对皓皓的学习很关注，一直在课外辅导他功课，因此皓皓认识很多字，他也能认读百以内的数字，能计算十以内的加减法，还会说一些简单的英语。但是在普通小学，这样的学业能力肯定是跟不上班级进度的，皓皓越来越听不懂上课内容。更糟糕的是，皓皓的情绪开始不稳定，有时会在课堂上爆发，出现伤害同学和老师的行为，影响到正常的课堂教学秩序，家长迫不得已决定转学到特殊学校。

为了让皓皓更快地适应新的环境，班主任对皓皓的座位进行了精心地安排，一开始让皓皓坐第一排，旁边安排热心的女同学。各个任课老师也根据皓皓的能力，在课堂上为皓皓安排了一些任务，但这些安排并没能帮助皓皓很快适应环境。相反，皓皓在进入特殊学校之后，很快就开始出现了频繁打人的情况。下面是在数学课上发生的一件事情。

数学课上，老师正在教授20以内数的认识，皓皓已经在原先的小学里学过这部分内容了，而且已经掌握，于是老师让皓皓给同学们演示，拿出12根小棒。皓皓听到老师喊他之后，不太情愿地站起来往讲台方向走，一边走一边发出“嗯哼嗯哼”的声音。等走到讲台前，他刚拿了一捆小棒，突然就快步走到同学小曼面前，举起拳头打向小曼。幸好小曼很机警，立刻大叫着躲开。数学老师立刻上前制止，抓住皓皓的双手。皓皓很生气，使劲想挣脱，并且试图推打老师，见手没法动，就用脚踢。在这节数学课上，皓皓虽然没有真正打到人，但是在整个过程中，皓皓嘴里一直哼哼唧唧，并且几度试图伸手打人，只是都被老师抓住了。下课后，班主任见皓皓情绪不好，就让他坐到教室后面，靠近老师办公桌的位置，并且将同学们的座位向前移，隔开一段安全距离。虽然采取了这些措施，但是在这一天，皓皓还是借机打了三名同学，其中一位学生还被打了三次。

从皓皓进入三年级班级以后，类似的情况并不少见，每个星期几乎都会发生几次。只要皓皓情绪不好，他就会想打人。即使当时没打到，他也会记在心里，非要寻机打到人才甘心。学生们开始非常防备皓皓，只要看见他靠近，都会自动躲开。其他家长也开始担心自己孩子的安全。

怎么办呢？事实上，从皓皓一开始出现打人行为的时候，班主任就采取了一些措施。由于皓皓的认知能力与语言理解能力都比班级里其他同学强，因此，班主任一开始采取的是跟他讲道理的方式，每次都非常耐心地同皓皓讲，“皓皓，打人很痛，被打的同学会很不开心，不可以打人。”皓皓也会回答：“不可以打人。”但是皓皓还是一次次打人。老师跟他一次次地讲道理的做法，似乎只有一点点效果，但仅仅表现在皓皓打完人之后。皓皓在动手打人之后似乎能够意识到自己犯的错误，被打的人还没哭，他自己倒会先哭起来，而且会说：“不可以打人。”老师也试图采取惩罚的措施，让皓皓在打人之后向被打的同学道歉，然后站到一边反省几分钟。但是皓皓打人的情况一直存在，次数并没有明显减少。

因此，班主任在采取上述措施的同时，进一步对皓皓打人的情况进行了观察分析，发现皓皓打人的行为最容易出现在几种情况中：比如，老师让他回答问题、写字时，他都非常容易出现打人行为，所以猜测皓皓可能是不愿意完成这些任务。各位任课老师进行沟通后，大家决定一致采取这样一条措施：在给皓皓布置任务时，都事先询问皓皓愿不愿意参与，比如，“皓皓，你来读一下课文，好吗？”如果皓皓回答：“好的。”就让他读一下课文。如果皓皓发出的是“嗯哼嗯哼”的声音，说明他不愿意，老师就不能让他马上完成之前提出的任务，而是要对他进行诱导，如“皓皓，读一段就好了，来！”然后再观察皓皓的反应。有时皓皓会愿意，有时可能会发出更大的哼哼声，后者则表明他真的不愿意。那么这个时候，老师就要撤销对他的要求。这样做的目的是希望皓皓的情绪不会被老师提出的任务所激发，让他意识到他是可以根据自己的意愿来选择完成或者不完成这些任务的。如果皓皓的情绪处于稳定状态，那么他也就不会出现打人的行为。

另外，在座位上，班主任老师也做了一些调整。皓皓原先坐的是第一排的位置，现在老师将他调到了最后一排，这样与其他学生隔开一段距离之后，可以防止皓皓情绪激发时打到其他同学，也方便皓皓在情绪烦躁时，能够在教室后面走走，稳定情绪。

采取这些措施之后，皓皓打人的频繁程度明显降低了，但是仍然还是每周都会发生。皓皓的打人行为给班级同学带来了很大的心理阴影。比较机灵的学生如惊弓之鸟，看见皓皓靠近就赶紧逃跑；而反应慢的学生不知道逃跑，在皓皓频繁打人的那段时间里经常挨打，挨打后还莫名其妙，又不知道如何诉说，只能委屈地大哭。为此，很多家长不断地向班主任投诉。而皓皓本人也因此受到影响，与同学之间缺乏互动，没有同学喜欢跟他一起玩，整天都是孤单一个人。虽然他的认知能力还不错，但上课时很少主动、积极地参与教学活动。班主任因此压力很大，一方面要应付家长的不断投诉，一方面要时刻防备皓皓。整个班级也因为皓皓的关系，处在很紧张的氛围中。

在皓皓转学两个月后，班主任发现先前采取的措施难以真正改变皓皓打人的行为，就将这一情况反馈到了学校。学校心理老师对皓皓进行了2周的进班观察，运用行为记录表从前奏事件、行为、行为后果这三个角度对皓皓的行为进行了细致的观察记录，结果与班主任的推测一致：首先，皓皓的打人行为存在明显地逃避任务的目的；其次，皓皓的打人行为与其情绪烦躁也有密切的关系。心理老师观察到，皓皓在学校里表现出来的状态一直都是比较焦虑的，常常会出现喃喃自语的情况，经常说着、说着就伤心了，或者有时显得很气愤，会用上海话说“我打死你”。经过2周观察，心理老师认为，皓皓存在明显的情绪行为障碍，而且对其自身、他人都造成了不良影响，可能需要在目前行为干预的基础上再加上药物控制，于是建议皓皓及时就医。

班主任将心理老师的意见与皓皓家长进行了及时沟通，并建议他们带皓皓去医院进行检查，但是遭到了爷爷、奶奶的强烈反对。他的爷爷、奶奶认为，自己的孩子比班级里大部分的孩子都聪明，身体也很健康，根本不需要就医；并且认为是药三分毒，不能让孩子服药。而皓皓的爸爸、妈妈则认为，他们的孩子的确存在一些问题，于是抱着试试看的心理，带孩子去了医院进行了检查。医生的检查结果显示，皓皓的焦虑水平较高，因此开出了服用药物“维思通”的药方，嘱咐家长要给皓皓定时服药。可是，药物虽然买回来了，爷爷、奶奶看了药物的说明书之后却是更加抗拒，不让自己的孙子服药。因此，此事不了了之。皓皓的打人行为就这么一直存在着，令班主任以及其他老师都头痛不已。

到了五年级时，皓皓所在班级换了一位班主任，面对皓皓每周爆发的打人行为以及孤立、焦虑的情绪，新班主任试图采取一些措施进行改善。于是，班主任再次对皓皓打人的行为进行了细致、认真的观察。她发现，皓皓喜欢安静的环境，而每当教室环境比较嘈杂、吵闹的时候，他就很容易不开心而动手。而且他似乎特别厌烦班级里小飞和嘟嘟发出的声音。这两位学生在班级里都是属于能力比较落后的学生，当他们情绪不好的时候，就会发出一些吵闹的声音。而对于皓皓来说，即使声音不是很响，他的情绪也会因此变得焦虑，进而出手打人。于是班主任根据这一情况调整了原先的做法。她的做法是：从小飞和嘟嘟入手，尽可能稳住他们俩的情绪，让他们避免出现吵闹的声音；同时在班级里通过各种方式（如班会）鼓励同学们创设温馨、安静的教室环境，让每个同学都认识到，嘈杂、吵闹的环境是大家都不喜欢的。一段时间过后，皓皓打人的情况又有所减少了。

新班主任也非常认同原来班主任的意见，认为皓皓非常容易焦虑，而这一焦虑情绪已经不是单纯由老师进行教育就可以解决的了。因此，她一遍遍非常耐心地与皓皓的爸爸、妈妈进行沟通联系，与他的爷爷、奶奶聊天。由于皓皓的爷爷奶奶非常反对药物治疗，所以新班主任在与他们进行沟通的时候，都是用正面的态度把皓皓在班级里的点点滴滴向家长反馈，让家长看到皓皓的进步，也越来越了解皓皓存在的问题。因此，皓皓的家长开始转变对班主任的态度，对她越来越信服。皓皓的爸爸、妈妈的态度渐渐地也越来越坚定，开始说服皓皓的爷爷、奶奶让皓皓服药。此时，皓皓已经上六年级了，随着皓皓年龄增长，身材越来越高大，力气也越来越大，在家里也经常出现打爷爷、奶奶的情况。老人身上总是青一块、紫一块，但对此也毫无办法，于是，他们终于决定让皓皓服药了。

从六年级开始，皓皓开始服药了，服药的效果很快开始显现，皓皓的情绪明显开始稳定。以前，他常常每天都是一副焦虑的表情，现在开始成天乐呵呵的了。老师们都感受到了皓皓的情绪开始放松，他的打人行为也很少出现了。皓皓的情绪稳定之后，他的爷爷、奶奶都为之感到高兴，但仍然认为长期服药有害健康，因此擅自停止了皓皓的用药。之后，皓皓的情绪又开始不稳定，打人行为又增加了；爷爷、奶奶没有办法，然后再给皓皓服药。如此这般，周而复始地进行了很长一段时间的治疗。

在这段时间里，不管爷爷、奶奶是否给皓皓服药，班主任都始终持续耐心地向他们正面报告皓皓的表现，并给他们做思想工作，同时在日常教学和班级管理中不放松运用其他方法改善皓皓的情绪。她发现，多带皓皓散步能舒缓皓皓的情绪，就和副班主任配合，每节课下课由副班主任带皓皓去散步五六分钟，这样能够让皓皓的情绪尽可能稳定一些。

由于班主任不管皓皓的表现如何，始终如一地与家长保持密切的沟通，因此他们之间的沟通越来越顺畅。而家长也看到班主任为改善皓皓的情绪的不懈努力，更加愿意相信老师，而且也确实看到皓皓服药之后产生的情绪和行为变化。终于到六年级结束时，皓皓开始完全遵照医嘱正常服药了。

目前，皓皓的情绪已经基本稳定下来了，他的打人行为已经很少出现了。但是从三年级到现在七年级，皓皓打人的行为给他的班级同学已经留下了难以磨灭的印象。即使他现在已经很少出现打人的行为了，一些胆小的同学仍旧非常害怕他，一有机会就会躲着他。之前提到的豆豆就是其中的一个。

有类似皓皓这种情况的特殊学生在现在的特殊学校里将会越来越多，这些学生的共同特点是，他们出现问题行为有很大一部分的原因是由于他们特殊的生理特点。仅仅依靠教育手段，只能有限地改善他们的行为。对于他们的干预，需要医疗手段的介入。在这个过程中，学校、老师需要积极与家长沟通、合作，特别是当儿童需要精神类药物介入治疗时，尤其需要长期耐心的沟通与合作。很多家长都对精神类药物抱有消极、抵触心理，即使儿童存在此方面的需要，他们在开始的时候也会抗拒就医。此时更需要学校、教师耐心、积极的沟通，同时也要积极尝试、采取各种行为干预措施去改变儿童的行为，让家长能够信任学校、教师，并了解医教结合的必要性，这样才能达到最佳的效果。

案例三　做一名受欢迎的班长

佳佳是我们彩虹中队的班长，他长得胖胖的，特别爱笑。佳佳很关心同学，看到小茜哭了，会赶紧拿纸巾给她擦眼泪；看到婷婷来上学了，会跑去拉拉婷婷的手，教婷婷同他打招呼；有时，畅畅犯错误挨老师批评，佳佳会很着急在一边求情：“畅畅表现还可以的！”下课时，佳佳总会带着大家一起玩，组织大家骑三轮车，在操场上搭房子，或者玩一些你追我赶的游戏。总之，在老师的眼里，佳佳不愧是班级的班长，是班级里的领袖人物，也是老师不可或缺的小助手。照理说，这样的佳佳应该是很受同学们欢迎的，可事实并非如此。在我们班级推选中队长或健康好少年等活动中，佳佳的票数都不高，这是为什么呢？

原因很简单，佳佳虽然有很多优点，但是也有一个让同学们无法忍受的缺点：嘴巴不饶人！他总爱批评和取笑别人，还喜欢命令同学们做事情。比如，生活课下课了，佳佳又跑到我面前说：“老师，刚才生活课上，小菲说她早晨不刷牙，嘴巴臭死了，嘴巴好臭啊！”之后，他就一直反复地说着这件事，一边说还一边大笑：“哈哈哈，不刷牙臭死了！”小菲听到佳佳的反复念叨之后，就觉得很伤心。第二天，她妈妈送她来学校时还跟我说，小菲回到家后还放不下这件被取笑的事情，心里很难过。佳佳就是这样，经常抓住同学们的一些小失误，然后反反复复地说，弄得大家都很生气。看到同学们做错事情了，佳佳会批评，然后命令大家改正："哎哎哎，不可以的！老师说不能乱动电脑，快点放好！"又或者："小明，不要到处乱跑，快点回去坐好！"而且通常不是说一遍就算了，会反反复复地说。佳佳一天到晚总是在念叨别人，再加上他天生的大嗓门，杀伤力立刻翻倍，导致原本应该很受人欢迎的班长一点都不受人待见。

佳佳为什么会这样呢？我觉得有两个人最需要反省：身为班主任的我及佳佳的妈妈。为什么我需要反省呢？因为，我发现身为班主任的自己，也一直在批评学生："乐乐，不要把本子弄乱了，快放好！""畅畅，下课要跟同学们一起玩，谁让你一个人先跑出去玩的？""哎哎哎，不要撕板报！"久而久之，佳佳也学会了这样批评同学们，而且他每次"哎哎哎"的语气都与我一模一样。难怪一些老教师开玩笑说："有什么样的班主任，就有什么样的学生。"同时，在佳佳批评同学时，若的确是同学在犯错误，我也会去处理，这无形中又强化了佳佳的行为。

那么，为什么佳佳的妈妈也需要反省呢？佳佳的妈妈对身边的人与事也总是抱着负面的看法。她每次与我们谈起佳佳时，总是说佳佳最近又怎么怎么不好："佳佳在家，把家里弄得乱七八糟！""佳佳最近又让大伯给他买贴纸了！""佳佳在家大吵大闹，说他也不听！"佳佳的爸爸很早就去世了，因此妈妈对佳佳的影响就格外大，佳佳受妈妈影响，也变得喜欢关注大家不好的一面。

事实上，老师们在一年级时就注意到了佳佳的这个缺点，但是一直没有采取什么有效的措施来干预，只是在佳佳说话声音太吵时，提醒他："太吵了，声音小点！"但是这样的提醒似乎无关痛痒，佳佳批评、指责别人的行为一直在继续。直到二年级时，佳佳的人气不断下跌，再加上不断有老师来反映："你们佳佳的声音实在吵死人了"，我才下定决心要改变佳佳的行为！

采取什么措施来干预呢？家访时的两件小事提醒了我。我们每逢寒暑假都要去学生家家访，还要拍一些照片、录像，来帮助学生向同学们复述自己的寒暑假的生活。第一次去佳佳的家里家访时，佳佳非常抗拒，让我们走开，自己躲到阳台上。我就把这些拍了下来。开学交流时，我把这些录像重放给同学们看，佳佳就觉得非常不好意思。第二次去家访，佳佳就表现得有礼貌多了，还会倒水给老师喝。但是佳佳的妈妈却指着席梦思床让我们看，要我们一定要好好批评佳佳。原来佳佳在席梦思床上贴了密密麻麻的贴纸。我们同样把这些情况拍了下来，到开学交流时，同学们看到这些照片都笑了，表示不应该这样。尤其是喜欢反反复复说一件事情的小可，一直追问："佳佳为什么要贴那么多贴纸？"这让佳佳感觉特别不好意思，要求小可："不要再说了！"之后，佳佳要求大伯买贴纸的行为收敛了很多。

这两件小事给了我启发：录像和图片对改变佳佳的行为很有用！当然，作为班主任的我也要起到正面示范的作用。

我首先拍了两段录像：一段是偷拍佳佳批评乐乐的录像。当时乐乐在讲台上玩电脑鼠标，佳佳很凶地嚷乐乐："哎哎哎，老师说了你不可以动电脑，你不会用，老师说了，到了四年级你学会用电脑了才让用。"另一段是在同样场景下，我提醒乐乐的录像："乐乐，电脑鼠标你能用么？"乐乐立刻用手势表达："不可以"。然后我接着问："你什么时候可以用啊？"乐乐立刻伸出食指，向上指，意思是搬到楼上的四年级时。我说："对，到四年级上了信息课，学会用电脑了就能用了。"在这段录像中，我声音温柔。之后，我让佳佳看录像，告诉他对待同学要温柔，同学做错事了，提醒他们就可以了，不要一直凶巴巴地批评他们。

看了这两段录像以及听了我的解释之后，佳佳记住了两个关键词："温柔"和"提醒"。但是怎么算"温柔"？怎样是"提醒"呢？佳佳在之后的日子里还是没有做好。虽然佳佳的能力要比班级里其他同学好，但是他仍旧是一名智力落后程度严重的孩子。在每日生活中，怎么样跟别人说话算"温柔"，以及怎样做才是"提醒"同学，他理解起来是有困难的。对于佳佳来说，他需要老师的正面的示范，才能知道这些内容。之后，每当我发现佳佳再批评、命令同学的时候，我就示范给他看，应该怎样用温柔的语气把他的话表达出来。比如，佳佳原来说："小茜，不要再吃手了！脏死了！"我的示范是："小茜，把手放下来，来，老师帮你把手擦干净！"又如，佳佳原来说："轩轩，上课了，怎么还不回教室？"而我示范的是："轩轩，上课了，我们一起回教室。"通过这样一次次的及时纠正，佳佳咄咄逼人的说话语气有所改善。

此时，我发现新转学来的小菲与佳佳也有同样的问题：都喜欢非常大声地批评、命令同学。其他同学（比如小可）有时也会大声地、反反复复地说其他同学。因此，我觉得，要求对其他同学说话"温柔"这一条不仅适用于佳佳，也适用于其他同学，甚至可以作为班级的一条行为准则，这样也有助于同学之间互相监督、促进。于是，我在班会上、早课上向全班同学提出要求，每个学生都应该"用好听的声音说话"。之后，从我自己做起，开始用"温柔"的声音说话；从我做起，多表扬和鼓励同学，并且要求佳佳："不要总关注大家不好的地方，以后每节课下课，不要告诉我谁表现不好，而是告诉我谁表现好！"这一做法很简单，但是佳佳真的开始表扬同学们了。"丁老师说小可在生活课上干完活最会收拾！"我立刻把佳佳说的这段话写在了小可的家校联系册上，还特别写到："今天佳佳跟我说……"而小可的妈妈回复说："佳佳不愧是班长，谢谢你表扬小可！"我把小可妈妈的反馈拿给佳佳看，佳佳感到非常开心。之后，佳佳开始不断表扬同学们，我也不断地鼓励、强化着他的这个行为。渐渐地，佳佳越来越会表扬人了。有一天，他对我说："张老师，你今天真好看！"我立刻说："佳佳夸张老师，张老师听了心里美滋滋的！"之后，佳佳看到其他老师也会说一些称赞的话："杨老师，你的裙子很好看！"杨老师很激动，特别跑来告诉我："今天你们佳佳表扬我了！"我听后也很开心。

在佳佳的行为悄悄发生改变的同时，我发现自己也在发生变化。因为要一直提醒佳佳，给佳佳做榜样，我发现自己也慢慢变得温柔起来了，脾气比以前和缓了，嗓门变小了，对待学生更加民主。小菲也一样，现在小菲经常说的话就是："阳阳，你好乖，我很喜欢你！"或是："乐乐，你刚才在语文课回答问题很好！"

日益"温柔"的佳佳，得到了大家一致的欢迎。学期结束时，正好有本科生来我校做关于特殊儿童交友方面的调查，要了解每位小朋友最喜欢的三个同学。佳佳的票数遥遥领先，真的成了一名受欢迎的班长！

第八章

重复刻板行为

重复刻板行为也可称为刻板动作，这一类行为在某些特殊儿童（如自闭症儿童）身上更为常见。在自闭症诊断中，重复刻板行为作为其核心症状之一被纳入到诊断标准中。也正因为这一点，在日常生活中，人们很容易怀疑出现重复刻板行为的儿童患有自闭症。但事实上，患其他障碍的特殊儿童也可能因某些原因而出现重复刻板行为。比如，一些智力落后儿童可能因为模仿他人的行为而出现重复刻板行为。

重复刻板行为的常见表现

一般来说，**重复刻板行为**指的是重复、频繁出现的没有目的的行为。在普通学龄前儿童身上，我们也常常会看到一些重复、频繁出现的行为。比如，二三岁的普通儿童会不断地反复按能发出声音的玩具开关，这一不断开、关的动作看起来非常刻板；有的儿童会拖着一把椅子在地面上不断地走来走去，椅子与地面摩擦发出单调的吱吱声，周围的成人都觉得这个声音就是噪音，但是孩子却将之作为一种游戏，可以在比较长的时间里玩得乐此不疲。类似的例子还有很多，但是人们一般不会将二三岁的儿童出现的这类行为看作有问题的重复刻板行为。儿童心理学家也认为，这一年龄的儿童之所以反复地出现某个行为，与他们通过这样的行为进行学习有关。比如，儿童反复地进行开、关的目的可能是为了体会开关的动作与声音的发出是否存在关系。这一动作是儿童用来体验因果关系的一种方式。因此，在日常生活中，我们不能轻易地将反复出现的行为看作有问题的重复刻板行为，继而怀疑该儿童存在自闭症。

对于自闭症儿童来说，反复、刻板的行为是他们最显著特征之一。这类行为一般都具有强迫性、持续性及固着性的特点。但不同的自闭症儿童会有自己独特的刻板行为，刻板的特征具体可体现在不同的层面。有的可能是反复出现某些动作，有的可能更多地表现在刻板、狭窄的兴趣，或者总是固定地参加某种活动并且按照某种程序参与某一活动，等等。详细来说，可表现为：

- 儿童专注于一个或者几个刻板的有限的兴趣上，其强度或者兴趣内容异于普通人。比如，玩玩具的时候只对敲击感兴趣，对其他玩具或者物品完全无兴趣。

- 明显固着于特殊的非功能性的常规或者仪式上。比如，在进教室之前一定要先在教室门口站四五分钟，时间不到任何人请他进教室都不会进去；或者对某些物品放置于什么位置具有固定的特殊的要求，不能改变。
- 刻板的、重复的动作。比如，坐在椅子上隔一段时间就会出现身体前后摇晃、摇头等动作，或在地上反复转圈，重复地关门，等等。
- 持续地专注于物体的某些部位。比如，一些自闭症儿童会非常专注于自己的发型，过一段时间就询问他人自己的发型如何，用手摸自己的头发；又如，对某个挂件有特殊的兴趣，任何时候都需要将其挂在身上，反复地抚摸。
- 刻板的语言。比如，反复地说一些话、词语；与人交流时，反复地询问别人同一个问题，即使对方已经多次给出答案了。

当然，并不是只有自闭症儿童才会表现出异常的重复性刻板行为。为了避免将出现重复刻板行为的个体都看作自闭症个体，一些研究者更倾向于用重复性行为来描述这类问题行为。所谓**重复性行为**，就是指个体重复出现的、不变的、不恰当的行为。在儿童身上，重复性行为通常的表现是儿童快速且重复不变地做出某些动作反应。

在目前的特殊儿童群体中，常常被关注并且被研究的重复刻板行为有：身体旋转、重复的手部动作、弹手指、重复性姿势等。另外，也有一些研究者将具有重复、刻板性质的自我伤害行为看作重复刻板行为的表现形式之一，如自闭症儿童重复出现的持续地打自己的脸、抠皮肤或者咬手的行为。在具有重复刻板性质的儿童自我伤害行为中，最常被研究的行为有反复撞头、使劲拍手、拍头、咬身体等。但是要注意的是，自我伤害行为并不一定是重复性的行为，并不一定表现出刻板的特征。

另外要注意的是，重复刻板行为是否被周围人关注，也跟其是否给周围环境以及自身带来了负面影响有重要关系。一些具有自我伤害性质的重复刻板行为最容易被父母或者教师所注意，而其他不具伤害性或者没有对环境有破坏后果的行为则相对比较容易被忽视。

出现重复刻板行为的常见原因

即使儿童出现重复刻板行为与其所患的自闭症有密切关系，我们在思考这一类行为的干预策略时，仍旧要仔细分析儿童出现这一类行为的原因，尤其是环境中所存在的不良因素。从当前的研究来看，儿童之所以出现重复刻板行为，与其自身生理的某些特殊性有关，也与周围的不良环境因素有一定的关系。

与儿童自身有关的因素

1. 与儿童自身的障碍有关

儿童自身如果在生理上有某些特殊的需求，就比较容易出现重复刻板行为。其中，自闭症这一类障碍是最容易导致儿童出现此类问题行为的。因此，如果在日常生活中发现儿童存在明显的重复刻板行为，首先要确认这类行为的发生是否与儿童存在自闭症这一类障碍有一定的关系。父母可以带孩子去一些专门的诊断机构咨询、确诊。当然，不同的自闭症儿童所表现出的重复刻板行为会有很大的不同，这些行为对儿童的发展、学习、生活适应等带来的影响也会有很大不同。

2. 与儿童内在的生理需求有关

一些儿童在生理方面有一些特殊的需求，因此，儿童过一段时间就需要去满足这些需求，这也是他们重复地出现某些行为的原因。比如，有的儿童会反复地触摸同桌或者其他毛茸茸的刺激物；在老师制止后可以停止一会儿，但是一段时间以后会再次发生。这一刻板的触摸行为可能跟儿童在触觉方面的特殊需求有一定的关系。

3. 与儿童寻求关注有关

有时候，儿童出现重复刻板行为的目的是多方面的，其主要的目的虽然与自身生理的调整需求有关，即跟其生理的特殊性有密切关系；但另一方面，儿童可能在生活中发现，每当自己出现这类行为时，周围人就会对其进行关注。比如，小风是个被诊断有自闭症的儿童，他在上课时常常过一会儿就会出现前后使劲摇晃身体的行为。每当这个行为出现，教师就很担心他的头会不会撞到课桌，就会马上过来制止他的这一行为，或者给他一个他喜欢玩的玩具让他玩，这样他就可以停下摇晃身体的行为。如果分析小风出现这一行为时，老师的上课内容、正在组织的教学活动以及周围人与小风的关系，我们常常会发现，那些课程内容是小风的能力所无法学习的，或者是小风难以参加的教学活动。而小风因为无法表现出老师所要求的良好学习行为，常常难以获得老师和同学的关注，所以小风常常是在课上自己玩自己的。如果小风在出现反复使劲摇晃身体的行为时能获得老师的关注以及喜欢玩的玩具，那么可以推断，小风重复刻板地前后摇晃身体的行为与其试图获得他人的关注或者玩喜欢的玩具有关，教师在小风重复刻板行为出现之后的处理手段恰恰满足了他的这一要求。

4. 与儿童逃避作业任务有关

如果儿童的重复刻板行为出现在他人布置作业任务或者发布某些指令之后，那么这一类行为也与儿童试图逃避这些作业任务有关。这在一些自闭症儿童身上会比较常见。有的自闭症儿童对父母或者教师要求他做的事情都不感兴趣，甚至用一堂课的大量时间来重复这一类的行为。但是如果再进一步比较这一类行为在不同情况下出现的频率，我们可能会发现，在儿童愿意完成的作业任务时间，儿童出现此类行为的次数相对比较少，或者持续的时间相对比较短。因此，即使重复刻板行为可能是自闭症儿童的一种核心症状表现，与其障碍的特殊性有关，但也与儿童本身逃避作业任务有关。

要注意的是，如果自闭症儿童的重复刻板行为可用来寻求外界的关注或者逃避作业任务，那么也可认为此时的重复刻板行为是自闭症儿童表现自己想法或者愿望的一种方式，具有交流的功能。这一点在日常生活中很容易被父母或者教师所忽视，因为自闭症儿童用来表达自己想法或者愿望的重复刻板行为形式与其他时候发生的行为是非常类似的。因此，在分析、寻找干预策略时，我们要非常注意辨别儿童的重复刻板行为是否具有交流功能。

外界环境中的不利因素

1. 缺乏有意义的刺激物，儿童处于无聊状态

儿童特别是自闭症儿童之所以出现重复刻板行为，也与周围环境中缺乏他们感兴趣的物品或者没有有意义的事情可做有关。一些教师常常抱怨，自己班上的

自闭症学生常常一节课的大多数时间都在“玩自己”，比如不断地挥舞自己的双臂、摇晃自己的身体。在一些训练课上，他们会拿塑料玩具反复敲击，这些行为看起来都毫无意义，跟教师要求学生参与的学习活动毫无关系。确实，很多自闭症儿童被认为沉浸在自己的世界里，对于外界的刺激总是处于“不听”的状态。但是，如果进一步分析当时的教学活动内容及特点，我们可能会发现，虽然从教师的角度来说教师有明确的教学内容，并组织了让学生来完成的学习活动，但这些学习活动对于自闭症儿童来说常常是非常难以完成的，或者是不知道按照什么步骤完成的，他们所拥有的各方面的能力水平不足以让他们去完成这些学习活动。因此，在这一段时间内，他们实际上处于无聊状态。

一些教师也会担心，如果上课时给自闭症学生分发学习材料或者学具，会导致他们玩这些学具或者用学具敲击桌子等，反而引发课堂扰乱行为，干扰其他学生的学习，因而不给自闭症学生发学习材料或者学具。这样做的后果是，当其他同学用学具进行操作或者学习这些材料时，他们就会无所事事，此时重复刻板行为的出现概率也就会增加。

2. 缺乏对儿童的充分关注

如前面提到的，如果我们发现儿童有时候出现的重复刻板行为是为了获取周围人的关注，那么对儿童来说，周围人为儿童提供的生活或者学习环境对于儿童来说也是缺乏充分关注的。当然，缺乏充分关注不一定是对儿童没有关注，有时则是指缺乏对儿童需求的关注。

3. 设计的活动不符合儿童的需求

设计让自闭症儿童感兴趣的活动更加困难。当周围人为儿童提供的活动不符合他们的需求时，他们用来拒绝此类活动的行为可能就是重复刻板行为。比如，当父母要求孩子过来点着桌子上的小积木一块块点数的时候，这个孩子还是站在原来的地方使劲地转圈。父母会认为这是孩子有自闭症的缘故，但实际上也跟父母要求其参加的活动让儿童完全不感兴趣有关。如果是儿童感兴趣的活动，如让该儿童去玩荡秋千，那么他就有可能停止原有的重复刻板行为去参加这一活动。

处理重复刻板行为的常见措施

由于重复刻板行为这一表现是自闭症障碍的核心症状之一，因此，试图通过干预让儿童完全不再出现这一类问题行为，是一件几乎不可能的事情。在开展干预时，父母、教师或者其他人需要仔细分析这类问题行为对儿童自身，包括学习、能力发展等方面以及周围环境所造成的影响。一般来说，如果重复刻板行为对于儿童的能力发展、生活与学习等造成的负面影响并不严重，那么这类重复刻板行为是可以与自闭症儿童共存的。就如在普通人身上见到的，比如，有些人习惯边思考问题边咬笔或者用手指转笔，如果这类行为并不影响个体参与应该参与的活动，对个体的身体安全没有危害或者危险，也没有对其他人产生影响，那么，这些行为就可以与个体共存。只有对儿童的身体安全、学习、生活以及他们的能力发展产生较严重影响或者对其他人产生较严重负面影响的重复刻板行为才需要干预。

由于重复刻板行为的发生通常与儿童的生理特点以及所患有的障碍有一定的关系，因此，干预目标常常并不在于完全消除这一类行为，让其不发生；而在于改变其具体表现形式，让对儿童及其所处环境干扰较少的行为代替原先干扰大的行为，同时也尽可能减少它的发生，让儿童能够将注意力投注于其他更积极、更有意义的活动或者事情上。

对于教师来说，可以做的有：

调整教学目标和内容，改变教学活动组织形式

教师在组织课堂教学时，如果所设定的教学目标、选择的教学内容能够适合学生的能力水平和神经活动特点，所组织的教学活动能够激发学生的学习兴趣，多种活动组织形式能够让学生在一堂课中动静结合，那么学生就更有可能对课堂教学内容感兴趣，将注意力更多地投入学习内容和学习过程中，出现重复刻板行为的可能性就会降低。

通常，自闭症儿童之所以在上课时出现过多的重复刻板行为，与该学生的能力水平远远低于班级其他同学而几乎没有可以参与的学习活动有密切的关系。一

般来说，在集体教学过程中，教师会更多地涉及那些适合班级大多数同学学习的教学目标和内容，而这些教学目标、内容以及所开展的教学活动，对于某些学生来说是相当有难度的。而高难度的学习任务一般也很容易让儿童产生神经活动的疲劳。因此，对于课堂上大量出现重复刻板行为的儿童，教师可以通过调整教学目标和内容，设计可以让学生参与的教学活动，来减少他们的此类问题行为。比如，可以根据学习内容的主题，设计多难度水平的任务单，设计个别化的活动项目，或者提供其他能降低学生学习难度的辅助，促使学生有效参与到教师组织的学习活动中去，从而较好地减少学生出现重复刻板行为的概率。

教学生用恰当的行为满足生理的需求

对于在生理感觉上有特殊需求的儿童，例如，在触觉、听觉、动觉等方面有特殊需求的儿童，教师可以教他们在课堂教学过程中用恰当的行为来表达他们的需求或者满足这种需求。比如，对于在触觉方面有特殊需求、总是会不断去触摸同伴或者其他物体的儿童，可以为其准备可捏在手里的、表面粗糙的小球，教其在需要的时候通过摸小球来达到触觉方面的满足；又如，对于上课时总是要反复随意离开座位、不断转圈的儿童，他们可能需要的是动觉方面的刺激，教师可以让他们学会伸手示意，然后再在教师允许的情况下到教室后面、不影响其他同学上课的区域走动或者转圈。不过，教师在使用这一策略时要注意分析学生的感觉需求来自于哪一种感觉，是否可以满足儿童这一方面的感觉需求；然后再确定可能的满足方式是什么；最后是制订计划，决定如何教儿童运用这一恰当行为去满足他们的感觉需求。

合理地组织教学活动，满足学生的感觉需求

儿童的某些感觉需求是可以通过教师合理地组织教学活动来满足的。比如，如果学生有触摸方面的需求，教师在教学过程中为学生提供的可操作的教学材料以及动手操作过程都可以为他们带来这方面的感觉满足。又如，如果学生有动觉方面的特殊需求，那么，任何在教学活动过程中站起来坐下、离座走动的动作都可以为学生带来动觉的满足。如果教师认为学生重复地摇晃身体、跑跳等动作给学生带来的就是动觉方面的满足，那么在课堂活动中合理地融入某些动作可以非

常好地满足学生的感觉需求。同时，这些动作又是教学过程中合理的动作，这样的教学活动组织对于维持学生的注意力是非常有效的，也能够减少学生出现重复刻板行为的概率。

比如，有一次，教师上课的主题是教一年级的智力落后学生理解什么是里面，什么是外面。她设计的教学活动有：让学生从教室里面走到外面，或从教室外面走到里面；在地上放一个呼啦圈，让学生从呼啦圈的外面跳到里面，或者从里面跳到外面；让学生将手放进口袋里面或者放在口袋外面，等等。这些与教学主题紧密相关的操作活动不仅能够让学生容易理解所教的知识点，同时也很好地为自闭症儿童提供了来自运动觉等方面的感觉刺激。

当然，并不是所有儿童的感觉需求都是可以通过合理的教学活动得到满足的。比如口腔、生殖器方面的触觉需求，对于教师来说，都非常难以处理。

利用儿童的重复刻板行为组织教学或者安排活动

对于儿童出现的某些重复刻板行为，教师也可以将之作为教学活动或者其他训练活动的素材，并在此基础上开展教学与训练。比如，如果学生的重复刻板行为是在训练课程中出现反复、不断敲击塑料积木之类的动作，那么教师可以将所训练的内容组织进儿童的敲击动作中。教师可以模仿学生的敲击行为，建立与学生的联系，然后逐渐地将数数或者其他内容有节奏地纳入到敲击这一动作中。这样，儿童本来毫无意义的敲击动作就会逐渐有学习的内容，成为一项学习活动。

一些自闭症儿童对一日活动的时间顺序有着刻板的要求，教师也可以通过合理地安排一些活动满足他这一方面的需求。比如，让其每日到校时按顺序完成上课的准备工作，先在黑板上填写今天是几月几号、星期几，然后粘贴那一天要上的课程名称、值日生名称，然后检查课桌椅的排列情况，等等。通过这样的安排，学生不仅能够了解每日的课程或者活动安排，他也能开始适应一日学习的开始，而且也可以帮助老师做好上课的准备。

用适当的方式奖励学生的良好行为

对于某些在生理方面有特殊需求的学生来说，当他们在课堂教学过程中表现出期望中的行为时，教师也可通过可满足他们特殊生理需求的方式奖励学生。比如，对于反复地咬自己手腕或者袖口的学生，如果分析发现他们在口腔触觉方面存在特殊的需求，当他们表现出良好行为时，也可以让他们咬一些可以咬的物品，来满足这一生理需求。

采取有效措施让儿童停止重复刻板行为

当学生出现重复刻板行为，尤其是会伤害儿童身体的重复刻板行为时，教师需要及时采取有效措施制止儿童的这一类行为。采取身体限制的方式来制止是一种比较有效的策略。另外，给予学生一项感兴趣的活动或者物品，也有助于转移其注意力。但是在采取这一措施时，不要让学生意识到每当其出现重复刻板行为时，教师就会提供他们感兴趣的活动或者物品，否则会错误地强化学生的重复刻板行为。

教学生知道并遵守行为规则

学生之所以在课堂教学以及其他时间出现重复刻板行为，一定程度上也与他们不了解行为规则或者还未能真正遵守行为规则有关。因此，将在教室内或者其他场所要遵守的行为规则作为一个教学内容来教，也是一种比较有效的措施。

对于家长来说，如果孩子常常在家里或者与父母游戏的时间出现重复刻板行为，那么可以做的有：

安排适合儿童的家庭活动或者游戏

仔细分析儿童在家里出现重复刻板行为的时间特性，就可能发现，这一段时间对于儿童来说可能属于无聊、无事可做的时间。有的父母会说，孩子在看电视或者在玩玩具，但是对于一些儿童特别是自闭症儿童来说，独自一人玩，没有父母或者其他家庭成员的有效陪伴，很容易让他们陷入无聊、无事可做的状态，也就比较容易出现重复刻板行为。

用有效的方式引导儿童参与活动

在特殊儿童尤其是自闭症儿童养育方面，父母常常会遇到很大的困难。他们经常不知道如何引导孩子参加一些活动，孩子也常常不知道怎么玩玩具或者玩一些游戏。父母可以学习并尝试使用一些策略来引导儿童参与活动。比如，喊儿童的名字，然后等待儿童注意自己；或者用手将儿童的视线引导到自己身上，然后再开始活动。缓慢、清晰地发出指令，等待儿童注意以及手把手地辅助，是这一过程中最常使用的策略。一些父母常常等不及儿童将注意力投到自己身上，就马上想与儿童一起活动。但儿童此时常常仍专注于自己的身体或者其他事情，也可能有重复刻板行为出现。此时，父母让儿童参与活动就很难成功了。

教儿童用恰当的行为满足自己的感觉需求

对于在生理方面有特殊需求的孩子，父母在日常生活中也要教他们用恰当的行为来满足需求，而不能仅仅制止这种行为。父母可以针对儿童的日常行为表现分析儿童在生理方面的特殊需求，然后确定是哪一种感觉通道的需求，再选择可能的恰当行为来满足它。

教儿童在公共场合的行为规则

一些父母会因为儿童的能力发展迟缓问题而忽视教儿童在公共场合的行为规则，总觉得他们是学不会或学不好的。但实际上，在任何一个活动之前，明确地告诉儿童活动过程中的行为规则非常有助于儿童将这些行为规则内化。在实际的生活中，不断地操练这些规则，也有益于他们将这些规则所要求的行为转变为自己的每日习惯。

当然，如何教儿童行为规则，应该充分考虑到儿童的理解和行为能力。手把手地辅导、示范都是不错的措施。父母有时也可以将正确的或者错误的行为拍摄成照片，让儿童看到什么样的行为是符合行为规则的，什么又不是的。在这一个过程中，父母一定要耐心地等待儿童从不知道到逐渐地掌握。儿童对行为规则的意识越来越明确，他们在公共场合遵守行为规则的可能性也就越高，出现重复刻板行为的概率也就越低。

案例一 用社会故事克服刻板行为

刻板行为几乎存在于每个自闭症儿童身上。有些刻板行为，我们应该容忍；有些刻板行为，我们应该矫正。而到底要容忍还是要矫正，关键是看这些刻板行为是否给儿童自身及他人带来了不利影响。在对待轩轩的刻板行为时，我也采取了同样的原则。

轩轩有许多无伤大雅的刻板行为。例如，走路要遵循一定的路线。每天他都坚持从前门进教室；走到校门口时，要绕柱子一周，然后再往教室走。轩轩也坚持所有的物品上不能有商标。对于这些刻板行为，我们都采取了容忍的态度，老师们觉得轩轩的这两个刻板行为不会给他自身和他人造成什么影响。但对于轩轩的另外一些刻板行为，老师们就不是这个态度了。例如，从操场回教室时，轩轩每次都是坚持从感觉统合训练室穿过。这样的走法很容易导致学生的队列不整齐，而且其他同学一看见轩轩穿过这个教室就会跟着他跑，这样老师就无法快速、安全地将学生们带入教室。因此，老师们认为，轩轩在这一时间表现出的刻板地走一定路线的行为（一定要穿过感觉统合训练室）是需要改变的。又如，轩轩不管是在上课时还是在课间，过一段时间就会边拍手，边发出“嗯嗯嗯”的声音。这一刻板行为发生在上课时就会明显干扰到正常的课堂教学秩序；如果发生在课间，轩轩若沉溺于这样的行为，也就没有机会与其他人交往和活动了。因此，老师们也觉得，这个刻板行为是需要去改变的。

对于轩轩出现的这些刻板行为，有的矫正起来比较简单。例如，针对前面提到的必须穿过感觉统合训练室回教室以及边拍手边发出“嗯嗯嗯”的行为，我采取的干预策略比较简单。针对前者采取的策略是在回教室时，老师牵住轩轩的手，强制轩轩必须跟随队伍走路，这样他就没有办法去穿感觉统合训练室了；针对后者采取的是对轩轩明确提出“上课时安静”的行为要求，一旦轩轩因出现刻板行为而发出响声，就让他站到教室一边，然后告诉他：“上课安静”，再做一个“嘘”的动作，告诉他安静了才能回座位。聪明的轩轩马上就能明白了老师的要求，而且知道若不这么做，老师是一定不会妥协的。轩轩很快改换了一种形式，原先是边拍手边发出声音，而现在，他会做出拍手的动作，但是手掌不相碰不发出声音，嘴巴里也停止发出“嗯嗯嗯”的声音。对于轩轩这一种新的刻板行为，老师们的容忍度明显提高。

但另外一些刻板行为矫正起来则比较困难，此时，老师们就需要有创意地想一些特别的办法进行处理。轩轩也曾经出现过两个非常难以矫正的行为，我们最终通过社会故事法改变了他的行为。

1. 针对轩轩排队过程中的刻板行为

其中一个刻板行为表现在排队过程中。轩轩每次排队时，都是排在乐乐的后面，而乐乐的前面是小茜，也就是说轩轩排在队伍的第三位，于是轩轩牢记了“第三”这个概念。但是，小茜经常会早退去参加校外的个别化训练，此时轩轩就会变为“第二”。可是每当这种情况出现的时候，轩轩总是无法接受这样的变化，坚持要往后挪一个，一边挪一边伸出三根手指头说：“三！”开始时，老师觉得轩轩这样做有自己的理由，并且说出了自己的理由，这对轩轩来说很不容易，应该要给予支持，就让本来排在他后面的小菲排到他前面，他仍旧是第三个。但是这样做之后，同样有自闭症的政政就不同意了，一定要轩轩改回去，嘴里不断地说：“错了！错了！”而且弄得小菲也搞不清楚了，为什么自己原来一直是排在轩轩后面，而轩轩说要“三”的时候，她就要排到轩轩前面去。这三个人的矛盾就此产生了。怎么办？两票对一票，只能让轩轩改变了。

可是怎么改变呢？轩轩说出了为什么自己要排到后面的理由，因为他是第三个，这对语言理解和语言表达能力非常落后的轩轩非常不容易。对这样主动表达自己意愿的行为，我们作为老师是要积极鼓励的。对于轩轩来说，他现在只是不明白他为什么一会儿是排第三，一会儿又变成第二，有时候还要变成第一。对于这种刻板的表现，老师如果强制轩轩一定要在排在现在的位置，而完全不顾他的意愿，显然不是明智之举，并且很难成功。比如，开始的时候，老师告诉他：“轩轩，你排在乐乐后面！”但轩轩并不这样思考问题的，他听到老师的话之后，就伸出两根手指比了一个“二”，意思是现在他换到“第二”了，这是自闭症儿童典型的单线索思考问题的表现，也是刻板思维的一种表现。对于轩轩来说，他并不明白他的位置会随着小茜、乐乐在不在而发生改变。他更不能理解：“乐乐不在，轩轩就排在小茜后面；小茜不在，轩轩就排在乐乐后面；乐乐小茜都不在，你就排在第一个”这句话中有很多假设。这对轩轩来说，实在是太复杂了！

怎么能够让轩轩明白这个道理呢？我们最后采取了社会故事的方法来解决这一问题。社会故事一般是以儿童的学习特点（比如，自闭症儿童视觉学习能力较强或者对视觉材料感兴趣）为依据，并按特定的线索而编写的故事。教师或者其他人可以借着说故事的方式，向儿童仔细描述一个特定的社交处境，令他们明白在这一环境中应有的行为，以增强他们对社交处境的理解，并使他们能主动、自发地在这些处境里表现出恰当的反应。

于是，我根据轩轩的情况编写了社会故事《排队》：“在学校里，很多时候我们都会排队。有时候排队升旗、做操，有时候排队进音乐室、家政室上课，课间休息时我们排队轮流玩游戏。排队时，我们通常一个跟着一个。如果我前面的同学没来，我就往前排一个。如果我这样做了，老师会夸我很棒，我也会很开心。”其中，最重要的一句就是：“如果我前面的同学没来，我就往前排一个。”但是要理解这一句话，对于轩轩来说太难了。虽然针对这个社会故事中的每一句话，我都设计了一张图片进行匹配，以便轩轩理解，但这句话对轩轩来说仍旧有很大的理解难度。为了帮助轩轩理解这句话，我采集了班级14名同学的照片，通过用照片代替真人的方式让轩轩演练排队，并在专门的个训课上对轩轩进行了训练。每次训练时，先告诉轩轩要排队了，然后让他练习用照片进行排队。其中最主要的练习是让轩轩在有同学没来时，如何做到“往前排一个”。每次练习排队之前，我都会先跟他说“谁没有来”（他前面的2位同学），然后让他用照片排队。在这一过程中，如果轩轩排对了，没有出现坚持要排第三的情况，我就夸奖他，用他非常喜欢的 QQ 糖来表扬他。之后再在真实情境中练习排队，遇到小茜或乐乐没来时，就用社会故事里的话提醒轩轩：“如果我前面的同学没来，我就往前排一个”。这样，轩轩就能正确排队了，不再非要坚持排在第三个了。

2. 针对轩轩在理发过程中的刻板行为

轩轩第二个需要改变的刻板行为发生在理发的时候。很多有自闭症的孩子都害怕理发，轩轩和班级里另一名自闭症儿童阳阳都非常抗拒理发，坚持让头发长下去。轩轩的妈妈为了能让轩轩把头发剃掉，甚至尝试过给轩轩吃安眠药，然后用绳子把轩轩绑起来，再理发。由于理发实在是太艰难，轩轩每次都等到头发留得像个女孩子时才不得不去剪。而阳阳每次理完发之后，脸上都会留下淤青，那是爸爸过于用力按住他留下的痕迹。阳阳的妈妈非常担忧地说：“理发还只是两个月痛苦一次，以后长胡子了至少要一个星期剃一次，到时该怎么办？”为了改变这种固着、刻板的行为，我尝试通过社会故事来改变这一状况。

我根据他们的情况改编了社会故事《理发》，内容是：“每个人都有头发，我也有头发。头发会慢慢变长，头发变长后，我们就要去理发。理发时，有时会使用剪刀，有时会用剃刀。理发时，有时我会觉得痒痒的，有时候剃刀会发出声音，这让我不舒服，但我要学会忍耐。理完发，大家会很好看，有精神！”每次轮到轩轩和阳阳上个训课时，我都要让他们读一读，他们两个每周有2次个训课。

朗读开始的第一个星期，阳阳每次听到这个故事，都很不高兴，但听多了也就接受了。一个月后，轩轩和阳阳对理发这件事在认知上基本都接受了，但在情感上还是没法接受。我分析了阳阳和轩轩的具体情况，认为他们俩严重抗拒理发可能跟理发时剃刀、理发器产生的声音和震动有关，他们可能对这种刺激过于敏感。于是在个训时，我准备了同样有声音和震动的小按摩仪，希望他们习惯小按摩仪产生的声音和震动之后能接受剃刀和理发器。刚刚引入这个小按摩仪的时候，轩轩和阳阳两个人都剧烈反抗。阳阳一听到这个声音就开始尖叫，而轩轩比较平静，但是拒绝让按摩仪接触他的皮肤。我觉得我前面对轩轩和阳阳之所以拒绝理发、抗拒改变发型的假设是比较合理的。但是基于这一情况，短时间内要让他们两人接受小按摩仪似乎是不可能的事情，我也做好了打持久战的准备。此时，事情却发生了转机。

那天，轩轩走进教室，是个清爽的小平头！奇怪的是，他头发既没有被剪得坑坑洼洼，身上也没什么伤痕，发生了什么事情？难道是社会故事起作用啦？我立刻打电话给轩轩妈妈。我猜对了一半，轩轩妈妈说，前几天跟轩轩提剃头的事情时，轩轩没有像以前一样反应那么激烈（社会故事听多了，已经开始理解理发到底是怎么回事了）。妈妈一看有希望，立刻再接再厉蛊惑他："妈妈给你买个漂亮的围兜和剃刀"，并立刻打开淘宝网，搜索了一个超级可爱的剃刀。轩轩看见了就说："漂亮！"（轩轩特别喜欢漂亮的东西。）之后，妈妈就用这个漂亮的剃刀给轩轩顺顺利利地剃了头。妈妈说，虽然在剃头过程中，轩轩还是感觉不舒服，但是他一直在忍耐。从妈妈的话语中我看到，这个"理发"的社会故事对轩轩还是有一定作用的！

社会故事之所以对轩轩克服刻板行为有一定效果，是因为轩轩具有一定的理解能力，但是他的理解能力又不足以理解现实生活中的某些情境。如果用简单的文字配合图片的社会故事来向轩轩说明应该遵循的一些行为规则，能帮助轩轩理解他到底应该怎么做。同样的社会故事对阳阳的效果之所以差一些，是因为阳阳的理解力没有轩轩好。同时，阳阳一直对声音非常敏感，虽然他开始接受了社会故事中的内容，但是由于对声音的过度敏感，在真实的生活中实践它还是会有困难。因此还需要采取其他的策略来消除他对声音的过度焦虑，这样才能真正改变他的行为。

案例二　采取综合干预措施干预刻板行为

小利是个12岁的男孩，在一所特殊学校读六年级。年幼的时候，经区精神卫生中心测定为自闭症，智商分数小于40。小利会说一些简单的词语和短语，但不能说出一句完整的话；他认得一些汉字和词语，可以完成抄写任务；认识100以内的数字，但还不能独立对两个数进行加减运算，需借助计算器和教师的帮助才能完成；能够听懂常用的指令。老师也认为他能够部分程度地参与教师组织的教学活动。小利虽然是个自闭症儿童，但是他有跟其他同学交往的意愿。不过由于只能使用简单的词语，他不太理解别人所说的话，所以在与同学交往方面总是存在很大的问题。老师总是听到同学告状："老师，老师，小利又拉我了"；"老师，小利又来推我了"。确实，小利常常通过推别人或者跑到同学旁边拉别人来试图与人交流，但这些行为也常常令他的同学感到厌烦。小利喜欢跑跳，非常好动，而且经常在课堂上出现跑来跑去、边跑边跳的行为，常常让老师不得不停止上课，令老师感到很头疼。

相比这些问题，小利的重复刻板行为让老师更加头疼。在课堂上或者课余时间坐在位置上的时候，小利就会出现反复摇晃东西、揪头发、用手敲椅背、敲桌子等刻板行为。尤其是摇晃东西和揪头发这两个行为，在课堂和课间时间里大量出现。这两个刻板行为对小利各方面的发展都是非常不利的。由于小利频繁地揪自己头顶的头发，有时用左手，有时用右手，2年多下来，他的前额部位已经出现了一小块像一元硬币那样大的秃斑，这块地方的头发已经被他全部抓秃了，非常难看。小利摇晃东西，通常是不管手里抓到什么东西就会摇，其中摇得比较多的就是矿泉水瓶。由于动作幅度很大，坐在小利旁边的人总是担心会不会被砸到。老师们也认为这两个刻板行为影响到了小利的学习。因此，老师们决定对他的这一刻板行为进行干预。

老师们用了近2周的时间对小利使劲摇晃东西以及揪头发的刻板行为进行了详细观察和分析。结果发现：

1. 关于小利摇晃东西的行为

老师们通过观察发现，小利摇晃东西的行为主要会在以下情况中出现：

一是通常会发生在老师讲课时。分析这一种情况，老师们认为这可能跟小利在认知理解以及沟通交流方面存在严重缺陷、难以理解老师上课所讲的内容有关。由于小利绝大多数时间难以参与教师组织的教学活动，因此实际上他在上课的大多数时间里都是处于无所事事的状态。老师们认为小利在这个时候出现摇晃东西的频率很高，认为他这样做纯粹是为了获得刺激，是无聊的一种表现。

二是发生在课间无固定活动的时候。在这一段时间里，老师通常没有为包括小利在内的同学提供具体的活动项目，而小利由于能力比较落后，常常不知道自己要玩什么，能玩什么；而且如果没有老师的帮助，他也很难去和其他同学一起玩。因此，实际上，小利也是处于无所事事的状态中。对于这种情况下出现的摇晃东西的行为，老师们认为这是小利获得感官上的刺激的一种方式。

另外，小利也会在他想要某样东西时出现使劲摇晃东西的行为。比如，美术课上，老师给同学们布置了描图的任务。小利很喜欢描图活动，描图的速度也很快，往往会第一个完成这一活动。当小利完成描图任务时，其他大部分同学往往只描了一部分。此时，小利就会不停地摇晃他手中的卡纸，直到教师过来给他另一张卡纸。类似的情况出现得也很频繁。开始时，老师认为，小利摇晃卡纸之类东西的行为可能是因为任务完成之后小利无事可做而出现的，认为这一行为是一种自我刺激行为。但是从后来的行为表现来看，小利这一行为还有一个重要的目的，就是为了从老师手里获得新的卡纸或者其他教学材料。

2. 关于小利揪头发的行为

老师们通过观察发现，小利揪头发的行为常常会发生在以下几种情形中：

一是通常发生在老师上课时或课间无固定活动的时候。至于小利为何在这两个时间经常不断地出现揪头发行为，老师们认为跟常常摇晃东西这一行为相似，就是由于小利的能力发展落后，导致小利难以参与教师组织的集体教学活动，以及课间同学们自由开展的活动，使得他实际上有大量的时间都处于无所事事之中。事实上，在这两段时间里，小利要么不断地摇晃东西，要么揪头发。有时还会出现在教室里跑跳的行为，而参与课堂学习的时间则非常有限。

二是发生在老师让小利回答问题的时候。老师们根据小利的情况推测，小利之所以会在老师提问时出现揪头发行为，可能跟老师提出的问题难度有关，而小利基本难以回答。这一种行为也表明小利在被提问时心理可能是焦虑不安的。

三是发生在老师阻止了小利先前的行为之后。大多是小利在玩他喜欢的游戏时，但这个时候小利应该做的是完成老师布置的作业，因此当老师看到小利在玩游戏之后就进行了阻止，此时小利就会出现揪头发的行为，一直揪到老师们看着他，感到很不忍心。只好同意他玩为止。老师们认为，小利在此时出现这一行为，一方面可能表示了他对老师阻止他玩游戏的不满，另一方面则是迫使老师让其继续进行喜欢的活动。而老师最终无可奈何地让小利玩游戏的做法则恰恰强化了小利的这一揪头发的行为。

基于对小利的两个重复刻板行为的分析，老师们决定从以下角度人手对小利开展干预。

❖ 措施一：采取措施让小利更好地参与课堂活动

小利之所以在上课时反复地出现这两个行为，与小利难以参与课堂教学有密切的关系。而老师们也反映，由于小利的能力水平太低，他们也不清楚怎样做可以让他较好地参与到课堂集体教学中来。而且老师们觉得自己无暇分身，对小利的关注比较少，因此，小利在大多数时间里处于游离于课堂之外、无所事事的状态。而小利也不知道自己能够做什么，因此大量的注意力都投向了刻板行为。根据这一分析，老师们就教学目标、教学内容、教学方法和教学环节等几方面进行了相应的调整，尽可能在集体教学中兼顾到小利的特殊需求。

第一，各学科任课教师认真、细致地评估了小利当前的学习水平，并根据他的学习能力，在每节课的教学设计中，为其量身订做了适合他的教学目标，并将这些教学目标融入到了各个教学环节中去，为其安排相应的学习任务。如果学习任务跟其他同学相同，则为小利提供必要的学习上的辅助。为此，还为小利增加了一名辅助教师，以帮助他更好地参与课堂教学活动。另外，小利也并不是一个完全不能参与课堂教学的儿童，他对教师组织的活动还是有一定的积极性的。因此，老师在备课过程中就提前根据小利的情况确定小利参与活动的形式，比如，让其独立完成，或者在辅助教师的帮助下完成，或者与其他同学一起共同合作完成，等等。

第二，老师在课堂教学过程中安排小利做一些需要离座或者需走到讲台上才能完成的任务。这是因为小利是一个非常好动、容易兴奋的孩子，如果总是让其坐着，尤其是安静地坐着，很容易导致他的神经兴奋水平降低，因而不断反复出现自我刺激行为。老师通过让小利离座或到讲台上完成任务，就可以让小利在老师的要求下进行走动或者动手操作，而这些活动都能够让小利通过合理的方式获得足够的感觉刺激，促使其神经兴奋水平提高。

第三，降低学习任务的难度。小利有时会因为老师所布置的任务或者提出的问题太难而出现上述刻板行为。因此，在干预阶段，老师根据小利的情况对布置给小利的学习任务进行了重新分析，降低了难度。布置给小利的任务基本是小利经过努力后可以完成的学习任务。比如，小利难以独立完成加减计算，老师就让其通过使用计算器进行计算题计算；又如，小利不会使用拼音拼写生字，就让其直接学习读写这个生字。为了帮助小利完成任务，老师们还提供了帮助小利学习的学习辅导材料，并让辅助教师及时给予帮助。有时，教师也会根据学习任务的情况将完成步骤分解。比如，完成读写词语的作业，由老师或者辅助教师先领读一遍，再让小利读一遍，然后让小利写下来，让小利一个词语、一个词语地读，然后抄写，直到所有词语读写完成。

第四，提供明确的任务要求和指令。由于小利存在认知方面的缺陷，往往不知道老师要求他做什么或者在课余时间做什么。为了让小利避免由于这一原因而出现无所事事情况，教师在教学过程的每个教学环节要对小利提出明确的任务要求和指令，以降低其参与活动的难度。比如，课间时间到了，老师就告诉小利，先上厕所，然后玩拼图或者玩积木等。

第五，对小利参与学习和活动的良好行为进行表扬。为了鼓励小利参与课堂教学，老师们对于小利参与课堂教学活动的行为，不管其完成质量如何，都及时进行表扬，有时也会让全班同学和老师一起对其进行表扬。

❖ 措施二：教小利用恰当的行为获得关注

从前面的分析可以看到，小利反复摇晃东西的行为除了为了体验感官刺激之外，还具有获得老师关注的功能。小利会不断地摇晃东西直到引起教师的关注并对其进行口头阻止。对于这一情况，老师们决定首先对小利出现的这一摇晃东西的行为进行忽视，待小利有短暂停止的行为出现之后，再马上对其进行关注。比如，在这个时候让辅助教师引导小利完成一个小任务。

但是，老师们认为，更加重要的是教小利用正确的方式来获得老师的关注，因此对其恰当表达的行为进行了训练。比如，小利因描图速度比较快，每次描完以后，就会摇晃手中的卡纸，直到老师发现给他新的卡纸。对于这一种情况，老师们就教他在描完图之后举手，并说“描好了”，或直接叫“老师”，然后等待老师发给他新的卡纸。

❖ 措施三：采取措施制止小利揪头发的行为

小利揪头发的行为为他提供了很好的感觉刺激。所以老师与家长进行了沟通，建议家长将小利的头发理掉，使小利再也无法揪到头发，也就无法通过这一行为获得感觉刺激的满足。但是这一建议未能获得家长的同意，所以未能得到实施。

为了不让小利的手有机会伸到头顶，老师常常会安排小利完成一些书写的任务。这是因为小利有一定的书写能力，并且很喜欢写字。写字时，老师让他一只手握笔，另一只手按住本子或书。这样，一方面让小利做自己喜欢的抄写任务，避免将注意力投到揪头发这件事情上；另一方面也保证了小利两手有事可做，从而让良好的行为代替了原来的揪头发行为。

另外，老师们也认为要采取一些措施及时制止他的揪头发行为，具体措施是：一旦小利举起手来，试图揪头发，老师就马上叫小利的名字，并用眼睛看着他，以阻断其行为；或者眼睛很冷静地看着小利，但不说话。在一般情况下，小利就会停止揪头发的行为。

经过了差不多一个学期的时间，小利的刻板行为得到了很好的改善。其中反复摇晃东西的次数在干预措施刚刚实施的时候就迅速减少了，并在一周之内几乎完全消失。但也经过了一段时间的反复，在干预措施实施2个多星期的时候，小利反复摇晃东西的行为又再次出现，老师们及时调整了措施。很快地，该刻板行为又再次消失了。揪头发的行为在老师们采取措施之后也得到了快速地减少。大约2个多月之后，老师们认为小利不管是摇晃东西的行为还是揪头发的行为都有很大的改善，于是撤消了小利的辅助教师，减少了对他参与课堂教学行为的表扬，课堂上为他设计的特殊的学习任务也减少了。之后，小利的刻板行为又再次出现了，不过到学期末时，相比学期初，小利反复摇晃东西以及揪头发的行为还是大大减少了。

（本案例由山东青岛三江学校李艳老师提供）

案例三　小可与乐乐的友谊成长之路

三（1）彩虹中队是一个很和谐的团队，大家都非常爱护这个集体。但是从上学期起，班级中却出现了不和谐的音符，我突然发现小可不知从什么时候起“恨死乐乐”了。

小可是全校智商测试分数最高的一名自闭症儿童（智商为78），他有一些很奇妙的能力。例如，他能很快地推算出日历上的日期是星期几，并且能追溯到上下五十年。小可也有非常明显的刻板行为表现，他在某些事情上非常坚持自己的意见或者做法，比如，坚持某些物品必须放在什么位置，一点也不能变动；坚持凡事都要一丝不苟地按照规则办，说好怎么做就怎么做，不能有变化；坚持有不符合自己心意的事情要立刻纠正。而乐乐则是一个没有语言但热情、开朗的孩子，非常好动，很喜欢与人交往、一起活动。但乐乐不会说话，所以总是用拉扯对方的方式与大家沟通，拉扯别人时也不太顾及别人的身体是什么状况；如果被拉的同学是个脑瘫的学生，则很容易出现安全问题。乐乐的理解和表达能力都很落后，如果老师不特别照顾他，他就会听不懂上课的内容；好动的他就会在课堂上做出很多动作，包括拉拉其他同学、走出座位、随意站起来，等等。因此，老师需要在课上不断提醒他“乐乐，坐好”；“乐乐，看黑板”。对此，小可感到特别难以接受。在小可的眼里，乐乐就是一个“总爱破坏规则的坏孩子”。时间一久，他就成为了“一定要维护秩序的小可”的“眼中钉”。小可的刻板行为也表现在了与乐乐的相处上，具体表现为：排队时，小可与乐乐中间必须至少隔一个人，一定不能互相紧挨着；坐座位时，乐乐不能出现在小可的周围，即前后左右的位置都不能是乐乐；这一点也表现在黑板报、布告栏区域的内容张贴上，小可要求他和乐乐的照片、名字卡片不能排在一起；在教师组织的小组活动或者班级里组织的任何活动中，小可和乐乐也不能在同一组。总之，小可不允许他的周围出现乐乐的身影，包括照片和名字等都不能互相靠近。发展到后来，只要小可遇见了不顺心的事，他就会忍不住去掐乐乐。小可与乐乐的关系越来越糟。小可为什么这么“仇视”乐乐呢？在乐乐的事情上，他为什么会有这么多的坚持？

我们一边收集各种资料以分析小可之所以会如此的原因，一边立刻采取了一些措施进行应对。我们一开始所采取的措施是给予小可正面的提醒：“小可，乐乐是我们的同学，大家在一起要友好相处。”希望这样可以让小可认识到同学之间应该是怎样的关系，而且小可有很好的认知和语言理解能力，小可在听了老师的话之后也总是能够马上进行自我批评：“小可不能恨死乐乐了”。但是说归说，做归做。小可还是无法克制自己针对乐乐的刻板行为。于是我们又尝试采取批评的措施让小可改变：“小可，下次你如果还这样针对乐乐，我就把你的表现写在练习册上了。”之所以这么做，是因为小可对当好学生这一点非常执着，他也无法忍受自己的练习册上有不良表现的记录。当小可再一次对乐乐的位置提出刻板要求且无法改变时，我们就将小可的表现记在了练习册上。但这么做的结果是小可非常纠结于自己的不良表现被记录，当老师在练习册上记下了他对乐乐的行为表现之后，他就缠着老师一定要老师去除这些记录，而且马上承认错误。但是到下一次，小可对乐乐的态度和做法依然如故。在这一段时间，小可在跟其他同学的相处中也会有友爱同学、互帮互助的行为，教师会对小可的这一类行为进行表扬。但老师也发现，小可对其他同学的友爱、帮助他们的行为并不会因为得到了老师的表扬而迁移到乐乐身上。

如何才能帮助小可走出针对乐乐的误区呢？我们觉得之前所采取的措施并没有真正针对

小可的行为原因，于是我们根据收集到的小可的行为资料进行了认真、细致地分析。针对小可面对乐乐的刻板行为，我们采取的提醒、批评、表扬等策略为什么一点都没有奏效呢？

我们认为，这一点首先可能跟小可所患有的自闭症有比较密切的关系。这一类孩子一旦形成某种刻板行为，就会异常执着。如果周围人强行对其进行制止，他们就很容易体验到焦虑的情绪。小可也是这样，每次我们要求他改变原有的坚持时，他就会表现得很不安，有时也会生气，这种情绪继而会影响到他之后参与学习和活动。因此，对小可进行干预时，教师强制他、要求他改正并不是一条很有效的策略。对小可来说，只有让小可意识到自己在“坚持”做一些事情，并学会有意识地克制自己的刻板行为，才是最好的。

其次，小可的刻板表现也可能与他容易冲动、自控能力差有关。小可有时明明嘴里在说“小可不能恨死乐乐了”，但行动上却仍旧没有变化。这有可能跟其自控能力落后有关，所以才会明知自己的行为是错误的，也无法克制自己的行为。因此，有意识地培养小可对自己行为的控制能力是非常重要的。

最后，小可之所以在班级同学中只对乐乐提出这么多“刻板”的要求，也可能跟乐乐被他看作“破坏规则的学生”有关。如果乐乐破坏规则的行为一直频繁发生，就会一直刺激“非常遵循规则”的小可。因此，改善乐乐破坏规则的行为也是一个关键，这有助于改变乐乐在小可心目中的形象，继而改善小可的行为。

依据这一分析，我们对小可采取的干预主要包括以下内容：一是利用小可对规则的重视以及能够依照规则行事这一点，强调同学之间交往的行为规则，让他能够意识到自己跟同学交往时的行为是否符合要求，继而克制与乐乐相处时的“刻板”表现；二是小可非常在乎“荣誉”，凡事爱争第一，利用这一点可以进一步强化他遵守同学交往行为规则的行为。另外，进一步营造集体友爱的氛围，采取措施改变乐乐的行为，促使小可行为发生变化。具体的措施包括：

❖ 措施一：强调并建立同学交往友好相处的行为规则

小可是个非常重视行为规则的孩子，对于他来说，规则是必须要遵守的。于是我们就将同学交往要友好相处作为一条重要的规则，让全班学生及小可都记住。我们在班级里召开了一次主题为《手拉手·好朋友》的班队会。考虑到智力落后儿童理解事物困难的特点，在召开主题班队会之前的2周时间里，每天安排学生在预备铃响、正式上课前的两分钟时间里反复诵读与同学交往要友好相处的儿歌，让小可和其他同学都明白，同学相处时要一起玩、会分享、互相帮助。“一起玩”是强调平时不要一味拒绝乐乐，要尝试和乐乐一起玩；“会分享”

是要小可能够与乐乐一起玩同一个玩具；"互相帮助"则是为了能让小可与乐乐互相帮助，两个人都改掉自身的缺点。在小可和全班同学都熟记了这些儿歌之后，我们召开了班队会，再次强调同学交往时要友好相处的规则。通过这次班队会，同学们再次加深了对这一条规则的理解，知道与同学、与好朋友相处要"一起玩"、"会分享"、"互相帮助"等规则。这次主题班队会之后，小可最大的改变是：以前，他知道要与乐乐友好相处是因为老师的要求，而现在，他知道与乐乐友好相处是因为这是大家都要遵守的规则。这样，他从内心深处真正接受了这样的规则，在平时的学习、活动中开始有意识地克制自己排斥乐乐的行为。老师也发现，当小可要求乐乐不要排在他前面而老师仍旧提出要求时，他虽然不高兴但已经没有那么拒绝了。

❖ **措施二：用奖励强化同学间友好相处的行为**

让小可理解这一条规则只是万里长征走出的第一步，怎么能够让他真正去践行呢。前面提到，小可有很强烈的"荣誉"意识。为此，我们开展了为期一个月的"与好朋友友爱相处"的评比活动，让每个学生都能践行这一条规则。教师要求每个学生在平时上课、课间十分钟时间都去践行同学相处的这一条规则，尤其是在课间时间。为此，我们设计了多种游戏，如，吹泡泡、骑三轮车、打气球等，鼓励学生之间有更多的互动；并在互动过程中，要求他们做到友好相处，即"一起玩"、"会分享"、"互相帮助"。在这一活动开展期间，我们利用班级板报上的"彩虹评比榜"，每天午饭后对学生的行为进行一次评比。在这一个月中，小可凡事爱争第一的特点发挥了作用，他非常在乎自己的五角星数，总是努力去得到每天的行为五角星，于是他在活动中努力去控制自己的行为。渐渐地，在玩吹泡泡时，他开始愿意把泡泡水递给乐乐了；在骑三轮车时，愿意让乐乐站在他骑的三轮车后面。

❖ **措施三：采取措施有步骤地逐渐拉近小可与乐乐的物理距离**

现在，小可在课间活动时能逐渐接受乐乐了，但是他还是不能忍受乐乐的座位在他旁边，否则就会忍不住要换座位，有时也会忍不住掐乐乐。教师有时虽然也强制要求他坐在乐乐旁边，但这一做法明显影响到了小可的学习，也容易导致乐乐被小可掐。我们采取了类似系统脱敏的方法，有意识地控制小可与乐乐的座位距离，让乐乐能够逐渐、慢慢地接近小可，最终让小可能够接受乐乐坐在他的旁边。具体做法是：先是安排他们在同一组，但两人的座位中间隔着一名同学；接着安排他们在同一排，中间隔一个走廊；接着安排乐乐坐在他的前一排，但是一个在左边，一个在右边；之后是前后排的同一侧；最后才是同桌。虽然，每次调整座位时，小可都要不适应一段时间，但是小可渐渐地就接受了，现在两人终于坐在一起，而小可也不再难受了。

❖ 措施四：采取措施改变乐乐破坏规则的行为

乐乐的违规行为与小可对乐乐的态度有密切的关系。因此，采取措施改变乐乐的行为，创造机会让乐乐树立起更加正面的形象，也有助于小可的行为变化。乐乐虽然常常违规，但他非常热情，愿意帮助别人。因此，我们安排乐乐做一些班级管理的事情来帮助他树立正面的形象。比如，让他帮助一个喜欢乱跑的自闭症小女孩小珊，很好地发挥了乐乐的优势，他总是尽心尽力地看好小珊，减少了老师在小珊这个孩子身上的行为管理压力。同时各位任课老师也在课堂上对乐乐良好的行为给予积极关注，尽量忽略他的问题行为，并让保育员老师坐在乐乐身边，帮助乐乐在课堂上更加有效地学习。这样，乐乐的违规行为就越来越少，而得到的表扬也越来越多。

另外，在这一段时间，也发生了一件事情，成为了改变小可行为的催化剂。这件事情就是他们所在的班级要推选一名少代会代表，而小可是一个在各方面都力争第一的孩子，对自己能不能被推选为少代会代表这件事情非常在意。在班级选举时，乐乐给小可投了非常关键的一票，小可因此得以当选。我们利用这一契机告诉小可，乐乐是一个怎样的孩子，他对小可是怎样的。自此之后，小可开始认为乐乐也是他的好朋友。少代会之后，小可正式当选为大队长，我们又利用这一点，向其宣传大队长要以身作则，要带头友爱所有同学，小可也越发将乐乐当成自己的好朋友了。

至此，经过将近两个学期的努力，小可终于改变了对乐乐的刻板态度，以及相处过程中的刻板行为，他们终于成为了一对好朋友。同时，可喜的是，在通过运用上述举措改变小可与乐乐的相处状况的过程中，班级其他同学也受到了积极影响，同学之间的互动更多了，班级也更加融洽了。

总结小可的例子，有三个方面最能给人启发：一是事情的起因其实可以避免，如果，我们在一开始就能多关注乐乐的良好行为，也不会让小可形成对乐乐的刻板印象，最终导致小可在与乐乐相处时非常坚持一些做法；二是，问题发生后，要抓住学生的优势，找出积极的策略才能解决问题，也要在班级管理中及时抓住教育的契机促使学生行为的改变；三是，针对某个学生的教育要融入到班级集体教育之中，这样会事半功倍。总之，教书育人是一门艺术，需要我们不断探索。

第九章

与进食有关的问题行为

与进食有关的问题行为也常常是儿童养育过程中被关注的一类问题行为，当儿童出现这类问题行为时，父母或者其他养育者会不由自主地关注儿童摄入的营养问题，担心影响到儿童的身体健康和正常发育，因此此类问题行为出现时很容易受到父母、教师等人的关注。这类问题行为在一些特殊儿童身上尤其明显，比如，自闭症儿童常常被父母报告他们非常挑食，甚至拒绝在学校进食。如果儿童在学校午餐时出现此方面的问题，也会令教师感到很焦虑。还有一些智力落后儿童则是由于过度进食导致肥胖等问题，而引发父母等人的养育焦虑。

与进食有关的问题行为的常见表现

与进食有关的问题行为在普通儿童身上最常见的是挑食行为，严重挑食的儿童会非常偏好某些食物，但对厌恶的食物存在严重的拒绝行为，甚至出现用发脾气之类的行为加以拒绝。此类问题行为在障碍儿童身上会更常出现，其表现形式也更为多样。在研究者案例报告中，常被研究的与进食有关的问题行为有以下几种：食物障碍、异食症、反刍、呕吐等。

食物障碍

出现食物障碍的儿童通常会出现持续地无法足够进食，以致难以维持正常的体重或者至少出现一个月以上的体重明显降低的状况，而且此种状况并不是医学或者其他障碍导致的。从外部表现形式来看，儿童期常见的食物障碍表现为两种行为：一种是拒绝食物，这一类儿童常常拒绝很多食物甚至完全拒绝摄入食物，他们只吃少数几种食物，常常导致无法获得足够的营养，因而引发营养缺陷及其相关的各种疾病。这类儿童在喂养上给父母或者其他养育者带来了很大的压力，父母或者其他养育者每天担心的就是儿童不进食或者吃很少东西的行为。另一种行为表现是挑食行为，挑食的儿童所吃的食物范围非常狭窄，或者对所给食物及其相关的刺激非常敏感。挑食与拒绝食物不同的是，挑食的儿童还是有食物可以吃的，但是拒绝食物的儿童则是几乎不太进食。因此，对于照顾者来说，拒绝食物的行为要比挑食行为更具喂养方面的挑战性。这类食物障碍方面的问题行为在自闭症等障碍儿童身上更为常见。

在日常生活中，食物障碍这类问题行为并不太容易被诊断，尤其当某些有比较严重障碍的儿童出现此类行为时，父母或者其他养育者很容易将食物障碍问题归结为儿童的障碍或者其他特殊的生理特点，而不是单纯地将其看作问题行为。

异食症

异食症或者异食癖顾名思义就是指儿童吃的是毫无营养甚至是完全不可以吃的物体。根据当前的研究，儿童表现出的异食问题可以表现为两种形式：一种是吃跟食物有关的东西，比如吃腐烂的食物、冰冻的食物或者从垃圾桶里找食物吃；还有一种是吃非食物，如泥土、头发或者颜料等。有异食症的儿童常常会在生活的周边环境中到处寻找不可以吃的东西，然后放入嘴巴嚼碎并马上吞进肚子。比如，我们在特殊学校遇到的一名智力落后学生，他常常趁教师不注意，快速地从座位上站起来冲向窗台边，从窗台上放着的花盆里抓颗粒状营养土吃；除此之外，这名儿童还有捡地上的头发吃的行为。由于其动作出现前没有任何先兆，而且是瞬时、快速地发生的，老师很难加以预防。

从当前的研究来看，发展迟缓儿童，尤其是自闭症和智力落后的儿童，发生这一方面的行为概率较高，异食的种类也比较繁杂，包括泥土、指甲、石头、草、洗衣粉、塑料手套、烟头、粉笔、沙子、灰尘、油画棒、纸张，等等。

由于出现异食行为的儿童所吃的东西都是不能吃的，因此，常常引发家长、教师以及其他照顾者的养育焦虑，这主要与异食可能产生的后果有关。异食症对儿童身体健康的影响主要表现在以下几个方面：

(1) 儿童所吃的物品可能有一定的毒性，比如，泥土等含铅或其他重金属的物品，而铅或其他有害重金属在人体中的含量一旦超标，就可能导致儿童中枢神经系统发育出现异常。

(2) 异食也可能引发梗阻穿孔，比如，吃头发比较容易导致儿童出现梗阻，而吞食尖锐物品（如玻璃渣、针和钉子）可能会导致内脏穿孔而需要外科手术。

(3) 儿童营养不良，儿童所吃的物品没有营养成分，比如泥土等之类的物品都不是有营养的食物。

（4）寄生虫感染，研究也发现，有很多发展迟缓的儿童会因为异食行为而出现寄生虫感染，比如患饶虫病。

（5）口腔或牙齿健康问题。由于儿童所吃的物品有时不容易咀嚼，或者比较尖锐，如玻璃渣、针和钉子等，因此异食也容易导致儿童出现牙齿损伤、口腔撕裂、牙龈疾病或者牙釉质被侵蚀等口腔健康问题。

另外，有异食行为的儿童因为要找喜欢吃的物品，也会表现出另外一些行为。比如，喜欢吞食烟头的儿童会到处寻找烟头，喜欢吃头发的儿童则会在地上到处寻找头发。这种到处寻找的行为也会干扰到他们正常的学习和生活。

呕吐与反刍

所谓呕吐就是儿童让吞咽进胃部的食物再次回流至口腔，吐出来的行为。一些儿童为了呕吐成功，在进食之后还会把手指伸入喉咙，引发恶心反胃，继而出现呕吐的行为。如果儿童在进食之后常常出现呕吐行为，很容易造成他们营养摄入不足、体重过轻的情况，继而影响他们的身体发育，也会让儿童很容易罹患疾病，甚至导致死亡。而且由于反复地呕吐，由胃部涌上来的胃酸也很容易烧灼食管，因而对身体造成伤害。

而反刍则是儿童将食物先吞咽进胃部，然后再次回流至口腔，并将回流的食物再次经咀嚼后吞咽的行为。这类行为有点类似于牛吃草的反刍。常常出现此类行为也会导致胃酸损伤食管，对儿童的身体造成危害。另外，与呕吐相比，反刍的行为更容易让周围人产生恶心、厌恶的感觉，也更难被人们接受。

过度进食

在智力障碍群体中，过度进食的行为有时也会引发父母或者教师的焦虑。这类儿童常常因过度进食而导致体重超重，继而出现其他因肥胖而引发的生理疾病，如高血压、高血脂等。

出现与进食有关的问题行为的常见原因

儿童出现进食方面的问题行为，可能与生理方面的某些因素有关，也可能与生活环境中某些不利因素有关。当然，后者对行为更具有重要影响。具体的原因包括：

儿童生理方面的相关因素

儿童生理方面的某些特点可能会使他们相比其他儿童更容易出现与进食有关的问题行为。这方面的生理因素可能有：

1. 与儿童身体内部缺乏微量元素有关

一些儿童出现的进食方面的问题行为可能与其自身微量元素（如铁、锌等）的缺乏有关。儿童如果有不良的进食习惯，如过度挑食、吃不能吃的东西或者吃完之后呕吐，会导致儿童身体内部的某些微量元素缺乏，如铁元素的缺乏，反过来又会影响到他们的进食行为。

2. 与儿童的智力发展迟缓等障碍有关

有研究者认为，一些儿童之所以出现进食方面的问题行为与他们的智力发展迟缓有关，智力发展越落后的儿童，此方面的问题行为则会更多。其原因在于，智力落后的儿童可能分不清哪些东西是可以吃的，哪些是不可以吃的，因而会出现异食方面的行为。他们也可能不明白饥饿状态与饱餐状态的不同，因此常常会过量进食。在智力障碍儿童这一群体中，肥胖或者过度肥胖的儿童比例大大超过普通儿童。当然造成这一结果的原因除了儿童的过度进食，还来源于这一群体的儿童常常缺乏足够的身体锻炼。他们的动作技能发展相对普通儿童落后，表现在运动方面，他们可能难以熟练掌握绝大多数的运动项目技巧，或者需要更多的时间和精力才能学会某些运动技巧。而由于动作笨拙，他们参加运动的机会以及运动的量常常存在不足。特别是年幼的时候，一些父母非常担心孩子是否会因动作笨拙而导致摔跤等事故，造成运动型伤害，而尽可能避免让他们运动。缺少运动的机会，也减少了他们对运动技巧的锻炼；这反过来又更进一步加剧了其发生运动型伤害事故的可能性。智力落后儿童相比普通儿童更容易出现一些生理疾病，父母在照顾孩子时会担心户外运动容易让孩子感冒，更倾向于让他们待在室内。而且如上文所说，父母还担心孩子会因动作笨拙而导致摔跤等事故，就让孩子不运动或者少运动，以减少运动型伤害。但是这样一种出于爱心的做法有时也会适得其反，儿童会因父母的过于保护而缺少充分的体育运动锻炼机会，其发展动作技能的可能性反而降低。由此导致肥胖的可能性就会增加。

另外，自闭症儿童相比其他儿童更容易出现挑食、异食方面的问题。一些自闭症儿童只能吃很少种类的食物。在特殊学校里，教师也常常为一些自闭症儿童拒绝进食午餐而烦恼。这些自闭症儿童常常不能吃学校里为所有儿童准备的营养午餐，他们大多只吃从家里带来的食物，有的甚至完全不吃。一些研究者认为，自闭症儿童可能比其他儿童更容易对一些食物过敏。因此他们愿意吃的食物种类就比较少。这类儿童出现异食方面的问题行为比例也较高，很令教师或者父母烦恼。

3. 与儿童的表达能力有限有关

进食方面的问题行为也可能是儿童与他人进行某种社会互动的手段。在日常生活中，如果儿童出现过度挑食、异食、反刍和呕吐等行为，很容易引起周围人的强烈关注。一些特殊儿童（尤其是自闭症儿童）由于表达能力有限，所表现出的进食方面的问题行为可能也是获得他人关注的一种手段。一旦儿童出现此方面的行为，周围人就会非常紧张，这在一定程度上强化了儿童此方面的问题行为。

环境中的不利因素

1. 环境中缺乏丰富的刺激

有研究者认为，一些儿童之所以出现进食方面的问题行为（尤其是异食行为），其原因可能是儿童所处的周围环境无法为他们提供丰富的刺激。比如，有研究者将一名自闭症儿童单独放在一个无任何玩具的空房间里，然后观察这名儿童的行为表现，结果这名儿童在10分钟的观测时间内出现了多次啃塑料桌角的异食行为。但是如果环境中出现了该儿童喜欢的物品或他感兴趣的玩具，该儿童出现异食行为的频率就大幅度下降。因此，研究者认为，一些儿童的异食行为可能是儿童在外界环境中没有充分的刺激的情况下对自己的一种自我刺激。如果我们能够为儿童提供丰富的、多样化的、能激起儿童兴趣的刺激，那么儿童的异食行为就可以得到有效的控制。

2. 环境中缺乏与儿童的社会互动以及成人对他们的关爱

对于一些自闭症儿童来说，如果儿童所处的环境中常常缺乏与他人的社会互动，特别是与父母、教师等儿童期望的成人的社会互动，很少或者几乎不参加社会活动，那么其独处的时间就会大大增多。此时一些儿童也有可能会出现异食之类的问题行为。

如果在家里，父母或者其他家庭成员常常缺乏对儿童的关注，儿童就有可能通过一些问题行为来获得成人的关注，在就餐时也可能表现出过度挑食或者反刍、呕吐等行为。一些研究者发现，如果儿童无法获得来自母亲的足够照料，或者父母常常忽视儿童、打骂儿童以及父母婚姻关系冷漠、家庭成员之间关系紧张等，都有可能给儿童带来很大的社会心理压力。而这一类儿童可能会在进食方面表现出异常行为，比如，出现过度进食以应对紧张。另外，也有不少研究者认为，儿童巨大的社会心理压力是他们出现异食行为的重要原因。

处理与进食有关的问题行为的常见措施

与进食有关的问题行为因具体的行为表现不同，其出现的时间也有一些差异。食物障碍、反刍与呕吐都出现在就餐时间，而异食行为则可以在白日各个时间段内出现。因此，相应的处理的措施也会有一定的差异。不过，这些措施一般都从三个方面入手：一是通过调整儿童生活的环境，尽可能减少或者消除可诱发儿童出现进食方面问题行为的不良因素；二是确定可以代替原有问题行为的良好行为；三是在儿童出现与进食有关的问题行为时，通过一定的措施及时有效地制止这类问题行为，并引导儿童表现出良好行为。具体包括：

采取措施改变儿童生活的环境和身体状况

如果儿童生活的环境中存在一些引发儿童出现此类问题行为的不利因素，父母或者教师等人需要对这一环境进行调整。比如：

1. 调整家庭关系，改变家庭氛围，给予儿童关爱

对于儿童运用此类问题行为以获得父母或者其他成人关注的情况，父母需要采取措施促使家庭关系和谐，应该给予儿童足够时间的照料和充分关爱，以创造和谐的家庭氛围。后者有助于减少儿童用问题行为获得家庭成员关注的需求。

2. 增加与儿童的互动，为儿童提供丰富的刺激

在日常生活中，父母或者其他成人可以改变与儿童的原有的社会互动模式，每天能抽出一定的时间与儿童进行充分地互动、游戏、体育活动，或者一起参与某些社会活动，完成一些家务劳动，并对儿童的行为进行有效、积极的反馈。这样儿童的注意力就能比较好地集中在与父母的互动或者其他活动中。这非常有助于儿童减少此类问题行为的出现，对于儿童综合能力的发展也是非常有用的。

如果儿童出现此类问题行为（比如异食行为）的主要原因是儿童所处环境中缺乏丰富的刺激而处于无聊状态，那么，此时儿童出现这一类问题行为的目的就是获得自我刺激。针对这一情况，通过改变环境布置，增加儿童感兴趣的玩具或者其他物品，提供儿童喜欢的各种活动，或者由他喜爱的成人与其一起活动等，让儿童有事可做，使儿童的生活有滋有味，也有助于减少儿童出现这一类问题行为。

当然，也有研究者发现，单纯地提供丰富的刺激可能还不足以改变某些儿童的这一类问题行为。比如，有研究者对一名12岁男孩的吃石头、塑料和铁的行为进行了干预，发现仅仅提供丰富的环境不能有效地改变他的问题行为。后来，研究者又增加了让儿童休息的时间，让孩子在这段时间内看10分钟视频，结果发现他的问题行为减少了。

3. 改变儿童的食谱

对于进食有问题的儿童，有时，改变他们的食谱会是一种有效的措施。有研究者为一个吃粪便的自闭症儿童设计了一种有五香重口味的午餐和小吃，发现能有效地改变儿童吃粪便的行为。对一些挑食严重的孩子，有计划地在儿童偏爱的食物中逐步增加其不喜欢的食物也是不错的措施。比如，将胡萝卜切成很小的颗粒，然后少量地逐渐加入到儿童喜欢的肉食中，可以让儿童拒绝食物的可能性降低。

4. 通过医学的手段改善儿童的营养状况

父母等家庭成员可根据医嘱对儿童进行药物治疗。有时，药物治疗对一些进食方面的问题行为也是不错的手段，比如，补充维生素和矿物质被认为是治疗异

食癖的方法。比较常见的做法是给儿童补充铁、锌方面的营养，一些研究者发现这一手段虽然无法完全消除异食癖的问题，但可以减少这一类问题行为的发生。也有研究者让一名严重智障的女孩服用多种维生素和聚乙烯化合物，发现这一治疗方法对其吃布、绳子和化合纤维的异食行为有很好的干预效果。类似药物治疗的方法大多是让儿童增加一些营养物质的摄入，对儿童的身体也没有什么伤害。对于异常挑食的儿童也可以采取药物治疗的方法增加儿童的营养，改善其体质，增强其免疫力，以免因过度挑食而导致儿童身体总是处于疾病状态。

借助某些物品对儿童的身体进行限制

对于异食方面的问题行为，有研究者认为，可借助一些物品，来改变他们的问题行为，如让儿童穿上紧身衣，戴上击剑面罩、头盔、围嘴，穿上外套、网格包或贴身背心等。当儿童的异食行为发生的时候，让儿童穿上紧身衣或者戴上头盔之类的物品，要求其能坚持几分钟（如5分钟）不吃这些奇怪的物品，然后才让他们脱掉紧身衣、拿掉头盔或者脱掉其他衣物；如果儿童没有做到，则会持续更长时间，比如要穿紧身衣或者戴头盔15分钟。一些研究者在某些有障碍的个体身上进行了干预实验，发现这种对身体限制的方法对改变他们的异食行为有很好的效果。

及时制止儿童的问题行为

对于异食、反刍和呕吐之类的问题行为，在其发生时，父母或者其他成人需要采取有效措施及时制止。制止的方法可以根据儿童的情况而定，有些儿童只需要他人的语言命令就能停止这些行为；但对一些有严重障碍的儿童，则可能需要采取其他措施，比如抓住儿童的手，将其手从其嘴边移开。一般来说，身体限制的措施，比如对儿童手、胳膊等身体部位的限制措施，都能比较有效地制止儿童这一方面的问题行为，但其限制时间最好有一定的长度，如10秒以上。有研究者对一名发育迟缓儿童采用的身体限制措施是这样的：由训练人员站在儿童的身后，用一只胳膊环住儿童的胳膊，另一只手则盖在儿童的眼睛上大约30秒。这一身体限制的方式被认为非常有用、高效。

对于有反刍或者呕吐行为的儿童，则可以通过安抚或者转移注意力等方式让其不再专注于自身所吃的食物，其反刍或者呕吐行为则会减轻。

对良好行为进行奖励强化

父母等成人可以选择儿童感兴趣的物品、活动、食物等作为奖励物，对儿童良好的进食行为进行奖励。比如，对于过度挑食的儿童，可以从特定的食物中挑出儿童可以吃的一定量的食物，当其吃完这些食物之后进行奖励。一些研究者为了让儿童愿意吃东西，在干预中会蒙上儿童的眼睛，只叫其吃放在餐布或者碗碟里的食物；等儿童吃掉食物之后，再对儿童进食的行为进行奖励。

用来作为强化物的物品也可以是儿童喜欢的食物，选择食物作为强化物可以增加他们对可吃食物的喜欢程度。尤其是当儿童有异食行为的时候，为儿童提供丰富刺激，为他们设计可玩的游戏或者活动，当他们的注意力投向所安排的游戏或者活动上且没有捡食不能吃的东西的时候，就用他们喜欢吃的食物对儿童进行奖励、表扬；而当一段时间（如10分钟）内出现了异食行为时，则不进行强化。这样的措施可以让儿童的这一类问题行为减少。

运用过度矫正程序纠正儿童的异食行为

一些研究者会采用过度矫正的程序来改变儿童的异食行为。一般做法是当儿童吃不能吃的物品时，要求儿童吐出所吃的东西；如果还没有放进嘴里，则要求其扔掉不能吃的东西，接着进行口腔以及个人卫生方面的训练，如漱口、刷牙、洗手、洗脸等，然后再要求其完成清理垃圾桶（如将异食的物品放入废纸篓，再将废纸篓倒空）、打扫房间等清洁任务。这一方法一般要持续15 ~ 30分钟。有的研究者在采取这种方法矫正儿童的异食行为时，还要求刷牙用的牙刷是软毛的，并在强力防腐漱口水里浸泡过，洗手、洗脸也要求是用力清洗，以加深儿童印象。这种方法被认为可以较好地改变儿童的异食行为。但过度矫正的策略最好能在儿童刚刚拿起不能吃的物品时采用，在这一时机采用这一措施被认为最为有效。

教儿童辨别可吃的食物和不可吃的物品

智力发展障碍的儿童可能因为不了解什么物品是可以吃的食物而进食不可吃的物品。对这部分儿童来说，进行可食用与不可食用物品的辨别训练非常有助于减少他们异食的行为。有研究者在进行这一内容的训练时，先将可吃的食物放在一个非常容易辨认、颜色很鲜艳（如红色）的餐具上，并将一种不可食用的物品与这一餐具并排放在桌子上。如果儿童拿了餐具上的食物，就让儿童吃掉它，并告诉他“这是可以吃的”；如果他拿的是不可食用的物品，在儿童将其放入嘴巴之前，就跟他说“不行，这是不能吃的东西”，然后拿开这个物品，并且用手限制他10秒左右。

在日常生活中，父母也可以运用这一原理对儿童进行此方面的训练。当儿童将可吃的食物放入嘴巴时，就告诉他“对，这是可以吃的，是 × ×”；如果他拿了不可以吃的东西，则抓住他的手，告诉他“不行，这是 × ×，是不可以吃的东西”。父母可以边说边通过点头、摇头、摆手等肢体动作帮助儿童理解。

教儿童辨别什么是饱，什么是饥饿

一些智力落后儿童会因为不知道什么是饥饿状态、什么是饱的状态，而不知道恰当的进食量是多少。这类儿童很容易出现过度进食的行为。因此，通过一定的过程教儿童觉察自己什么时候处于饥饿状态，什么时候处于饱的状态，是非常重要的。开展情境教学，在进食活动中引导儿童觉察自己所处的状态是一种重要手段。父母或者教师也可以为儿童设计一些用来表达自己饥饿或者饱足的手势、图片，以更好地向父母、教师表明自己所处的状态。让儿童明白饱了就要停止吃东西这一原则是非常重要的。

教儿童用恰当行为获得口腔方面的感觉刺激

一些儿童之所以挑选特别的食物吃或者吃一些不能吃的食物，或者出现反刍之类的问题行为，可能与获得口腔方面的感觉刺激有一定的关系。如果各方面的行为评估资料显示，儿童出现此类问题行为的功能是为了获得口腔的感觉刺激，那么父母或者教师可以采用提供替代性的口腔刺激物的方式来满足儿童此方面的需求，比如，口香糖或者其他可以咀嚼的小食物，或者奶嘴之类的安全的物品。教儿童通过这种替代性的刺激物获得口腔感觉刺激满足的行为，有助于儿童减少此类问题行为的出现，并能够让他们更能被周围人所接纳。

教儿童用恰当行为获得他人关注

如果儿童出现此类问题行为是为了获得他人的关注，那么父母或者教师教他们用恰当的行为来寻求他人关注是非常重要的。这类恰当的行为通常是跟儿童如何向周围人提出要求有关。比如，进餐时，可以教孩子说“妈妈，我要吃××”；平时当孩子无聊的时候可以教其说“妈妈，我们玩游戏”。这种情况下的问题行为也具有表达的功能，它向周围人发出了儿童想与周围人进行社会互动的一种信号。因此，教儿童用恰当行为表达自己的需求也是一种不错的措施。当然，用什么样的表达形式需要根据儿童的能力水平而定，可以用口语，也可以是图片或者手势、身体的某种动作。这样的一种行为训练也有助于儿童综合表达能力的提高。

案例一　小茜和轩轩吃饭喝水记

俗话说“人是铁、饭是钢，一顿不吃饿得慌”。所以一提到吃饭，大部分人会感到愉悦、放松，但就是如此开心的一件事情，在我接手的这个一年级新班级里，却变成一项巨大的挑战。说是挑战，并不是因为一些孩子不会自己吃饭、需要人喂，或是吃得一塌糊涂，而是两个明明在家吃饭很香的学生，到了学校就抗拒吃饭，我们不得不采取措施强迫他们吃饭，以至于每一次吃饭都变成一场拉锯战。你会看到教室前方是保育员老师在与小茜斗争，教室后方是正副班主任与轩轩斗争。因为如果不采取措施，他们会一口饭都不吃。除了不肯吃饭，小茜、轩轩还不肯喝白开水，他们可以一整天不喝水，更不会主动表示要喝水。而且即使你端来水要求他们喝，他们也不会买账。有时，我们也很迷惑，难道他们不会觉得渴吗？

小茜、轩轩为什么不肯吃饭喝水呢？在与家长沟通后，老师发现，小茜虽然调羹使用得不是很熟练，会吃得到处是饭粒，但在家里吃饭时都是很享受的样子。她会把饭吃得干干净净，吃完还会捡饭桌上的米粒吃，是个超级爱吃饭的孩子。虽然轩轩在家里也会有挑食的情况，但妈妈每天总是为他准备爱吃的菜，因此轩轩吃起来也是津津有味；不过没有爱吃的菜时，就会不肯吃饭。至于喝水，两人都不爱喝白开水，平时是定时有人喂小茜白开水，轩轩则是喝饮料或者是白开水兑饮料。也就是说，两个学生在家吃饭都没有问题。将孩子们的吃饭喝水问题跟家长们沟通之后，家长们认为可能是孩子不适应环境的改变而造成的。

小茜与轩轩都是自闭症儿童。小茜各方面的能力都非常落后，日常表现出来的能力大约在正常儿童两岁左右的水平，平时身体都很健康。轩轩的语言理解和表达能力都非常落后，但是认知方面的表现则相对较好，在班级中属于非常机灵的学生；轩轩的身体不太好，有严重的营养不良，经常生病。

根据老师们以往教育自闭症儿童的经验，这类儿童在面对新环境时，对旧有的环境还抱有刻板的坚持，因而可能会出现不适应的情况，如果耐心等待，这种不适应的情况会随着时间慢慢减退。但是吃饭喝水涉及学生的身体健康，不能等着他们自己慢慢适应。而且小茜由于认知能力很差，适应新环境会需要很长时间；轩轩一贯的挑食情况也不会在短时间内改变。因此必须对他们的拒绝进食行为采取措施。

采取什么样的措施才最有效呢？有经验的老教师讲述了他们的一些经验。他们认为：第一，很多自闭症孩子都有挑食的问题，有的孩子只吃自己吃过的东西，没吃过的一概不愿尝试；也有的则是固执地抗拒具有某种特质的食物（例如，圆形的食物），但是如果老师强迫他们吃了，也许以后就开始吃了。第二，如果放任自闭症儿童的进食问题不管，那么他们这一方面的问题会一直持续下去。有一位自闭症儿童在家吃饭正常，在学校就是不愿意吃饭，由于各种原因一直未能采取措施。直到现在，这个自闭症儿童已经升入六年级，他仍旧每天中午就只吃泡方便面。又如另一名自闭症儿童，她在幼儿园时从来不肯吃幼儿园的饭菜，但是同样的饭菜若打包回家，她也可以吃得很香。在幼儿园阶段，一直都是家里人做好了饭菜给她带到学校去吃。后来进入一年级后，三名老师采取强制性的措施给她喂了一年饭，才纠正了她的这一行为。之后，这个孩子在吃饭问题上再没有出现过类似的问题。

因此，这些老教师建议我们，在吃饭的问题上，可能没有很好的教育方法，还是要采取强制性的措施迫使小茜与轩轩吃饭。我们接纳了这些老教师的建议。小茜比较娇小，在喂她吃饭时，她也不会躲避，就由保育员老师一个人来喂。而轩轩非常固执，反抗情绪也非常强，就由正副班主任两个人来喂。

于是，每天与小茜、轩轩的吃饭拉锯战正式展开。在喂小茜吃饭时，遇到的问题是小茜的消极抵抗，当老师将调羹里的饭伸向小茜的嘴巴，小茜会张开口吃饭，但是这口饭会一直含在她的嘴巴里、不咽下去。保育员老师只能一遍遍提醒："咽下去！咽下去！"这真是一场耐力的比试。在给小茜喂饭的前三个星期，小茜半小时内通常只能吃三口饭。但是情况在第四个星期忽然有了好转，小茜突然就能吃半盒饭了。入学后一个月正好是国庆放假，等她放假回来，小茜竟然可以自己拿饭勺吃饭了！

在给轩轩喂饭时，老师们遭遇了轩轩的激烈抵抗。当盛好饭的调羹伸到他嘴边时，轩轩每次都是非常顽固地拒绝张嘴。如果老师掰开他的嘴巴，把饭塞进去，他就会眼泪汪汪地看着我们，然后没有声音地啪嗒啪嗒掉眼泪，这个样子看得老师都非常心痛，让人实在不忍心。而且轩轩由于语言能力有限，没有办法表达，老师们也担心这样强制喂饭的做法会让轩轩受到伤害。在与轩轩妈妈沟通之后，老师们决定不再强制喂饭，而是采取等待措施，看看轩轩因中午不吃饭、下午出现肚子饿的时候，是否会有愿意自己吃饭的行为出现。结果，老师们发现，由于妈妈害怕不吃午饭的轩轩肚子会饿，每天下午三点放学时，都会带一大堆炸鸡、薯条之类的零食守候在门口。而这些食物都是轩轩很爱吃的东西。那么轩轩中午不吃饭的行为是不是跟他知道下午放学时有美食有关呢？因为有更好吃的东西，所以他对午饭一口也不愿意吃。看到这种情况，老师们只好放弃了等待的措施，由于3点多有好吃的零食在，在这之前，轩轩很难出现愿意吃饭的行为了。再一次，老师们又扮演起“狠心”老师的角色，再次采取强迫措施喂轩轩吃饭，结果自然也遭到轩轩更为激烈的抵抗。吃饭时，两位喂饭的老师根本抓不住轩轩。而且有一次，语言表达能力非常落后的轩轩竟然第一次含着眼泪指责老师：“坏人！”对轩轩来说，到底是被逼迫到了什么程度，才会通过语言来表达自己的情绪！听到轩轩说“坏人”的时候，老师们的心里也非常难受。

怎么办？喂轩轩吃饭的这一过程真的要如此不近人情吗？是不是可以稍微人性化一些？而且是不是有其他的方法让轩轩认识到有规律地吃饭对每个人都很重要。为此，老师们再一次进行了分析，确定采取社会故事法让轩轩知道吃饭这件事情。具体方法是这样的：老师为轩轩制作了吃饭的卡片，告诉他中午必须要吃饭，每个人都要吃饭。同时抓住轩轩爱吃零食的特点，用图片告诉他，吃完饭可以有一粒 QQ 糖吃。在用这个图片教轩轩时，轩轩表现出了他聪明的一面，他将吃饭的图片扔掉，只把 QQ 糖的图片递给老师。此时，老师用打大叉叉的图片告诉他：“不可以”，必须在吃完饭之后才有 QQ 糖。轩轩立刻就泪眼摩挲了。

当轩轩通过图片理解了这件事情之后，我们就在每次喂饭之后执行了 QQ 糖的奖励。每次喂饭时，轩轩仍旧是很抗拒的样子，最初喂饭时，老师们甚至需要把他绑在脑瘫儿童专用椅上限制他的行动，之后才能进行喂饭。一个老师固定轩轩的头，另一个老师来喂他饭。而轩轩将饭吃进去之后也不是马上就往下咽，而是将饭含在嘴巴里。而且轩轩非常固执，有时这口饭会一直含在口里直到上课。老师只能不断地往轩轩嘴里塞饭，强迫轩轩往下咽饭。对老师来说，这一强迫吃饭的过程真的是一个非常痛苦的过程。每次吃饭，轩轩必哭，但老师每次都是硬着心肠喂轩轩吃饭。每当轩轩吃完饭之后，就给他爱吃的 QQ 糖，告诉他“吃完饭了，轩轩表现很好”，并一直抚摸他的头安慰他，以减轻强迫喂饭在他心里留下阴影。但非常值得欣慰的是，这样痛苦的喂饭过程在轩轩身上只持续了六天，轩轩在这一周中似乎明白过来了：吃饭是他必须每天完成的事，如果不做，老师一定会让他做完的。他开始自己拿起调羹吃饭了！

轩轩开始吃饭了，老师们一下子觉得心情放松多了，但是轩轩挑食的情况一直存在，他喜欢吃油炸的食品，厌恶吃蔬菜。但是轩轩的肠胃一直不好，不适合吃过于油腻的食物。而且轩轩一直重度营养不良，因此饮食一定要做到营养均衡。所以老师们还需要纠正他偏食的不良习惯。在纠正轩轩偏食的行为时，老师认为，不需要再采取之前那么暴力的强迫方式了，老师们调整了轩轩所吃食物的进食顺序。每次吃饭时，老师们都是将轩轩爱吃的荤菜先放在一边，规定他吃一定量的蔬菜之后才能吃荤菜。如果吃饭情况好，就奖励 QQ 糖。这一措施实施时也遇到了轩轩的反抗，但是由于荤菜和 QQ 糖是轩轩比较爱吃的食物，放在吃蔬菜之后可以对前面吃蔬菜的行为进行强化。轩轩也就慢慢接受了这一进食顺序。

相对进食的问题，小茜和轩轩喝水的问题解决起来相对简单。老师采取的方法就是让他们定时喝水。到了喝水的时间，就要求小茜和轩轩将杯子里的水喝完，同时采取了奖励措施。比如，小茜喝水时会咕噜、咕噜漱口玩，但是只要老师问她：“我们喝完水去看巧虎好吗？”小茜必定要回答：“好啊！”这样水就马上喝下去了。而对轩轩则采取食物奖励的办法，每当轩轩喝完水就可以吃一粒 QQ 糖。这样坚持一个月后就能按时喝水而不用奖励了。

现在三年级已经结束了，老师们仍旧还在处理小茜与轩轩的吃饭问题。但现在，这两个人在吃饭时出现的行为已经不是前面所提到的拒绝进食的问题了。现在的小茜吃饭已经完全不用老师提醒了，而且变得超级爱吃饭了。她的新问题是：在吃饭时一直发出很大的“啊呜啊呜”声，声音非常难听，而且出现了过度进食的情况。每次吃饭，小茜都吃得太多，肥胖的迹象已经开始出现。轩轩的挑食问题已经得到很大的改善，目前在学校里能吃完一半的学生餐，老师们还是要继续努力下去，让他能吃完一套学生餐的量。

第十章

青春期的问题行为

随着身体的生长发育、成熟，个体会很自然地产生性冲动和性需求，出现与满足此类需求有关的行为的可能性就会增加。一些儿童可能会在公共场所做出不恰当碰触、裸露身体隐私部位的行为。由于这类问题行为最不容于社会规范和交往礼仪，是让父母、教师在教育过程中感到最困扰的一类问题行为，也是行为干预中的一个难题。普通人士若出现此方面的问题行为，很容易与违纪、违法等连在一起，这类个体也会被认为存在品行障碍等问题。但在智力障碍、自闭症以及其他发展障碍个体身上出现时，则很容易被父母等人认为与障碍有关。本章中所提到的青春期问题行为主要是指特殊儿童在学校等公共场所常出现的不良行为。

青春期问题行为的常见表现

进入青春期之后，随着特殊儿童身体发育的成熟，他们会自然地产生性的冲动与需求，对异性会比以前有更多的关注，有时在公共场所会做出不被周围人所接受的行为，这些行为具体表现有：

- 与人交往时，身体过于靠近他人，比如，在学校里他们会使劲地往异性教师身上靠，或者故意触摸他人的身体隐私部位。
- 允许他人与自己的身体保持近距离接触，甚至允许别人在没有必要的情况下（如洗澡、清洁卫生时）触碰自己身体的隐私部位。
- 在公开场合暴露隐私部位。比如，在上课时脱掉自己的上衣、裤子，暴露隐私部位，男生将自己的生殖器露在衣服外面等。
- 在公开场合抚摸或者摩擦自己的隐私部位或生殖器，嗅闻味道以及出现自慰的行为。
- 露骨地凝视他人的性器官、臀部或胸部（大多针对女性）。
- 偷窥他人的身体尤其是异性的身体，或者允许他人偷窥自己的身体。
- 向他人说淫亵的话语或允许他人向自己说这种话语。
- 允许他人向自己展露其隐私部位等。

当然，更加严重的还会有不恰当地性交等行为。在特殊学校里，让老师们感到烦恼的此类问题行为主要是：使劲地靠近女教师的身体，抚摸她们的脸或者手、在教室里脱衣服裸露自己的身体或者生殖器，抚摸后嗅闻气味等。由于上述行为都是在公开场合（如教室、操场）出现的，因此是当前特殊学校教师感到非常困扰、棘手的一类问题行为。大多数出现此类问题行为的儿童在学校的大量时间里都会专注于身体的这一生理刺激，总是隔一段时间就会反复出现此类行为，因此难以将注意力集中在所要学习的内容上，继而阻碍其自身的能力发展。

儿童在教室这一公开场所裸露、抚摸生殖器甚至出现自慰等行为，也会给周围同伴、教师带来不良影响。一方面它会给其他同学带来错误示范。在特殊学校里，最容易出现此类行为的障碍儿童通常是自闭症儿童，但其他智力落后儿童可能会受其影响，继而出现在课堂上脱裤子之类的行为。另一方面，对于异性教师尤其是年轻的异性教师来说，不管是哪一种形式的行为表现，都会令他们感到尴尬，同时又必须克服这种尴尬，马上进行处理。一般情况下，在儿童出现此类问题行为时，教师都会马上停止上课，对此进行处理。因此，这一类问题行为也是严重破坏课堂教学秩序的行为。而且此类问题行为多发生于男生身上，而特殊学校里主要是女性教师，因此会给女性教师带来很大的困扰。在目前的行为干预领域，此类问题行为也是非常难以处理、棘手的问题行为。

上述行为之所以会成为问题行为，有这么几个方面的原因：

(1) 上述行为发生在错误的时间和地点。比如，脱衣服、抚摸生殖器等行为如果发生在私人的房间或者卫生间等私密的场所，则很少被认为是有问题的。

(2) 行为的方式错误。比如，有的特殊儿童之所以向一些异性教师说比较淫秽的语言，其原因可能是为了表示自己的喜欢；其过度靠近异性身体或者允许别人靠近、抚摸他们的身体有时也是一种喜欢的表现。虽然喜欢是一种人之常情，但是他们所采取的行为方式则是错误的，也是不被周围人所接受的。

(3) 给个体造成身体伤害或者心理苦恼。反复出现此类行为也会使儿童过度沉迷于这一生理刺激，从长远来说，也会对其健康发展产生负面影响。

(4) 给他人造成身体伤害或者心理苦恼。如前所述，儿童的这类问题行为使得父母、教师等人都为之感到困扰。这类行为违反了一般约定俗成的社会交往常识、常规甚至伦理道德，但是又难以处理。不管是否处理此类问题行为，教师所面临的情境都会令他们感到尴尬。而且，如何进行有效处理、可采取的措施和手段有哪些，有关这部分的研究资料仍旧非常有限，能提供给教师的参考仍旧很少。由此也增加了教师的教育压力，大多数教师在面对这一类问题行为时常常缺乏足够的自信和效能感。不少教师从一开始就觉得自己没有能力来处理儿童的这一类问题行为，或者觉得自己所采取的措施很难产生效果。

(5) 影响个体的日常生活和社会功能。儿童如果在学校里过度地专注于这一类行为以及由此类行为带来的感官刺激，沉溺于这一类行为，他们就很难将注意力集中在课堂的学习任务上，学业必然会受到严重影响。另外，与他人的社会交往也将受到严重影响。儿童在课堂上出现的此类问题行为越不被社会规则允许，同学、教师的反感、厌恶情绪就会越明显，对他们的不接纳也就越严重。

出现青春期问题行为的常见原因

一些特殊儿童（尤其是智力障碍的儿童）之所以出现上述青春期问题行为，有多方面的原因。根据当前的一些研究，此方面的原因主要包括：

与儿童自身特点有关的因素

儿童之所以出现此类问题行为，一部分因素来自于儿童自身的某些特点。具体有：

1. 儿童智力、认知发展方面的落后

智力方面的障碍以及认知发展方面的限制使得儿童在性心理发展方面会比普通儿童落后。但是在性生理成熟方面，他们与普通儿童之间的差距则非常少。这类儿童也会跟普通儿童一样随着年龄的增长而进入生理发育期，随着儿童第二性征出现而在生理上达到成熟，而性生理机能的成熟则会催生他们的性冲动以及对

性满足的需求。

由于智力发展方面的缺陷，这一类儿童往往不知道自己的身体为什么会发生变化，对自己身体出现的感觉欲望也会感到好奇，他们可能会尝试去了解自己或者别人的性器官，甚至从抚摸自己的性器官中获得快感与满足。如果性冲动或者性需求过于强烈，他们又缺乏对之按照符合社会常规进行控制和满足的能力，有时就会不顾场合做出一些不适当的行为。

2. 缺乏与性有关的关键知识

对于大多数普通儿童来说，各种约定俗成的与性道德、异性交往礼仪有关的行为规范，尤其是公共场合的社交行为规范，大多是通过生活经验逐渐内化而形成的。比如，在公开场合裸露身体尤其是隐私部位是不被周围人所接受的之类的关键知识，大多是在儿童与他人交往、阅读书籍、看电视、电影等过程中很自然地形成的，很少有儿童在此方面接受专门的教育。但是对于智力落后的特殊儿童来说，他们很难跟其他儿童一样自然而然地通过日常生活经验、观察等方式学习到此方面的社会规范，以及与伦理道德有关的知识。即使他们的生理方面已经发育成熟，但在社会交往领域仍旧缺乏这方面的关键知识，以致不知道在与人的交往中应如何尊重他人隐私、保护个人隐私，如何与他人保持礼貌的身体距离、维持大家都接受的个人空间等。他们也不太清楚跟异性交往时什么样的行为是彼此都要遵守的行为界限，不知道在与他人交往时（尤其在接触隐私部位时）要尊重对方的意愿，也不懂得个体安全和隐私方面的法律规定，更不清楚用什么样的行为来表达他们在感情和性方面的需求是正当的、合理的、合法的、可以被周围人以及法律接受的。

3. 性心理发展水平落后，性社会化技能欠缺

有智力障碍的儿童虽然在生理发育上与普通儿童同步，但是在性心理成熟方面则要落后很多。他们可能会因自己身体变化带来的感觉感到困惑，但对自己此方面的权利以及他人的权利缺乏认识，很少能够尊重他人的隐私以及希望他人能尊重自己的隐私，很少对公开暴露、抚摸身体及生殖器以及在公开场合直言不讳地谈论性的行为产生羞耻感。他们在抑制或者控制身体冲动及表现出符合社会规范的行为方面缺乏能力，更多会去追求生理方面的满足。在与人交往时，他们也缺乏此方面的自我保护意识、知识和能力，因此很容易被他人引诱而做出伤害自

己的事情。比如，一些智障女生被人用金钱诱骗发生性行为，有的甚至只是因为有机会可以与别人聊天或者可引起他人关注而被他人诱骗。

与环境有关的不利因素

一些特殊儿童之所以出现此类问题行为固然有其个人知识、能力水平以及生理特点方面的因素，但是其成长过程以及行为出现时的环境中也可能存在一些不利因素。这些不利因素包括：

1. 隔离、限制和受保护的成长环境

大多数智力障碍儿童、自闭症儿童生活在隔离、受限制和保护的环境中。虽然他们的生理发育和成熟规律跟普通儿童相似，但是父母等家庭成员并不会因为他们的身体成熟而赋予他们更多的权利，他们的日常生活、学习等几乎仍旧由父母或者其他家庭成员所控制。相比普通儿童，他们很少有机会参与公共场合的活动。除了学校和家之外，他们很少能独立地在一些公共场合活动，大多数人只能在父母或者其他成人的带领下进行活动，而这些成人会对他们的行为有很多的指导和管理。

在这样的生活环境中，这一类障碍儿童一般很少有机会能通过自然的观察方式、日常生活经验获得有关异性交往的行为规范和伦理道德方面的知识，也缺乏此方面的生活经验。他们与他人（尤其是异性）之间的身体接触大多是与父母、其他家庭成员、教师以及同伴等的身体接触；偶尔出门与人交往一般也是在父母或者其他成人的带领下，较少有机会与其他成人（尤其是陌生人）发生身体接触。因此，他们很难通过自然的交往机会了解人与人之间的安全礼貌距离应该是怎样的，正常的异性交往的行为界限是怎样的。他们更多会从自己的需求出发去与别人交往，有的特殊儿童的行为更接近于年幼儿童的水平，比如对喜欢的人要亲吻和搂抱，要闻闻味道等。

这一类儿童的照料者大多较少想到他们成年之后会跟普通儿童一样有生理冲动和需求；即使儿童已经长大，他们照顾智障个体的方式方法与他们年幼时相比并不一定有很大的差别。对父母来说，由于智障者的能力问题以及照料的需要，也很少有要尊重智障个体隐私的问题。对于智障儿童来说，他们对人与人之间要有隐私的想法，以及什么是保护隐私或者尊重他人隐私的行为，也是缺乏实际的

生活经验的。

2. 缺乏有益的生活经验、知识和学习机会

如果父母或者其他成人能够根据儿童本身的特点，比如智障、自闭症儿童的特点，来提供符合他们需求的生活经验，教他们异性交往、公共场合行为规范等方面的知识和经验，那么，这类儿童的知识、能力水平也会相应得到提高。但是，大多数父母或者教师在此方面缺乏足够的准备。这可能跟我们所处的文化环境有关。即使是父母或者教师，他们也很难公开去讨论这一话题、讲授这一方面的知识，他们会为之感到尴尬和难以启齿。在当前的学校里，也没有完整的课程以及高质量的教师队伍来专门讲授这一方面的知识。在大多数父母或者教师眼里，他们仍旧认为儿童会自然而然地随着年龄的增长掌握这一方面的知识，发展此方面的行为能力，但事实上可能事与愿违。

比较极端的例子是，一些父母亲因为关爱孩子，即使孩子已经发育，仍旧与孩子在一张床上休息、睡觉，与孩子之间没有任何身体距离，没有隐私，孩子也就更难有此方面的意识。

3. 环境中缺乏有意义的事情

除了儿童没有这一方面的行为知识和能力之外，儿童之所以在教室等场所做出裸露、抚摸、摩擦生殖器等不符合社会规范的行为，还可能与儿童所处的环境特点有关。如果我们对儿童出现此类问题行为时正在发生的事件进行分析，我们常常会发现，当时儿童所处的环境对儿童来说可能是一个非常无聊的环境。比如，对于这些儿童来说，教师正在讲的内容或者让学生完成的活动是他们能力无法参与的，或是完全不感兴趣的，他们的主要注意力可能都集中在身体的感觉方面。此时，儿童出现的这一类行为常常是一种自我刺激行为，主要目的就是为了获得感觉刺激，达到冲动的满足。

4. 不恰当的行为强化历史

在一些特殊儿童身上，我们也会看到，这一类问题行为可能存在不恰当的强化历史。比如，当儿童处于无聊状态、缺乏他人关注时，儿童出现此方面的行为就会被教师或者其他人阻止；有时，教师可能会给他一个感兴趣的玩具玩。如果这一类情况常常出现，即使儿童出现这一类行为首先是为了其自身的生理满足，但这类行为同时也会有其他功能，比如，为了获得成人的关注或者喜欢的、感兴

趣的玩具。当然，在这一过程中，最重要的错误强化仍旧是儿童采取了错误的行为满足了他们的生理需求。

5. 来自周围环境的错误示范

一些有智力障碍或自闭症的儿童可能在日常生活中看到过类似的行为，比如从电视剧、电影、黄色书刊杂志及碟片中看到别人做过类似的行为；在家里看见父母的亲密动作，或者父母在家里穿着比较随意、暴露等。由于他们缺乏较好的认知能力，他们所看到的他人的行为很容易给他们一个错误的示范，因此难以真正认识到什么样的行为表现是适当的。

处理青春期问题行为的常见措施

特殊儿童的青春期的问题行为是当前特殊教育领域非常难以处理的一类问题行为，对于此类问题行为的干预，还需要进一步的探索和研究。不过，根据儿童出现此类问题行为的目的，有一些措施可以用来减少此类问题行为的发生。

改变环境，为儿童提供丰富而有意义的刺激

正如前面所谈到的，一些特殊儿童之所以在课堂上或者课间出现此类问题行为，与其所处环境缺乏丰富而有意义的刺激或者没有他能做的、感兴趣做的事情有关。当然，之所以没有有意义的刺激或者事情可做，也与这类特殊儿童的能力严重滞后于其他儿童有关。从目前的实践经验来看，出现此类问题行为的儿童在班级中的能力通常居于末位，教师在准备教学内容、组织教学活动等方面常常无暇或者无能力顾及他们，因而导致他们在相当多的时间内处于无事可做的状态。因此，如果要减少儿童在课堂或者课间的这一类问题行为，最关键的是教师要根据儿童的能力和兴趣特点为儿童创造富有丰富刺激的环境，让儿童能够有事情可做，能够在一定程度上参与到正常课堂学习中，并能在课间有感兴趣的事情可做。

当然，这对于教师来说有较大的难度，尤其是课堂教学环节。从实践经验来看，教师根据所要教的课程主题，并基于学生能力水平设计多水平的活动、任务是非常必要的。这些不同难度水平的活动、任务对于儿童来说是有效参与课堂学

习的保证。也只有当儿童能够参与到课堂学习过程中，对他们的问题行为干预才能真正有效。

采取有效措施及时制止

由于儿童在教室等公共场合出现的此类问题行为非常难以被周围人所接受，而且也会给其他特殊儿童带来错误示范。因此，当此类问题行为刚刚出现时，教师或者其他人员应该在第一时间尽可能采取有效措施马上进行制止。其中，身体限制是一种不错的方法。比如，当教师发现儿童将手伸进了裤子里面，就可以快速地走过去，将其手拿到外面，并抓住其双手不让其活动几秒钟。一般超过10秒钟就会有不错的效果。这一措施能够让能力较弱的儿童也意识到自己的行为是错误的。但要注意的是，当教师抓住儿童的手或者胳膊限制儿童行动时，教师要冷静、严肃地看着儿童，并告诉他这一行为是错误的；在教室里，学生的手要放在衣服的外面。即使儿童采取此行为是为了获得他人的关注，教师采取身体限制的措施并冷静、严肃地注视儿童的做法，仍旧能够达到制止他们继续出现这一行为的目的。

有时，教师需要采取措施将儿童带离所在的教室。如果儿童已经非常快速地脱掉衣服、裸露自己的身体隐私部位，那么若不将儿童带离所在教室，其他儿童可能会受到较多负面影响。因此，教师或者其他辅助人员可以将儿童快速带到其他场所，帮助其穿上衣服，并采取身体限制措施，告诉他在教室里的恰当行为是什么，示范并让其演示，然后再让其回到教室。不断地坚持这种方法，儿童就可以了解良好行为是什么，而教师希望看到儿童表现出什么行为。

引导他们表现出环境所要求的恰当行为

除了及时采取措施制止儿童进一步表现出这一类问题行为之外，教师或者其他成人也需要想办法引导他们表现出当时环境所要求的行为。比如，当儿童的这一类问题行为因受到身体限制而被制止之后，教师或者其他成人可以根据儿童当时所要学习的内容引导其重新参与到学习任务中。教师可以根据儿童的能力情况为儿童设计个别化的学习任务。此类学习任务最好是儿童需要用双手操作来完成的，如抄写任务等。这样，当儿童在教师或者其他成人的辅助下完成这些学习任务时，他们的双手也就不能去做有关脱裤子、抚摸身体的动作了。

教儿童用恰当的行为满足生理需求

一些特殊儿童之所以出现这一类问题行为，与他们要满足生理方面的刺激需求有关，而他们常常又比较缺乏控制欲望的能力，因而总是会采取一定的行为去寻求满足。因此，教师也需要想办法找到一些替代行为来满足他们的生理冲动。这样，当教师无法将儿童的注意力引导到学习任务等刺激上时，可以让儿童用这些替代行为来满足感觉需求。

比如，一些儿童有揉搓生殖器并嗅闻味道之类的动作，那么让儿童揉搓其他柔软的、有一定香味的物品，比如丝绸手绢，可能就是一种选择。当然，儿童不会主动地去用这些合理的替代行为来满足自己的感觉需求。教师可以在儿童出现此类需求时，示范并手把手地引导他们表现出这一替代行为，来满足生理的需求。

如果替代行为（一般是选择触摸允许的替代刺激来代替触摸生殖器）没有让儿童的生理需求得到满足，儿童可能仍旧会不断出现抚摸或者摩擦生殖器之类的问题行为。此时，为了不影响其他儿童或者正在进行的正常活动，教师可以选择带儿童去卫生间或者他可以独自一人待着的房间满足其生理需求，同时也要告诉他，不可以在公共场合出现这样的行为，但可以去厕所或者没有其他人的房间。之所以将这一行为作为一种替代行为，是因为公开的自慰是不被社会规范所容许的行为，但是在私密场所，有限次数的自慰仍是可以被接受的。对于一些生理上有强烈需求的特殊儿童，教师可以在其他措施都失效的情况下选择这一方法。但是，在当前的学校里，教师很难教学生去做这件事情，尤其是现在学校里大多是女教师，而出现此类问题行为的主要是男性特殊儿童，采取这一措施会给教师带来相当多的困扰。教师甚至可能会被人怀疑存在性骚扰学生的行为。基于此种考虑，教师可以跟父母协商，要求孩子的爸爸或者家里的其他男性成人教孩子学习如何做。不过，这是在其他措施都无效的情况下才采取的一种措施，是儿童的注意力几乎完全停留在这一性感官方面的刺激上时才做出的一种无奈的选择。

教儿童与异性交往的行为规则

如前面所提到的，很多特殊儿童之所以会出现这一方面的问题，与他们不了解或者没有掌握人与人之间的交往规则（尤其是与异性交往的规则）有关。如果儿童出现这一类问题行为的目的在于向他人表达他们的喜欢或者亲密，但是并不知道他们的行为已经超过了一定的行为交往界限，那么教他们恰当的社会交往行为，是有助于提高儿童整体的社交技能的措施。比如，在学校里，一些智障的儿童非常喜欢拥抱或者亲吻喜欢的女老师，或者闻她们身上的味道。对于这一类行为，父母或者教师需要花费时间和精力认真教他们社会交往的规则，要让他们明白异性之间交往的行为界限，知道每个人长大了之后，在与异性交往时不可以随便做出有亲密接触的行为。

父母或者教师可以先仔细分析儿童出现这一类问题行为时的社会交往情况，然后为他们设计恰当的交往行为，并采用示范、手把手辅助等方式促使他们表现出恰当的行为。父母或者教师也可以运用图片、录像的方式来教儿童认识什么样的交往行为是错的、什么行为是对的。比如，拍摄儿童跟别人打招呼时保持一定距离问好的照片或者录像，告诉他们这样打招呼才是礼貌的；也可以准备一张通过紧紧地拥抱异性教师来打招呼的照片，但在照片上打一个大大的红色叉号，告诉儿童这样的行为是错误的打招呼行为。总之，将普通儿童能在潜移默化中习得的社会交往的行为规则作为一个专门的教学内容，有时是非常必要的。

当然，在日常生活中，我们有时也会发现，一些特殊儿童之所以会采取这种过于亲密的方式与人打招呼而几乎毫无身体距离的意识，其原因在于周围人一直或者在一定程度上允许儿童用这种行为打招呼。比如，一些教师或者父母在孩子就读低年级或者年幼的时候，都允许他们有非常亲密的身体接触。但是当孩子年龄增长的时候，他们没有及时在此方面进行引导，也没有告诉他们原来的亲密接触的行为在他们年龄大了以后不能再继续出现。而儿童已经习惯了用身体亲密接触等之类的行为与别人进行交往。有时，并不是所有教师对儿童亲密的身体接触行为都给予批评，一些教师有时给予的较热情的反应对儿童的行为是一种强化。对于这种情况，教师或者父母应该反思自己在儿童出现此类问题行为时可能存在的错误强化或者错误示范，并对此进行改变。

提供社会交往机会，引导学生观察学习

一些特殊儿童之所以出现此类问题行为，也与他们每日的大多数时间生活在相对隔离、受限制、受保护的环境中有关。特殊儿童主要交往的对象是父母、其他家庭成员或者教师，这些成年人为儿童提供的主要是教导型、保护性的交往环境，而非普通同龄人之间平等、互相尊重的交往。由于缺乏正常的融合的社会交往机会，特殊儿童很难知道社会交往中的互相尊重具体指的是什么。就这一点来说，父母或者教师需要尽可能为这些特殊儿童创造平等、融合的社会交往机会，有意识地让他们观察别人交往时的行为举止，引导他们向别人学习恰当的社会交往行为。而社会交往机会的增加，不仅可以丰富他们的生活，让他们的日常经验更加有意义，也可以让他们在父母等人的指导下将别人作为自己的学习对象，这也更有利于他们融入社会。

改变儿童的穿着

一些儿童因为衣服过于紧绷而感到身体不舒服，因而出现脱上衣、裤子或者将裤子往下拉的行为。这在一些比较肥胖的儿童身上更容易见到。当教师或者其他成人发现儿童总是有脱衣服的行为时，可以检查一下儿童的穿着是否有此方面的问题。让正处于发育期的儿童穿比较宽松的衣服，有益于减少这一原因导致的脱衣服之类的问题行为。

对儿童不出现或者较少出现此类行为进行强化

对于此类问题行为发生次数较多的儿童，可以根据他们的情况对他们较少发生或者不发生此类问题行为进行强化，以便让他们更好地意识到自己的行为表现是怎样的，从而更好地控制自己的行为。

父母或者教师可以帮助儿童设计行为的记录表或者自我记录表，让儿童对自己在教室等公共场合出现此类问题行为的情况进行记录，并对强化的方式进行约定。当儿童达到规定的要求时就进行奖励。让儿童记录或者在教师等人辅助下对自己的行为进行记录，有助于儿童对自己的行为进行约束。当然，这一方法一般适用于能力相对较强的儿童。

案例一　喜欢要怎样说出口

青春期是“人的第二次诞生”，心理学家将这一时期称为“第二次危机”。青春期个体在生理、心理上发生了巨大变化。对于智力障碍孩子而言，他们的青春期也不会迟到，同时也面临着变化和挑战。

辉辉，14岁，是一个七年级的男孩。教过他的老师提及他，没有一个不摇头的。“这孩子癫痫的毛病太厉害了，小小年纪就长了一头白头发。”“我头次给他们班上课时，就被他吐了一脸口水，这见面礼给得够大的。”“上课时候，他总离开位子乱晃。”“他可厉害了，偷跑到备课室去拿报纸，自己跑去搭电梯。”辉辉的家庭经济非常困难，仅靠爸爸的一份微薄的收入维持生活。面对智力障碍且癫痫频繁的辉辉，妈妈已经绝望，对其不管不问了。总之，在老师眼里，辉辉是个让人可怜又可气的学生。

在学校，接手辉辉班级之后，我就对辉辉进行了观察记录。辉辉的个头长得比较高，体重也比较重，但是却“外强中干”，是个体弱多病的孩子，身体常常处于不舒服的状态。由于家庭的特殊情况，爸爸为了赚钱养家忙于工作，而妈妈则是对辉辉的各方面表现感到绝望和厌烦，辉辉很难从父母那里获得温暖与爱。由于辉辉这几年来不断地癫痫发作，智力发展受到影响，辉辉对什么行为是好行为、什么行为是错误行为缺乏清晰的认识。其中，老师们报告最多的问题行为就是辉辉朝老师吐口水以及上课时无法安静地坐着，总是离座。为此，我先从以下几个角度试着去改变老师们常常报告的这些问题行为：

❖ **措施一：关心辉辉的身体健康**

辉辉常常会出现癫痫大发作，他的身体经常会出现不舒服，长期的生理不舒服很容易导致人的情绪变坏。如果没有周围人的关心和关爱，人更容易感到不开心，遇到事情也更容易发脾气。因此，我首先做的一件事情就是关注辉辉的身体健康。在他的身体处于不适状态时，及时采取措施，尽可能使辉辉能觉得舒服一些。比如，辉辉肠胃不好，很容易拉肚子，当发现辉辉拉肚子的时候，快速地帮他清理、更换衣裤，能够让他感觉更舒服；辉辉很容易感冒，当他感冒的时候，教他捂住嘴巴打喷嚏、用纸巾擦鼻涕，也能让他体会到老师对他的关心。辉辉常常出现癫痫大发作，每次发作时，我也尽可能快地采取措施让辉辉感觉舒服一些。

❖ **措施二：教授可以代替问题行为的良好行为**

从我担任辉辉班级的班主任以来，我就对辉辉向老师吐口水的这一问题行为进行了仔细地观察和分析，发现辉辉总是在想跟老师说话的时候才会向老师吐口水。因此，这一行为实际上是辉辉用来跟老师打招呼的一种交流方式。而辉辉之所以会用这一行为与老师进行沟通，可能与辉辉没有掌握恰当的社会交往行为有关系。基于这个分析，我认为，对于辉辉来说，要消除这一朝老师吐口水的行为，可以通过教辉辉学习新的打招呼方式来代替。比如，如果辉辉要向老师问好，可以说“×××好”。（虽然辉辉的言语表达能力水平较落后，但是辉辉能够进行问好，只是很少说。）而老师要对辉辉的问好做出积极的反馈。一个月的观察也发现，辉辉很喜欢与老师进行交流。因此，如果老师能够对辉辉的问好进行积极反馈的话，辉辉也就会继续与老师进行交流。反之，如果辉辉朝老师吐口水时，老师则对之进行冷处理，不对他吐口水的行为进行批评，而是完全忽视，这将是辉辉非常难以接受的。这一措施很快就产生了效果，在开学第二个月时，辉辉朝老师吐口水的行为明显减少了。一个学期过去之后，辉辉吐口水的行为几乎完全没有了。

❖ **措施三：利用辉辉的兴趣爱好发展他的良好行为**

通过观察，我发现读报纸、看照片、乘电梯是辉辉最喜爱的活动。于是，我就将这三项内容作为对辉辉良好行为的奖励。每当辉辉表现出主动向老师问好、上课安静坐在座位上等良好的行为时，我就让辉辉在午间读报纸给同学们听，或者在课间去乘一次电梯，或者给他看老师为他拍的照片，作为奖励。这样，辉辉不仅主动向老师问好以及安静坐在座位上的时候越来越多了，而且因为辉辉每天都可以因为表现好而获得读报纸、看照片和乘电梯的机会，到学期结束的时候，原先令老师们烦恼的辉辉偷跑去拿报纸或溜出去乘电梯的行为也越来越少出现了。

但是，当一个寒假过去后，辉辉再来学校的时候，我发现辉辉出现了新的问题。上语文课时，我一边讲课一边走到辉辉旁边，辉辉忽然用亲昵的声音叫着“汪老师、汪老师”，一边叫着，一边从座位上站起来，并扭过头、踮起脚，试图用脸去蹭我的脸。午休时，辉辉跑到我的座位边，亲昵地叫着“汪老师、汪老师”，边叫边将身体紧紧地挨过来。辉辉怪异的语调及举动总能引得全班同学哄堂大笑。而辉辉不断地紧靠我的身体，试图碰触我的身体的行为使我只得极力避闪，并严厉地向其发出指令“请你回座位”。但我的做法并没有使辉辉的亲昵举动停止，而且很明显，他的这一举动每天发生的次数越来越多了：语文课上，辉辉会有多次离开座位，一边叫着“汪老师”，一边试图用他的脸来蹭我的脸；课间、午休时间，每当我坐回办公桌前，辉辉都会走过来，亲昵地叫我，身体也会使劲靠过来。

怎么过了一个寒假，辉辉就出现了如此让人难以接受的举动？原因是什么呢？我努力地让自己冷静下来，并及时与辉辉的父母进行了沟通，以便更好地分析辉辉做出如此举动的原因。

从辉辉爸爸的一段话中，我开始能够明白辉辉在开学初出现对我的亲昵行为的原因。“汪老师，你去年开始带辉辉以来，很关心他，对他很好。辉辉越来越喜欢你了。寒假时，他总是缠着我写字，他说什么，我就写什么。每次他说‘汪老师’以后，都会将脸凑过来和我的脸贴一下。汪老师，我看他这么喜欢你，就教他喽。每次我写完‘汪老师’，就教他说‘汪老师我爱你，就像老鼠爱大米’。想着他开学也会跟你说。”原来辉辉同我说话时的亲昵语气、以及想与我贴脸、身体紧靠的动作都是为了表达他对老师的喜爱之情。辉辉虽然常常出现癫痫发作，存在智力落后，但是他对情感的需求跟其他孩子是一样的。由于妈妈的冷漠和忽视，他又难以在家庭生活中获得充分的温暖和爱，当我接手班级之后，对他的身体、生活和学习都很关心和照顾，他从感情上就与我很亲近了。当一个寒假过去，他就急于向我表达这种亲近、喜爱之情。

而辉辉之所以用了这样一种方式向我表达亲近和喜爱之情，则与他爸爸的教育方式有关。在特殊儿童的成长过程中，家长往往扮演着举足轻重的角色。但在辉辉的家庭教育中，爸爸明显没有意识到他的儿子辉辉已经是进入青春期的大男孩了，而是仍旧将其当作一个年幼的孩子，也没有意识到辉辉所喜爱的老师是一个女性教师，所以教给辉辉的表达喜爱的方式（包括“将脸凑近互相贴脸”以及说“汪老师我爱你，就像老鼠爱大米”这样的话）都是非常不恰当的。由于爸爸给辉辉示范的行为不恰当，使得辉辉习得的向老师表达喜爱的行为也是不恰当的。

可是，为什么每当辉辉出现这一行为而我要求辉辉坐回座位的做法不仅没有让辉辉停止出现亲昵行为，反而使这一行为出现得愈来愈频繁呢？对辉辉的这一行为出现的发生过程进行了进一步的观察分析之后，我认为这可能与班级同学的反应有一定的关系。通过与辉辉的接触以及与他父母的交谈，我了解到辉辉是个非常渴望得到他人关注的孩子。而辉辉的身体状况及各方面的能力表现说明，辉辉靠良好行为获得他人的关注的机会非常少。而每当辉辉用亲昵的口吻喊我汪老师并将脸和身体使劲靠向我的时候，同学们马上就会对他进行关注，并报以哄堂大笑。这笑声让他收获了全班同学的关注，也强化了之前的亲昵行为。

基于对上述原因的分析，我从以下几个角度采取了一些措施：

❖ 措施一：改变班级其他同学对辉辉行为的反应

通过全班的班会活动让同学们知道怎么样与老师打招呼是恰当的，以及针对辉辉这种过于亲昵的举动，同学们应该给予什么样的反应。在班会课上，通过让学生们判断辉辉的这一亲昵的行为是否恰当，来帮助他们清楚认识辉辉的举动是错误的。然后接着让同学们认识到哄堂大笑不是对辉辉行为的恰当反应。“辉辉做得不对，我们该去笑他吗？”“那我们该怎么做呢？不理他可以吗？”在课上，通过这一个个问题，引导学生思考，指导学生明白：辉辉有这些表现时，不能取笑他，而是应该不予理睬；而且应该帮助老师，提示辉辉该怎样和老师打招呼，如“辉辉和老师拍拍手”等。这样的全班活动不仅让辉辉认识到自己的行为是错的，而且也让全班同学清晰地认识到什么样的行为是向老师表达喜爱之情的恰当行为，以及如何对辉辉的不恰当亲昵行为进行反应，为之后的行为改变打下了基础。

❖ 措施二：与家庭进行积极沟通，改变辉辉爸爸的错误示范行为

辉辉的爸爸是辉辉最主要的照料者。为了帮助辉辉改变这一不恰当的亲昵行为，我与辉辉的爸爸进行了沟通，将辉辉的这一过于亲昵的行为表现告诉了他，并告诉他：辉辉14岁了，样子已经是小大人了，不再是小孩子了。如果他和其他女老师、女同学接触时也表现出这种行为，可能会导致严重的后果。一听到事情这么严重，辉辉爸爸着急了：“老师，那我该怎么做？”“在家里陪辉辉写字的时候，不再是提到汪老师就脸贴脸，改成拍拍手吧。平时也请告诉辉辉‘喜欢就和老师拍拍手’”。交谈后，我请辉辉的爸爸从家里做起，家校配合共同帮助辉辉。

❖ 措施三：对辉辉本人的教育

这是最后也是最关键的一步。对于辉辉不恰当的亲昵行为，我不再刻意避闪和大声斥责，而是进行冷处理，视若无睹。同时，当辉辉安静地坐在座位上时，我会主动与他沟通：“辉辉，你那样叫老师不好听，老师不喜欢。你喜欢老师吗？喜欢老师就请你用好听的声音和老师打招呼，也可以和老师拍拍手。”说着，我为他示范正确的打招呼和拍手的方法，指导他掌握。在日常的接触中，他每做对一次，我便带领全班学生大力表扬他，让他获取他所希望的关注。

两个多月过去了，在家庭、学校的配合和努力下，辉辉那些过于亲昵的举动逐渐减少了。那天，他见我站在讲台边，又冲过来，想用身体贴着我。我伸出手，问他：“辉辉，喜欢老师要怎么做？”他停住了，也伸出手和我击掌。辉辉，你进步了！

“我的青春我做主”的口号影响了一代又一代处于青春期的孩子。然而，在青春期的字典

里，“指引”还是不可或缺的词条。对于智力障碍的孩子而言，也同样如此。喜欢要怎样说出口，里面包含着家长和老师的点滴教育痕迹。

（本案例由上海市董李凤美康健学校汪蔚兰老师提供）

案例二 小木的故事

小木是个15岁的男孩，在某特殊学校就读六年级。小木很小的时候就被市精神卫生中心诊断为中重度自闭症，智商测试分数小于40。他能够听懂日常的常用口语（比如，上课时老师的指令），能够说一些简单的语句，也会用简单的句子表达自己的意愿（比如，说“要的”、“不要的”），常常自言自语或者重复他人的语言。

但是小木几乎没有与他人交往的愿望，也很少主动与他人交往。上课时，除非教师对其进行提问，否则小木一般很少参与教师组织的学习活动。他也很少遵守课堂的常规，上课时经常离座；或者捏、揉、搓软塑料制品（如文件夹等）或光滑质地的东西（如课本塑封封面、防水风衣衣角、光滑纸张等）；也经常脱掉袜子，光脚穿鞋；有时还会把手指放到鞋子当中，再拿出来闻。让老师最头疼的是：他经常在教室等公共场所出现一些不恰当的行为，如隔着衣物揉搓生殖器；或把手伸到衣物内揉搓身体和生殖器；或把手指放到衣物内再拿出来闻味道；或掀开衣服，露出生殖器官等。

老师跟小木的这些行为进行抗争已经历时两年之久，在这两年多的时间里，老师不厌其烦地对他进行了口头阻止；或采取隔离的措施，将其挪到另一房间；或者剥夺他参加他喜欢的活动的机会等；也为之与小木的家长进行了反复的沟通。但小木的行为基本没有太大的变化，还常常会在教室里出现裸露、揉搓生殖器的行为，有时还会闻闻手指的味道。当小木出现这些行为时，他的注意力几乎都集中在这一事情上，基本上无法参加教师组织的教学活动，对他的学习有很大的负面影响。而且由于他经常较长时间地撩开衣物，因此在天气冷的时候也很容易着凉、感冒。老师感到很烦恼，但又感到无可奈何。

为了寻找有效的干预措施，老师们进一步对小木的问题行为以及当时所发生的情况进行了观察分析。结果发现，小木在教室等场合下发生揉搓生殖器之类的行为主要有四种情况：

第一种情况是小木几乎完全没有参与教师组织的课堂学习活动。而他之所以几乎无法参与课堂教学，一方面与其认知发展落后、无法主动地跟随教师的教学内容有关；另一方面也与教师无暇顾及有关。而小木无法参与教师所组织的教学活动直接导致他经常在课堂上处于空闲、无聊的状态。

第二种情况是开展的活动结构比较松散，教师没有明确的指令或者要求，比如课间活动时间。教师没有强制规定同学们一定要玩什么，而是允许他们自由活动。小木无法确定自己要做什么，也会表现得无所事事。

在这两种情况下，小木常常会出现搓揉生殖器后嗅闻手指上气味的行为。老师认为，在这两种情况下出现的问题行为跟小木为了获得身体上的感觉刺激有关。通过这些行为，小木可以获得触觉刺激、嗅觉刺激等方面的满足。

第三种情况是教师阻止了小木之前的活动或行为。比如，当小木在课堂教学过程中离开座位被教师阻止后，他就会马上出现脱裤子、揉搓生殖器等行为。若教师停止阻止，让他在教室里走，小木的行为就会停止。老师分析，小木之所以出现脱裤子、揉搓生殖器的行为，可能与逃避老师对他之前行为的阻止有关。

第四种情况是教师要求小木回答问题或完成某项学习任务。每当教师要求小木回答问题或者完成某项学习任务时，他就会出现揉搓生殖器等行为。当教师放弃对他的要求时，小木的这一行为也会停止，老师对此的分析是小木通过这种错误的自慰行为达到了逃避回答问题或者学习任务的目的。

比较上述四种情况，老师发现，小木绝大多数的问题自慰行为基本出现在前面两种情况中，即大都发生在小木无法参与课堂教学活动时或者此段时间的活动非常缺乏结构性时。因此，小木的注意力在绝大多数的时间里几乎都停留在感觉刺激的满足中。

老师对小木问题自慰行为的干预主要从课堂教学措施调整和针对行为本身的干预两方面进行。

1. 课堂教学措施的调整

老师认为，只有提高小木的课程参与度，才能让其减少问题自慰行为。因此尽可能从教学内容、教学活动组织、教学过程等角度采取了一些措施，具体包括：

❖ **措施一：降低学习要求**

老师重新评估了小木的学习水平，并根据其学习能力降低了对他的学习要求。在每节课的教学设计中，为他量身制订了适合的教学目标，并将目标融入各个教学环节；实行了小步骤教学的方法，将一些教学活动和学习任务分解为多个小任务；降低学习任务的难度，如改听写为抄写，改全部完成为部分完成，提供抄写模板，使用计算器等，以提高他完成任务的可能性，从而减少小木采取问题自慰行为来逃避学习任务的可能性。

❖ **措施二：增加辅助，促使其完成任务**

老师也安排了一名辅助教师，在小木完成任务的过程中，给予其辅助。比如，根据老师的指令从旁指导小木完成学习任务，让他能够参与到教学活动当中来，从而减少他在课堂上无所事事和等待的时间，也减少他逃避参加教学活动的机会。

❖ **措施三：对小木提出明确的指令和要求**

在无结构的课堂或课间活动中，小木常常因无法理解教师的指令而无所事事。因此，老师在每个活动开始之前都做到运用简单的语言或手势等给予小木明确、清晰的指令，向其清楚地提出学习任务的要求，让无结构的课堂或课间活动具有一定的结构性，减少问题自慰行为出现的可能性。

❖ **措施四：为小木特别安排可动手和活动身体的机会**

小木似乎在触觉、嗅觉方面有着特殊的需求，总是在一段时间后就要搓揉生殖器，这一行为给小木带来了很好的触觉、嗅觉刺激上的满足。因此，老师们试图通过让小木活动身体等方式来让他获得感觉刺激上的满足。具体方法是：每隔10分钟左右就让小木离开座位，走到讲台处（从教室后部走到教室前部），有时擦黑板，有时要求其回答老师的问题；或者要求其捡起课桌上或四周的废纸屑（小木经常出现揉搓纸巾团、纸张的行为，因此课桌内外和四周总是有很多此类垃圾），然后将它们扔到教室另一边的垃圾桶内；课堂学习时，给他提供一些教学具，允许他触摸或者操作某些教具；课间时让他玩一些他喜欢玩的游戏，等等。

❖ **措施五：对小木参与学习任务的行为给予表扬。**

为了提高小木学习的积极性，老师不管小木完成学习任务与否或完成质量如何，在每次活动之后都会对小木参与学习的行为进行表扬，有时还会给予奖励，以增强他的自信和参与的热情。

2. 针对问题自慰行为本身的干预

由于小木在教室等公共场合出现的揉搓生殖器继而嗅闻手指味道等行为主要是为了获得触觉和嗅觉方面的感觉刺激，且这一行为出现频繁，因此在干预过程中老师一方面试图通过寻找代替刺激的方式让其满足感觉方面的需求；另一方面也试图教其良好的行为以对抗这一问题自慰行为。具体的措施有：

❖ 措施一：用揉搓丝织手帕来代替揉搓生殖器的行为

带香味的丝织手帕是老师和同学都能接受的。因此，老师试图让小木揉搓丝织手帕去代替揉搓生殖器。而且手帕带有香味，也可以提供嗅觉方面的满足。实施干预时，丝织手帕由辅助教师代为保管。刚开始的时候，每5分钟给小木一次手帕让其揉搓，约一分钟后由辅助教师收掉手帕。目的是让小木能够学会从搓揉手帕继而嗅闻这一行为中得到触觉和嗅觉的满足。当小木习得这一行为之后，将时间延长到10分钟给一次。在这段时间内，老师会在课后对其搓揉手帕的行为给予表扬。如果小木出现伸手去搓揉生殖器的行为，辅助教师会让小木做一些可以动手的事情。如果小木仍旧试图去搓揉生殖器，则再引导小木去搓揉手帕作为代替。另外，在给他丝织手帕之前，辅助教师也会教他说“我要”，然后再给他。当小木搓揉生殖器行为较少出现之后，才逐步撤销手帕这一替代刺激。

❖ 措施二：训练其他替代行为

如果小木在教室等地方出现试图伸手去搓揉生殖器的行为，教师引导小木做轻声击掌、用力握拳等动作，帮助其转移注意力，并获得一定的触觉刺激满足。

❖ 措施三：采取身体限制措施阻止其继续

如果小木是为了逃避老师对他之前擅自离开座位或折书本等行为的阻止，或者逃避完成学习任务，比如，抄写家校联系簿、完成课堂练习等，教师或者辅助教师则对其双手采取限制措施来进行阻止。待其问题自慰行为停止之后，辅助教师要求其听从老师的指令，如坐在座位上，停止折书本，或者将小木要完成的学习任务分解为一小步、一小步，并指导其完成。

❖ 措施四：带其去洗手间或其他隐私场所

如果上述措施仍旧没有效果，小木仍旧试图去搓揉生殖器，则带他去洗手间或其他较隐私场所，5分钟之后才带其回到教室。

小木的行为变化比较缓慢。一开始小木对手帕并不感兴趣，都是在辅助教师的引导下去揉搓手帕，但是他揉搓生殖器的行为开始有所减少。而随着干预的进行，揉搓手帕的行为逐渐增多，则开始延长了提供手帕的时间。到第三周时，随着干预继续进行，手帕逐渐撤销。此时，小木揉搓生殖器的行为仍旧继续减少。但在第四周手帕完全撤销后，小木揉搓生殖器的行为又再次出现，因此再次引入了手帕，但小木揉搓生殖器行为仍旧每天都会出现，虽然次数有明显下降。

对小木的干预并不完全成功，这可能与小木将大量的注意力都投注于感官刺激有关。教师虽然采取了一定的措施，调整了对他学习难度的要求，但小木参与课堂教学的程度仍旧较低，因此，总是需要辅助教师采取替代行为帮助其获得感官刺激的满足。对于小木的问题自慰行为，老师们还在寻找更加有效的措施。

（本案例改编自华东师范大学2011届硕士学位论文《辅读学校智力障碍学生与性有关问题行为的现状及干预研究》，作者为杨丹蓉）

“万千心理” 教学配套服务申请表

个人信息			
教师姓名		职称	
研究领域			
所在学校		所在院系	

联系方式			
通讯地址			
联系电话		电子邮件	

所授课程信息

	课程名称	授课级别（本科生 / 研究生）	学生人数	所使用教材名称	教材作者	出版社
课程A						
课程B						
课程C						

您的宝贵意见

您对所使用教材的评价：	
您是否对心理学教材翻译有兴趣？ 是□ 否□	您是否对心理学教材编写有兴趣？ 是□ 否□
您认为心理学领域值得推荐的国外教材有哪些？ 您的推荐理由：	
教师签名：	日期：

请将此表通过电子信箱发送给我们，“万千心理”诚邀您的加入！

新书新知 实时掌握

万千心理微信公众号

万千心理

联系人：刘老师 电子信箱：1012305542@qq.com
地 址：北京市西城区三里河路6号院2号楼213（邮编：100044）
电 话：010-65181109